高社交焦虑大学生的解释偏向

许书萍　著

上海人民出版社

目　录

我们的痛苦并非源于现实，而是源于我们对现实的判断，但这些判断只不过是幻觉而已。比如，世界上本无“成功”或“失败”，这两种概念只存在于我们的概念中。

——大卫·伯恩斯

第一章 导 论

第一节 社交焦虑概述

一、社交焦虑及其相关概念

（一）社交焦虑的概念、临床描述及诊断标准

L是一名大四的学生，正面临着找工作的阶段，但是她却无法在招聘会上投出一份简历。她说：“每次去之前，我都会在寝室给自己打气，但一踏入招聘现场，就彻底傻眼了，慌忙地逃回学校……走在路上，我也不敢和别人打招呼，每次看到有同学远远地走过来，都会装作没有看到，低下头像做贼一样忐忑不安地从别人身边经过。但是我不敢去心理咨询，不敢看医生，也不敢和别人说，怕被别人看不起。大学阶段，就是这样一天天熬下来了。当然，一直让我引以为豪的成绩也落到了班上中等，我一点都不难过，可能潜意识里我很喜欢这样，至少不会引起别人的关注了。可是这就导致了我这四年几乎一无所获，连英语四六级的证书也没拿到。我记得大二的时候有一次四级考试，我报了名，考试那天我害怕了，一个人躲在寝室里死也不肯去。”

L表现出来的主要症状是害怕被他人关注、回避社交场合，一旦必须要和他人交往还会出现一系列的生理症状。这给L的生活带来了很大的

影响，如同伴关系受损、无心向学、回避考试场合、把握不了找工作的机会等，所以她才会发出“我这四年几乎一无所获”的感叹。这样的症状，在心理学中被称为“社交焦虑”（social anxiety），又称“社交恐怖”（social phobia）。《张氏心理学辞典》中这样定义：“在与他人交往时体会到的不自在、恐惧、紧张和担忧。”①A.弗尼格斯坦（A.Fenigstein）、M.F.沙伊尔（M.F.Scheier）和A.H.巴斯（A.H.Buss）将社交焦虑定义为“在团体的情境中感觉到不舒服”②。国内有些研究者将社交焦虑定义为当面对（或预期将面对）一种或多种社交情境时，害怕被审视或评估，并自行假设他人的评估是消极的，因而产生过度焦虑情绪，常伴有回避行为，其最高表现是社交恐怖；③也有简单地定义为“对人际处境的紧张与害怕”④。

实际上，对社交焦虑的研究可以追溯到1846年卡斯珀（Casper）报道的赤面恐怖案例，后来，法国精神病学家珍妮特（Janet）在1903年提出“社交恐怖症”的概念，并将其归类为神经衰弱。1966年，英国精神病学家I.M.马克斯（I.M.Marks）和M.G.格尔德（M.G.Gelder）根据发病年龄和害怕对象的不同，从恐怖障碍中区分“社交恐怖”这一亚型。他们认为，社交恐怖起病较早，患者主要对一些社交场合感到害怕，比如害怕在众人面前说话、写字、吃东西，害怕参加聚会等。⑤自马克斯和格尔德提出“社交恐怖”之后，很多研究者对其充满了研究兴趣。但是由于社交恐怖与害羞、回避型人格障碍常常难以鉴别，所以研究并没有取得很大进展。直到1980年，美国《精神障碍诊断与统计手册》第三版（DSM-Ⅲ）将社交恐怖障碍纳入诊断条目中，对其有了明确的定义和诊断标准之后，社交恐怖障碍的研究取得了很大的发展。1985年G.T.莱博维茨（G.T.Leibowitz）提出社交焦虑障碍（Social Anxiety Disorder，SAD）的概念，研究者们便逐渐使用社交焦虑障碍一词来替代社交恐怖障碍。

---

① 参见张春兴主编：《张氏心理学辞典》，上海辞书出版社1991年版，第608页。

② 参见汪向东、王希林、马弘编：《心理卫生评定量表手册》（增订版），中国心理卫生杂志社1999年，第244—245页。

③ 参见彭纯子、龚耀先：《社交恐怖症认知偏差的研究》，《国外医学精神病学分册》2004年第2期。

④ 参见李波、钱铭怡、钟杰：《大学生社交焦虑的羞耻感等因素影响模型》，《中国心理卫生杂志》2005年第5期。

⑤ Marks, I. M. and M. G. Gelder, Different Ages of Onset in Varieties of Phobia. *The American Journal of Psychiatry*, 1966, Vol.123(2), pp.218-221.

美国《精神障碍诊断与统计手册》第四版(DSM-Ⅳ)中，将社交焦虑定义为“对一种或多种社交情境或表演情境的显著和持续的恐惧，在这些情境中，个体暴露在不熟悉的人面前或处于他人的审视之下，担心自己的行为方式会让自己出丑，因而表现出焦虑的症状”①。社交焦虑患者的核心特征是“害怕他人的否定评价”，害怕在社交场合受到他人的审视，于是，他们倾向于回避这样的场合；如果无法回避，便会出现一些生理症状的反应，比如脸红、出汗、发抖、口吃、尿急等，妨碍了个体正常的生活和社交功能。DSM-Ⅳ还对社交焦虑障碍的类型进行了区分：如果患者只对某一种特定的社交场合感到害怕和回避，称为“特定社交焦虑”(specific social anxiety)，比如在公众场合发言；若害怕多种社交场合，则称为“广泛性社交焦虑”(generalized social anxiety)，比如出席会议、约会、见陌生人、和他人对话等。

《中国精神障碍分类与诊断标准》第三版(CCMD-3)中将“社交恐惧症”(social phobia)、“特定的恐惧症”(specific phobia)以及“场所恐惧症”(agoraphobia)一起归于“恐惧症”这一大类中，它们都属于神经症的范畴。②表 1.1、表 1.2、表 1.3 分别列出了 DSM-Ⅳ、《疾病和有关健康问题的国际统计分类》第十版(ICD-10)和《中国精神障碍分类和诊断标准》第三版(CCMD-3)中对社交焦虑的诊断标准。

表 1.1　DSM-Ⅳ的诊断标准

编码 300.23　社交焦虑障碍
A. 在陌生人面前或被他人审视时，担心出现焦虑症状或面临窘境；
B. 暴露于社交场合会诱发焦虑；
C. 患者能够认识到这种害怕是不合理的；
D. 患者一般都设法避免这种场合，或者痛苦沮丧地忍受着；
E. 回避性行为、预期的焦虑以及抑郁沮丧显著地影响了个体的日常生活、工作及人际交往，患者对此感到非常痛苦；
F. 病程至少持续 6 个月；
G. 此病症并非继发于其他疾病。

① American Psychiatric Association. *Diagnostic & Statistical Manual for Mental Disorders (DSM)*. 4th Edition. Washington, D.C., American Psychiatric Press, Inc., 1994:157-163.

② 参见陈彦方:《中国精神疾病诊断标准》第三版(CCMD-3)，山东科学技术出版社 2001 年版，第 63—65 页。

表 1.2 ICD-10 的诊断标准

编码 F40.1 社交焦虑障碍
A. 心理、行为或植物神经症状必须是焦虑的原发症状，而非继发于妄想或强迫症状等其他病症；
B. 焦虑必须局限于或主要发生在特定的社交情境；
C. 对恐怖情境的回避必须是突出特征。

表 1.3 CCMD-3 的诊断标准

编码 43.12 社交恐惧症
A. 符合恐惧症的诊断标准；
B. 害怕对象主要为社交场合（如在公共场合进食或说话、聚会、开会，或怕自己做出一些难堪的行为等）和人际接触（如在公共场合与人接触、与他人目光对视，或在人群中被人审视等）；
C. 常伴有自我评价低和害怕批评；
D. 排除其他恐惧障碍。

通过对这三个诊断标准的总结，可以得出社交焦虑障碍患者主要具有以下四个特征：(1)认知方面：对社交情境适应不良的信念及害怕他人否定评价；(2)行为方面：患者倾向于回避社交场合；(3)生理方面：如果患者无法回避社交场合，则必须忍受心理上的痛苦并同时伴有一些生理反应，如出汗、脸红等；(4)影响方面：病症影响了患者正常的生活和社交活动，患者自身承受了很大的压力。

（二）社交焦虑的分维定义(dimensional approach)

上面讨论的社交焦虑的定义是从临床诊断的角度出发，也就是诊断个体是否患有社交焦虑，这是类型论的观点。不过也有研究者提出临床上被诊断为社交焦虑的患者和正常的群体在焦虑水平上只是量的不同，而非质的不同。也就是说，社交焦虑的不同水平构成了一条连续的直线，临床上诊断的社交焦虑症在这条直线的一端，而什么情境都不焦虑的在直线的另一端（见图 1.1）。[①]

① Wittchen, H., M.B.Stein, & R.C.Kessler, Social Fears and Social Phobia in a Community Sample of Adolescents and Young Adults: Prevalence, Risk Factors and Co-morbidity. *Psychological Medicine*, 1999, 29, pp.302-303.

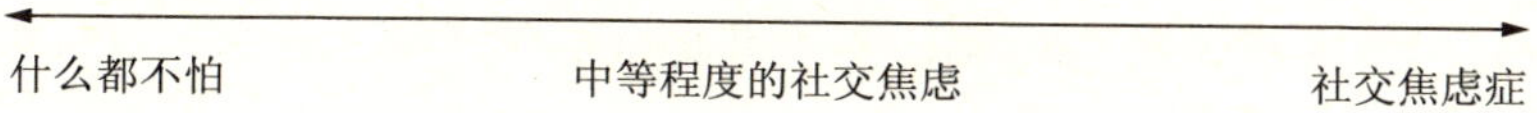

图 1.1 社交焦虑的分维定义示意图

有研究者对那些并没有完全达到社交焦虑障碍诊断标准的个体进行研究,发现他们也存在着功能的受损。[①]加之社交焦虑患者不愿意主动求治,延误了治疗的时机,与其他心理疾病共病的概率更高,对个体造成的影响更大。如果能够在焦虑程度较低时加以干预,预后效果一定也更好。所以,在对社交焦虑进行研究时,不仅要研究症状较为严重的患者,同时也要对高社交焦虑者进行研究。从这个角度来看,社交焦虑的分维定义有其存在的意义。如果以高社交焦虑者作为研究对象,那么就属于类比研究(analogy study)。类比研究有两个最基本的成分:(1)以非临床被试为对象;(2)研究结果可以推广到临床被试。如果说临床被试和非临床被试有着质的差异,那么类比的结果就无法得以推广。[②]不过 1999 年 E.Y.斯特拉恩(E.Y.Strahan)和 A.J.康格(A.J.Conger)回顾了多个关于社交焦虑的研究,从中得出了支持社交焦虑作为分维定义的依据。[③]

本书主要是采用分维定义的视角,使用 M.R.利里(M.R.Leary)1983 年提出交往焦虑量表(Interaction Anxiousness Scale,以下简称 IAS)筛选出高社交焦虑大学生作为研究对象,低社交焦虑大学生作为对照组,主要目的是研究高社交焦虑大学生对社交信息的解释偏向,从而对大学生社交焦虑的预防和治疗提供一些建议。

（三）社交焦虑的发病率和共病情况

社交焦虑者害怕的就是社交场合,因而求助于医生或是心理咨询师对他们来说是很有难度的事情,因而其发病率一直被低估。流行病学的调查发现,社交焦虑障碍是典型的慢性心理疾病,平均病程估计在 20 年以上。美国“全国疾病普查”(National Comorbidity Survey-Replica-

① Davidson, J.R., D.C.Hughes, L.K.George and D.G.Blazer, The Boundary of Social Phobia: Exploring the Threshold. *Archives of General Psychiatry*, 1994, Vol.51(12), pp.975-983.

② Coyne, J.C. Self-Reported Distress: Analog or Ersatz Depression? *Psychological Bulletin*. 1994, Vol.116(1), pp.29-45.

③ Strahan, E.Y. and A.J.Conger, Social Anxiety and Social Performance: Why Don't We See More Catastrophes? *Journal of Anxiety Disorders*. 1999, 13(4), pp.399-416.

tion)在 2008 年的报道中指出，社交焦虑症的年患病率为 7.1%(标准差为0.3%)，终身患病率(life-time prevalence rate)为 12.1%，女性的发病率高于男性，男女的发病比率为 1∶1.4 。[①]澳大利亚、加拿大、瑞典等国家调查得出的结果和美国的比例近似。社交焦虑的高发病率使其已成为继重度抑郁、酒精依赖之后的第三常见精神障碍。目前我国还没有对社交焦虑障碍进行流行病学的调查，不过有些研究者对大学生的社交焦虑进行了调查。如彭纯子曾对湖南省 1048 名大学生的社交焦虑现状进行了调查，结果表明，约有 16.26%的大学生报告有比较严重的社交焦虑。[②]陈春锋对 942 名山东大学生的调查结果发现，高社交焦虑的学生占总数的12.2%。[③]李朝霞等对 318 名武汉大学生的调查结果发现，高社交焦虑的大学生占总数的 16.4%。[④]可见，大学生中社交焦虑的比例还比较高。

从起病年龄来看，一般多在 13～24 岁，平均为 20 岁左右，25 岁之后起病的较为少见，也有一些是在儿童期起病。但一般都是到了青春晚期或是成年早期才会得到明确诊断。青少年的患病率为 6.8%(标准差为1.8%)，和对成年人的调查得出的数据近似。[⑤]

社交焦虑常和其他心理疾病发生共病。所谓共病，就是一个人同时符合两种及两种以上疾病的诊断标准。与社交焦虑发生共病的类别非常广泛，如 1990 年奥斯汀(Austin)等人研究得出强迫症与社交焦虑障碍的共病率为 23%[⑥]，王丽颖等人研究得出社交焦虑障碍与回避型人格障碍

① Kessler, R.C., W.T.Chiu, O.Demler, and E.E.Walters, Prevalence, Severity, and Comorbidity of 12-month DSM-IV Disorders in the National Comorbidity Survey Replication. *Archives of General Psychiatry*. 2005, pp.62.

② 参见彭纯子:《大学生社交焦虑的团体干预的实验研究》，湖南师范大学 2001 年硕士学位论文。

③ 参见陈春锋:《当代大学生自我概念与社交焦虑的关系研究》，山东师范大学 2007 年硕士学位论文。

④ 参见李朝霞、杨孝:《大学生社交焦虑现状的调查和分析》，《武汉科技大学学报》(社科版) 2008 年第 2 期。

⑤ Chavira, D.A., E.Shipon-Blum, C.Hitchcock, S.Cohan, and M.B.Stein, Selective Mutism and Social Anxiety Disorder: All in the Family? *Journal of American Academy of Child and Adolescent Psychiatry*. 2007, 46(11), pp.1464-1472.

⑥ Wang, P.S., M.Lane, M.Olfson, H.A.Pincus, K.B.Wells, and R.C.Kessler, Twelve-Month Use of Mental Health Services in the United States: Results from the National Comorbidity Survey Replication. *Archives of General Psychiatry*. 2005, pp.629-640.

的共病率为 76%[①],美国对社交焦虑和其他疾病的共病率的调查发现,社交焦虑与回避型人格障碍的共病率为 58%,所以雷图(Rettew)提出,根据症状严重程度、害怕负性评价的程度、焦虑、抑郁及回避这几个角度来说,回避型人格障碍可能代表了广泛性社交焦虑障碍的一种更严重的形式。[②]此外,社交焦虑患者常常有物质滥用的行为,如酒精成瘾的几率比普通人高出 20%～30%。此外,社交焦虑障碍与抑郁的共病率为 37%,与广泛性焦虑障碍的共病率为 13%,与广场恐怖症的共病率为 23%,与创伤后应激障碍的共病率为 16%,与惊恐障碍的共病率为 11%。[③]社交焦虑障碍与其他疾病发生共病时病情和功能受损程度更为严重,治疗效果不佳,预后效果也更差。

(四) 社交焦虑的影响

社交焦虑给当事人的生活、学习和工作都带来了严重的影响。研究发现,社交焦虑障碍起病较早,在得到明确诊断之前,很多当事人在初中、高中阶段已经退学在家,严重者甚至会“宅”在家中长达几年。这不仅影响了他们的学习,还影响他们的社交、工作,当事人内心忍受着极大的煎熬。社交焦虑与个体的生活质量或知觉到的生活质量呈显著负相关,J.萨伦等人(J.Sarren et al.)发现 3/4 的社交焦虑者报告他们的生活质量很低,在情绪表达、社会功能等方面明显受损。[④]

如果我们将视线集中在大学生群体身上,人际交往是大学生校园生活中不可或缺的一部分,或者可以这么说,是一个人适应社会的重要组成部分。但社交焦虑的大学生对于有他人在场的社交情境却非常焦虑,他们也无法对他人倾诉内心的痛苦,只能一个人默默承受,伴随着学业的下

---

① 参见王丽颖、杨蕴萍、林涛:《社交焦虑障碍与人格障碍的共病及父母养育方式的影响》,《中国临床心理学杂志》2004 年第 4 期。

② Kessler, R.C., M.B.Stein, and P.A.Berglund, Social Phobia Subtypes in the National Comorbidity Survey. *American Journal of Psychiatry*. 1998, 155.

③ Kessler, R.C., W.T.Chiu, O.Demler, and E.E.Walters, Prevalence, Severity, and Comorbidity of 12-month DSM-IV Disorders in the National Comorbidity Survey Replication. *Archives of General Psychiatry*. 2005, 62.

④ Sareen, J., F.Jacobi, B.J.Cox, S.L.Belik, I.Clara, and M.B.Stein, Disability and Poor Quality of Life Associated with Comorbid Anxiety Disorders and Physical Conditions. *Archives of Internnal Medicine*. 2006, 166, pp.2109-2116.

降和逃避人际交往的煎熬，可能选择退学、网络成瘾，或和抑郁、强迫、回避型人格障碍等其他心理疾病发生共病，导致更严重的后果。

（五）社交焦虑相关的病症

由于社交焦虑与其他疾病有着较高的共病率，所以在诊断时需要与其他一些症状加以区分。

1. 害羞。社交焦虑障碍与害羞的特征都是害怕他人否定评价、回避社交场合、暴露在社交情境下会出现脸红、出汗等生理反应，不过二者还是存在着一些区别。有研究者提出害羞是一种人格特质①，N. A. 海泽（N.A.Heiser）等人对社交焦虑和害羞共病组、单纯害羞组以及非害羞组进行对比研究，结果发现，社交焦虑和害羞共病组，在害怕他人否定评价、回避社交情境、消极观念以及生理症状上都比单纯的害羞组要严重，且有更严重的功能受损和较低的生活满意度。②

2. 广泛性焦虑。它是指一种以缺乏明确对象和具体内容的提心吊胆及紧张不安为主的焦虑症，有显著的自主神经症状。广泛性焦虑和社交焦虑的共同点都有焦虑症状，但广泛性焦虑是无明确对象和具体内容的焦虑，社交焦虑有明确害怕的内容——他人的评价和审视。

3. 广场恐怖症。广场恐怖症患者害怕公共广场或群体聚集的地方，一旦迅速离开广场后，症状也随之消失。与社交焦虑相比，二者的共同点是都有回避行为，但广场恐怖症的回避行为是因为害怕独处或担心出现惊恐发作，症状多为呼吸困难、有濒死感等；而社交焦虑的回避行为是害怕他人的评价和审视，症状多为脸红、心跳加快、出汗等。

4. 抑郁症。抑郁症以心境低落为主，且这种低落与所处的情境并不相符；他们有着消极的信念，患有抑郁症的患者自杀率极高。社交焦虑与抑郁的共同点是他们都有回避行为，但抑郁症的回避行为是因为情绪低落，对生活缺乏兴趣所致；而社交焦虑者的回避行为是由于害怕他人评价所致。

5. 强迫症。强迫症主要包括强迫观点和强迫行为，同时患者认为这些强迫症状没有必要，试图抵抗，但是无法奏效。有研究者认为，社交焦

---

① Stein, M.B., How Shy Is Too Shy? *Lancet*. 1996, 347: pp.1131-1132.

② Heiser, N.A., S.M.Turner, and D.C.Beidel, Differentiating Social Phobia from Shyness. *Journal of Anxiety Disorder*. 2009, 23: pp.469-476.

虑就是一种人际上的强迫，所以在进行诊断时，需要询问患者害怕的场合是否包括社交情境，以及是否具有社交回避行为。

6. 回避型人格障碍。回避型人格障碍是一种社交抑制，患者对别人的负性评价过度敏感，因而回避那些与人密切交往的社交和职业活动。广泛性社交焦虑和回避型人格障碍的共病现象很常见，所以很多研究者认为，社交焦虑症与回避型人格障碍是在一个连续的谱系上，二者没有质的区别，只有量的区别；二者也可以同时存在，但二者共存时对患者造成的功能损害更加严重。不过，在诊断时还是要看到它们之间的一些区别，具体区别见表 1.4。

表 1.4 社交焦虑与回避型人格障碍的区别

主要特征	社交焦虑	回避型人格障碍
焦虑症状	害怕成为他人注意的焦点；害怕自己的表现丢人。	持续的紧张和焦虑。
回避行为	主要回避一些可能受到关注的社交场合。	回避所有与人交往的场合。
对问题所持态度	当事人认识到自己的焦虑是不合理的。	头脑中充满着对批评、拒绝的焦虑，所以很少去思考对社交场合的焦虑是否合理。

（六）社交焦虑的测量工具

交往焦虑量表，由利里于 1983 年编制，主要用于评定独立于行为之外的主观社交焦虑体验的倾向。IAS 包含了 15 个自陈条目，要求受测者按照 5 级评分进行回答（"1"表示一点也不符合我；"5"表示与我极其相符），总评分从 15 分（社交焦虑程度最低）至 75 分（社交焦虑程度最高）。IAS 中的所有条目与其他条目的总数相关系数至少为 0.45，Cronbacha α 系数超过 0.87，八周的重测相关系数为 0.80。IAS 评分与在真实交往中的自陈焦虑相关良好，与社交回避及抑制量表正相关，与 Marbowe-Crowne 社交期望量表呈负相关（r＝－0.26）。作为测量主观社交焦虑体验的量表，IAS 显示了较好的信度及效度。①

惧怕否定评价量表（Fear Negative Evaluation Scale，FNE），原表由

① 参见汪向东、王希林、马弘编：《心理卫生评定量表手册》（增订版），中国心理卫生杂志 1999 年，第 89 页。

沃森(Watson)和弗里德(Friend)于1969年编制,包含了30个"是—否"条目。后来利里于1983年修订了简明量表,包含了12个条目,按照5级评分法("1"表示与我完全不符,"5"与我完全相符)进行评定,评分范围从12到60分。其内部一致性良好,Cronbacha α系数为0.90, 4周间隔的重测信度为0.75,简明量表与原量表的相关系数为0.96。FNE评分与其他评定社交焦虑的量表呈中等相关,如与社交回避与苦恼量表(Social Avoidance and Distress Scale, SAD)的相关系数为0.51,与交往焦虑量表(IAS)的相关系数为0.32。①

利博维茨(Liebowitz)社交焦虑量表(Liebowitz Social Anxiety Scale, LSAS),是利博维茨于1987年编制,用于评估社交焦虑障碍患者的社交焦虑、恐惧和回避行为的严重程度。该量表共包含24个项目,每一项给出一个特定的社交场景,其中13个条目与表演的场景有关,11个条目与社交场景有关,每一种场景都有不同程度的恐惧和回避分量表。该量表用0～3级评分(恐惧的评定:"0"表示无,"3"表示严重;回避的评定:"0"表示从未,"3"表示经常),该量表具有良好的信度和效度,且有良好的内部一致性,分量表间Cronbacha α系数为0.82至0.92不等。②目前,上海市精卫中心已经对该量表进行了翻译,并对中文版的信效度进行了评定。肖融等人还利用该量表在成都市大中学生中进行了应用,结果表明该量表具有良好的灵敏度和特异度。③

简明社交恐怖量表(Brief Social Phobia Scale, BSPS),由戴维森(Davidson)等人于1991年编制,是由观察者来评估社交焦虑患者的症状,包括对躯体症状的评估。BSPS由恐惧、回避以及躯体症状这3个分量表组成,共包含了18个项目。该量表可以用于对治疗效果的评估,很多研究证明了它对治疗效果的敏感性。④

社交恐惧量表(Social Phobia Scale, SPS)和社会交往焦虑量表(Social Interaction Anxiety Scale, SIAS),由R.P.马蒂克(R.P.Mattick)和J.C.克拉克(J.C.Clarke)于1989年编制,SPS主要用于评定日常生活中

---

①②④　参见许桦、张新凯:《国外社交焦虑障碍的临床常用量表介绍》,《上海精神医学》2006年第3期。

③　参见肖融、吴薇莉、张伟:《Liebowitz社交焦虑量表在成都市大中学生中的应用》,《华西医学》2007年第4期。

被注视的惧怕程度，SIAS 主要用于测查对更广泛的社交活动的惧怕程度。这两个量表常一起使用，国外的研究中使用较多，显示了高度的内部一致性和重测信度。目前，叶冬梅、钱铭怡等人已对该量表进行了翻译，并以北京大学生为被试进行了测查，结果显示 SIAS 的内部一致性信度为 0.85，分半信度为 0.86，重测信度为 0.86；SPS 的内部一致性信度为 0.90，分半信度为 0.87，重测信度为 0.85。以惧怕否定评价量表(FNE)作为效标，SIAS 和 SPS 的效标效度分别为 0.51 和 0.48 。①

交流恐惧自陈量表(Personal Report of Communication Apprehension, PRCA-24)，由麦克罗斯基(McCroskey)于 1982 年在 1970 年版本的基础上加以修订而成，用以评定在小组讨论、二人间交谈、参加会议以及当众演讲这四种特定场合下的交流焦虑程度，也就分成了相应的四个分量表，每个分量表各有 6 个条目。量表采用 5 级评分制来评分(“1”表示非常同意，“5”表示非常不同意)。麦克罗斯基通过对大样本的调查，规定了 52 分以下为低度恐惧，79 分以上为高度恐惧。在统计学指标方面，PRCA-24 的分量表间的内部相关系数为 0.40 至 0.69，总分的 Cronbacha α 系数超过 0.90，分量表的 α 系数超过 0.75，有较好的信度和效度。不过，这四个分量表的区分度并没有得到充分的检验，所以采用此量表时建议采用总分评定。②

社交回避与苦恼量表(Social Avoidance and Distress Scale, SAD)，沃森和弗里德于 1969 年编制，共有 28 个条目，14 条用于评定社交回避，14 条用于评定社交苦恼。最初使用“是—否”的方式进行评定，后来很多研究者采用了 5 级评分制(“1”表示一点也不符合，“5”表示非常符合)。该量表的内部一致性 Cronbacha α 系数接近 0.90，与其他关于社交焦虑及羞怯测量的相关系数非常高，r 值达到 0.75 以上。③需要注意的是只有希望同时测量社交回避及社交苦恼时才需使用该量表，因为使用分量表的信度还未得到检验。

羞怯量表(Shyness Scale, SS)，由奇克(Cheek)和巴斯(Buss)于

①② 参见许桦、张新凯：《国外社交焦虑障碍的临床常用量表介绍》，《上海精神医学》2006 年第 3 期。

③ 参见戴晓阳：《常用心理评估量表手册》，人民军医出版社 2014 年版，第 189—191 页。

1981年编制，主要用于评价社交焦虑及行为抑制。原量表共有9个条目，现在多使用13个条目的修订版，采用5级评分制（"1"表示极不相符或不真实，"5"表示极为相符或真实），Cronbacha α系数为0.90，45天的重测信度为0.88。该量表与SAD的相关系数为0.77，与IAS的相关系数为0.86。在需要对社交焦虑及行为抑制两方面作出测查时，该量表是一个较好的工具。①

目前，国内使用较多的社交焦虑量表为交往焦虑量表（IAS）、社交回避与苦恼量表（SAD）和惧怕否定评价量表（FNE）。IAS侧重于评估独立于行为之外的社交焦虑体验，因而当对不涉及行为的社交焦虑进行测量时，它要优于其他综合测量情感与行为元素的量表。SAD可以同时测查社交回避与苦恼，所以当需要对行为和主观体验进行测量时，不失为一个方便的工具。FNE偏重于测量对否定评价担忧的程度，所以可以将它当作社交焦虑认知方面的一个指标。

二、社交焦虑的理论

（一）社交焦虑的认知理论

1. 贝克的社交焦虑认知理论

贝克的认知模型提出认知过程对个体的情绪、生理以及行为会产生影响，这个观点影响了很多临床障碍的研究。A.T.贝克（A.T.Beck），G.埃默里（G.Emery）和R.格林伯格（R.Greenberg）将此观点应用到社交焦虑的认知机制上来。他们提出社交焦虑个体将环境评价为危险的，认为自己是无能的，因而导致了生理唤醒（比如心跳加快、流汗等），而生理唤醒反过来又强化了个体最初的想法——"环境是危险的"。社交焦虑个体的生理唤醒与认知相互作用，使得个体的注意力无法投注到外在的社交情境中，转而投注在自身。②在贝克的理论中，认知图式（cognitive schema）是一个非常重要的概念，贝克认为它加快了认知过程处理的速度，使得人对情境中某些特定的信息自动地注意、选择，而忽视了情境中的其他信息。

---

① 参见许桦、张新凯：《国外社交焦虑障碍的临床常用量表介绍》，《上海精神医学》2006年第3期。

② Beck, A.T., G.Emery, & R.Greenberg, *Anxiety Disorders and Phobia: A Cognitive Perspective*. New York Basic Books, 1985, pp.2-42.

2. 哈特曼的特质社交焦虑的认知模型

L.M.哈特曼(L.M.Hartman)认为社交焦虑个体在社会交往中过于自我关注，而非关注他人或环境中的信息①，即社交焦虑个体关注的内容并不在社交过程上，而是关注自己的表现以及生理唤醒，并在内心中猜测他人是如何评价自己的，且认定别人一定会持消极评价(如"我知道他一定认为我很无聊")。也就是说，消极的自我评价和对生理唤醒的过度关注，导致了焦虑的进一步增强。

3. 克拉克和韦尔斯的社交焦虑认知模型

D.M.克拉克(D.M.Clark)和A.韦尔斯(A.Wells)在对前人的研究成果进行归纳和创新的基础上，于1995年提出了社交焦虑的认知模型。与之前的认知模型相比，更加精细，也更有针对性地从认知的各个环节进行论述。②随着该模型的提出，社交焦虑的认知环节再次成为研究的热点。

图1.2勾画出社交焦虑者进入社交情境的具体过程。社交焦虑患者一旦知觉他人在场(构成了社交情境)，就会产生焦虑症状。在早期的经历中，社交焦虑者会对自身以及所处的环境形成一些消极信念，比如"我不受欢迎"、"他们觉得我很傻"等，这样一些消极信念会让社交焦虑者将社交情境知觉为危险的；这时，他们开始自我关注(self-focus attention)，将注意力从外部刺激转移到对自我多方面的监控上，简言之，将自我当成社会认知的对象，并使用自身内部的信息来推断他人对自己的认知。如自己体验到的焦虑感受、扭曲的自我形象，便会认为他人也是这么评价自己，因而更加确认社交情境是危险的。也就是说，自我关注与知觉社会情境的危险性这两个环节之间构成了恶性循环，这点我们可以在图中看到自我意识——将自我当成知觉的对象和该情景被认为具有社会危险性之间是用用双向箭头联系起来的。克拉克和韦尔斯特别强调，一旦社交焦虑患者知觉到有他人在场，就会马上启动焦虑程序，这种程序的激活是自动的、自发的。

---

① Hartman, L.M., A Metacognitive Model of Social Anxiety: Implications for Treatment. *Clinical Psychology Review*. 1983, 3, pp.435-456.

② Clark, D.M. & A.Wells, A Cognitive Model of Social Phobia. In R.G.Heimberg, M.R. Liebowitz, D.A.Hope, & F.R.Schoneier(Eds.), *Social Phobia: Diagnostic, Assessment and Treatment*, New York: Guilford Press, 1995, pp.69-93.

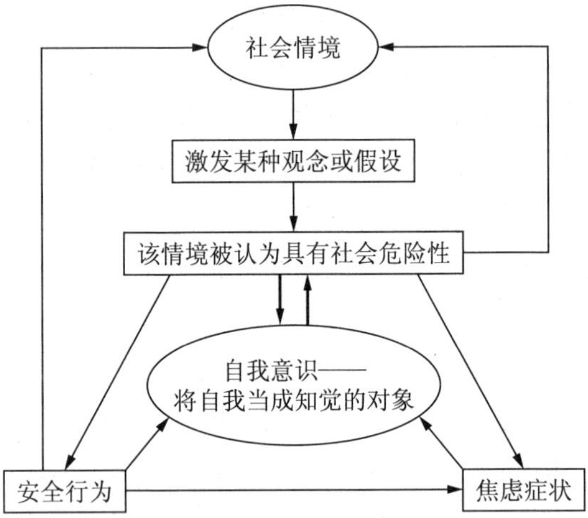

图 1.2 克拉克和韦尔斯的社交焦虑的认知模型

资料来源:Clark, D.M. and A.Wells, A cognitive model of social phobia. In R.G. Heimberg, M.R.Liebowitz, D.A.Hope, & F.R.Schneier(Eds.), *Social Phobia: Diagnosis, Assessment and Treatment*. New York: Guilford Press, pp.69-93.

当社交焦虑者将外在的社交情境知觉为具有威胁性之后,出于自我保护的目的,会采取一些安全的行为或补偿式行为,如低头、目光回避等方式。社交焦虑者使用这些“安全行为”的最初目的是减少他人对自己的消极评价,实际上却使得这些评价发生的可能性更高。比如一个社交焦虑者在社交情境中不可抑制地脸红了,她觉得“别人会觉得她很无用”,于是采用“低头、用手捂住脸”等方式防止别人发现她的脸红,结果却适得其反,别人的注意力更加集中在她身上,她开始更加自我关注,更加担心自己在别人心目中的形象,因而焦虑的症状更加明显。不仅如此,自我关注使得社交焦虑者的认知资源无法分配到对环境信息上,因而无法应付社交过程。这样,他们的社交表现也无法达到预期的结果,这又加强了他们之前形成的自我信念,如“我社交能力很差”、“别人觉得我很傻”等,使得社交焦虑症状无法缓解。

除了上面提到的认知环节,该模型还提出,进入社交场合之前的预期和事后的处理过程(post-event processing)也导致了歪曲认知的持续。克拉克和韦尔斯的认知模型详细地描述了认知的各个环节,不过,他们并没有将注意偏向(attentional bias)放到模型中加以论述。所谓注意偏向,是指社交焦虑者与正常人相比，会优先注意威胁性信息。目前，研究者使用不同的实验范式，如 stroop 颜色命名实验、点探测实验以及 cue 实验范式等，得出社交焦虑者对威胁性信息存在注意偏向。

4. 拉皮和亨伯格的社交焦虑认知行为模型

R.M.拉皮(R.M.Rapee)和 R.G.亨伯格(R.G.Heimberg)提出社交焦虑的认知行为模型，不仅关注到社交焦虑者的认知过程，还关注到他们的行为表现(见图 1.3)。[①]该模型认为，当社交焦虑者进入社交场合时，会形成自我心理意象，即将自己作为对象加以认识；并且他们倾向于从观察者的角度来关注自己的心理意象，如“他们一定觉得我很难看”、“他们觉得我很无能”等。在将注意力分配到自我心理意象的同时，社交焦虑者还将一部分注意力投注在外部潜在的威胁性信息上，这一点和克拉克、韦尔斯的认知模型有很大区别。如前所述，克拉克、韦尔斯认为，自我关注和

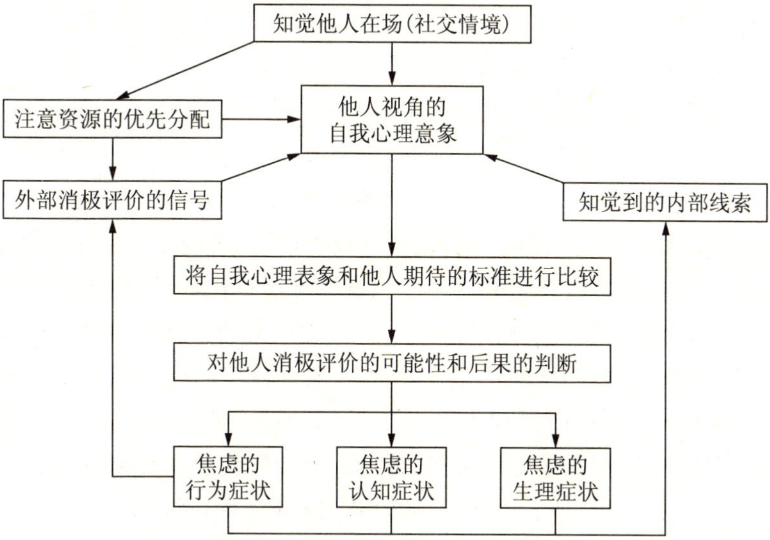

图 1.3　拉皮和亨伯格社交焦虑的认知行为模型

资料来源：Rapee, R.M. & R.G.Heimberg, A Cognitive-Behavior Model of Anxiety in Social Phobia. *Behavior Research and Therapy*, 1997, 35, pp.741-756.

① Rapee, R.M. & R.G.Heimberg, A Cognitive-Behavior Model of Anxiety in Social Phobia. *Behavior Research and Therapy*. 1997, 35, pp.741-756.

知觉到社交情境的危险性是一个闭合的、自动启动的程序，认为社交焦虑者的注意力只聚焦在自我身上，并没有投注到外在的信息上，对注意偏向的研究并没有支持这一假设，反而是支持了拉皮和亨伯格关于注意力的论述。社交焦虑者注意到威胁性信息后，会更加关注环境中的其他威胁性信息，如与焦虑有关的认知、行为、生理反应。在拉皮、亨伯格的模型中，社交焦虑者除了关注外部信息外，他们也关注内部的信息，如自我心理意象。在这点上，和克拉克、韦尔斯的观点相似。

拉皮、亨伯格提出，对外界威胁性信息的关注，以及自我意象的关注，使得社交焦虑的症状得以延续和恶化。不过，在收集外部及内部的消极信息后，社交焦虑个体判断他们所担心的后果发生的可能性更高，于是将自己的表现和他们所认为的别人对他们期待的标准相比较，觉得自己不可能达到别人所期待的标准，因而体验到的焦虑情绪更加强烈，也更害怕他人的消极评价。所以，会表现出焦虑的行为症状、认知症状及生理症状。

（二）卡弗和沙叶尔社交焦虑的自我调节模型

社交焦虑的自我调节模型（self-regulation model of social anxiety）认为，人们的行为是通过反馈机制进行调节的，而在反馈环节中，最初的目标设定（standard setting）、自我聚焦（self-focus）、自我评价（self-appraisal）发挥了重要的作用。①自我调节模型最基本的假设：人们对自己的行为进行监控并且将自己的行为和预设标准进行比较，一旦知觉到这两者之间有所差距，便会调整自己的行为，使之更趋近于标准。自我评价系统则决定是否需要投入更多的努力来减少行为与标准间的差距。根据C.S.卡弗（C.S.Carver）和M.F.沙叶尔（M.F.Scheier）的观点，如果个体对自己能够达到标准的能力非常自信，他们则会继续投入努力；反之，当他们怀疑自己的能力，他们便体验到消极的情绪，产生自我贬低的念头，从而产生逃避行为。卡弗和沙叶尔解释说，这样的逃避行为可能是公然的逃避，比如离开这个场合；一旦无法公然逃避，则会产生一些心理形式的逃避行为，比如产生和任务无关的想法等。此外，卡弗和沙叶尔还提出连

---

① Carver, C. S., M. F. Scheier, & J. K. Weintraub, Assessing Coping Strategies: A Theoretically Based Approach. *Journal of Personality and Social Psychology*, 1989, 56, pp.267-283.

续的自我聚焦加强了消极的自我评价，使得逃离的意图、情绪唤醒都被加强了。

总之，目标设定、消极的自我评价和自我聚焦是社交焦虑得以持续下去的重要因素，这三个过程中的任何一个环节发生问题，都会导致自我调节的功能失调。

（三）社交焦虑的人际交往理论

精神病理学的人际交往理论认为，良好的人际关系与个体的心理健康紧密相连，不良的人际关系则容易导致心理疾病的产生。社交焦虑不仅具有和焦虑相关的症状，而且还阻碍了个体与他人发展社交关系，他们的人际关系有着不同程度的受损。①

那么，是什么导致了个体的社交焦虑症状呢？人际关系理论认为是个体人际模式的循环(interpersonal cycle)所导致。社交焦虑者自身常常采用一些适应不良的行为，比如很少采用目光对视、自我暴露(self-disclosure)、具有亲和力的非言语姿势等，相反，他们与他人的对话很短，常常脸红或是表现出其他的焦虑症状，这些适应不良的行为在社交过程中很难引发他人的积极回应。于是，社交焦虑者在进入下次人际交往的场合时，会更加担心自己是否会引发他人的消极反应，因而采取了更多的适应不良行为，这样的社交行为模式在人际交往中一再重复，恶性循环，导致社交焦虑的产生和症状的持续。那么，社交焦虑者适应不良的行为为何会出现呢？最初，研究者认为是社交技能缺陷导致②，但后来有些研究者发现，并不是所有的社交焦虑者都会表现出适应不良的行为模式，也并不是在所有的社交情境中都表现出适应不良的行为模式③，是否表现出不良的行为模式，取决于社交的情境线索。当社交焦虑者察觉到危险性因素时(如他人对自己的消极评价)，便会表现出不良的行为模式，如低头、目光回避等。因而，对社交情境中线索的察觉成为人际理论关心的重

① Schneier, F.R., L.R.Heckelman, and R.Garfinkel, Functional Impairment in Social Phobia. *Journal of Clinical Psychiatry*. 1994, 55, pp.322-331.

② Segrin, C. and T.Kinney, Social-Skills Deficits among the Socially Anxious: Rejection from Others and Loneliness. *Motivation and Emotion*. 1995, 19, pp.1-24.

③ Rapee, R.M. & L.Lim, Discrepancy between Self and Observer Ratings of Performance in Social Phobics. *Journal of Abnormal Psychology*. 1992, 101, pp.728-731.

要问题,在对这个问题的解答上,人际理论采用了信息认知过程加以解释,如自我图式、对社会线索的选择性注意、对社会线索的解释等因素都会对社交焦虑的症状产生影响。

社交焦虑的人际交往理论是将社交焦虑的问题放在社会交往过程中加以研究,与认知行为模型相比,并没有特别新颖的内容,不过该理论对社交焦虑者的人际关系受损情况进行研究,并对人际交往模式的循环及其原因进行讨论,对于社交焦虑症的治疗具有一定的指导意义。

(四) 社交焦虑的进化理论

进化理论认为,社交焦虑是进化过程中的一种适应机制,是一种适应性情绪,其功能主要是加强人们对于社会地位的认知,防止被群体所排斥。①人类从依靠群体生活时期进化而来,尽管现代社会已经不再需要依靠群体生活得以生存,但是积极的社会关系依旧对人具有重要意义。同时,人类为了获取更多吸引力,获取别人更多的投资资源,必须进行竞争。高社交焦虑的个体认为,他们的行为不具有吸引力,使得他们无法让别人对他们感兴趣,所以进化论认为社交焦虑可能就是竞争焦虑的一种表现,尤其是当自己在社会地位的等级中处于较低的那端时,更会触发这种竞争焦虑。②除了为了竞争资源而加强对社会地位的认知外,利里和 R.M.科瓦尔斯基(R.M.Kowalski)提出,社交焦虑是个体增加被社会接受,防止被排除的机制。当个体认为来自他人的安全评价消失,或者说个体认为他人会对自己有消极的评价时,便引发了社交焦虑。社交焦虑就相当于是一个"预警系统",提示个体存在着社会排斥的威胁,这激发了个体要采取可行的行为以获取他人的接纳,避免体验社交焦虑。③

从进化论的观点来看,对社交焦虑的研究应该更加重视社交互动中社交对象的性别、社会地位以及社会情境的影响。对于社交焦虑的患者

① Trower, P. and P. Gilbert, New Theoretical Conceptions of Social Anxiety and Social Phobia. *Clinical Psychology Review*. 1989, 9, pp.19-35.

② Gilbert, P., Evolution and Social Anxiety: The Role of Attraction, Social Competition, and Social Hierarchies. *Psychiatric Clinics of North America*. 2001, 24(4), pp.723-751.

③ Leary, M.R. and R.M.Kowalski, The Self-Presentation Model of Social Phobia. In Heimberg, R.G., M.R.Liebowitz, and D.A.Hope et al., *Social Phobia: Diagnosis, Assessment and Treatment*, New York: Guilford Press. 1995, pp.99-112.

而言，他们的焦虑和自我表现的担心在异性面前表现得更加明显。①对于男性患者而言，在完成一项有压力的任务时，如果有女性观察者在场，他们生理上的焦虑表现会更加明显；而若换成男性观察者则不会出现这样的表现。这种现象在社会心理学中也有研究，称为"社会干扰"现象，即有他人在场的情况下，个体的工作效率出现下降。另外，社交对象的社会地位、观众的规模和组成也会影响社交焦虑者焦虑的程度。

（五）其他适用于社交焦虑的理论

1. 焦虑的认知评价理论

拉扎勒斯（Lazarus）和史密斯（Smith）的认知评价理论认为，对于生活中的事件，人们可能解释为有害的、积极的或富有挑战性的，进而对自己能否有效地应对这些事件作出评估。拉扎勒斯将对事件的解释和评估过程称为认知评价（cognintive appraisal）。

该理论将认知评价分为三步：初次评价、二次评价和再评价。在初次评价（primary appraisal）中，个体将发生的事件评价为有害的、积极的、富有挑战的抑或不相关的。拉扎勒斯认为将刺激评价为一项富有挑战的任务而不是一种威胁，是减小压力和焦虑的较好策略。二次评价（secondary appraisal）中，个体衡量自己的资源是否可以应付外在的刺激。在很多情况下，若在初次评价中将事件评价为一项挑战，可以为二次评价中更好地寻求解决方法铺平道路。再评价（reappraisal）是指在必要的情况下对初次评价和二次评价进行调整。

尽管认知评价理论的影响很大，不过在实证方面获得的支持较少。因为研究过程中个体的认知评价过程很难评估，有些时候认知评价可能是无意识的过程。

2. 焦虑的四因素理论

焦虑的四因素理论同样适用于社交焦虑的解释。四因素理论的假设是对环境刺激的认知评价、生理活动水平、长时记忆中储存的图式和个体自身的行为倾向这四个因素共同影响了个体的焦虑水平，其中认

① Turner, S.M., D.C.Beidel, and C.V.Dancu, An Empirically Derived Inventory to Measure Social Fears and Anxiety: The Social Phobia and Anxiety Inventory. *Psychological Assessment: A Journal of Consulting and Clinical Psychology*. 1989, 1, pp.35-40.

知评价是引起个体焦虑体验的决定性因素，其他三个因素均受到这一因素的影响。①这一理论显然是受到了拉扎勒斯的认知评价理论的影响。

四因素理论也强调长时记忆中的认知图式在加工过程中起到了重要的作用。这和贝克的观点一致。图式指导了个体对信息进行选择、编码、组织、储存和提取。个体对信息进行处理时，与现有图式一致的信息更容易被加工和编码，而与现有图式不符的信息则容易受到忽视。四因素理论还强调认知过程中的种种偏向也容易导致焦虑水平的提高，如对威胁信息的选择偏向、解释偏向等。总之，四因素理论为我们提供了一个相对完整的认知加工模型，有助于我们了解焦虑、社交焦虑的影响因素。

三、社交焦虑的影响因素研究

（一）遗传和生物学因素

社交焦虑障碍是遗传因素和环境因素交互作用的结果，除了上面的理论模型对社交焦虑障碍的成因论述外，关于社交焦虑的病因学研究也从遗传因素的角度加以解释。谱系研究得出，广泛性社交焦虑障碍患者一级亲属的患病危险性是正常对照组的 10 倍，有家庭遗传史的个体患社交焦虑障碍的概率是没有家庭遗传史个体的 3 倍。S.托格森（S.Torgersen）对双生子的研究发现，在社交焦虑的一些症状，同卵双生子的相似性比异卵双生子明显要大。②霍恩（Horn）在对“社交技能”和“社交仪态”的研究中发现，同卵双生子共同发病的概率显著高于异卵双生子。③

分子遗传分析法基因定位研究发现，社交焦虑障碍与 15 号、16 号染色体的遗传物质异常复制相关联。此外，社交焦虑障碍和 5-羟色胺反应性水平提高、5-羟色胺受体功能的异常有关，目前还对社交焦虑与 5-羟色胺转运子功能进行研究。J.蒂霍嫩等（J.Tiihonen et al.）研究者得出社交

① Eysenck, M. W., *Anxiety and Cognition: A Unified Theory*. Psychology Press, 1997, pp.215-223.

② Torgersen, S., Genetic factors in Anxiety Disorder. *Arch Gen Psychiatry*, 1983, 40, pp.1085-1089.

③ Bienvenu, O.J., J.M.Hetterna, M.C.Neale, C.A.Prescott, and K.S.Kendler, Low Extraversion and High Neuroticism as Indices of Genetic and Environmental Risk for Social Phobia, Agoraphobia, and Animal Phobia. *American Journal of Psychiatry*, 2007, 164:1714-1721.

焦虑障碍与多巴胺功能障碍有关。通过对 11 例社交焦虑患者与 28 例健康者的多巴胺再摄取部位的密度进行研究,结果发现社交焦虑患者纹状体多巴胺再摄取部位密度显著低于正常对照组。①

（二）家庭因素

除了遗传和生物因素之外,家庭也是导致社交焦虑的因素之一,如家庭教养方式、童年的虐待和创伤经历、父母的社交方式等。路英智等人采用佩里斯(Perris)编制的父母教养方式问卷对社交焦虑障碍患者父母的教养方式进行研究,结果发现患者存在多方面的不良教养方式,尤其是父亲缺乏情感的理解和严厉惩罚、母亲的过多拒绝和否认等。②此外,童年的虐待和创伤经历也会导致社交焦虑的发生。何全敏等人使用童年虐待和创伤量表对社交焦虑患者进行调查研究,结果发现,情感虐待、性虐待是导致成年患社交焦虑障碍的重要因素。③此外,父母的社交方式也会影响孩子的社会互动。研究发现,社交焦虑者的父母较多是孤立的,较少与社会接触。对领养儿童的研究发现,领养儿童的羞怯与领养父母的羞怯有显著的相关。对初中生的研究发现,家庭的矛盾性、控制性易引发青少年的社交焦虑和惧怕他人的否定评价。

（三）人格、自尊、应对方式等因素

社交焦虑者往往有一定的人格基础。有研究发现,88%的社交焦虑者有人格缺陷,表现为内向、害羞、胆怯、压抑、自我否定、敏感多疑、易紧张、被动退缩。苏建宁等人运用明尼苏达多项人格问卷对社交焦虑患者进行调查,结果发现男性患者具有更明显的内向型性格,常自我否定;而女性则表现出强迫性的防卫,表现为社交孤独和害怕社交。④吴薇莉运用中国人人格量表对社交焦虑患者的调查发现,社交焦虑患者在外向型(活跃、乐观、合群)、才干(决断、坚韧、机敏)、人际和谐(宽容、热情)、善良(关

---

① Tiihonen J., J.Kuikka, and K.Bergström et al., Dopamine Reuptake Site Densieies in Patients with Social Phobia. The *American Journal of Psychiatry*, 1997, 154(2), pp.239-242.

② 参见路英智、张勤峰:《社交恐怖症患者的父母教养方式的研究》,《中国心理卫生杂志》2000年第14期。

③ 参见何全敏、潘润德、孟宪璋:《童年虐待和创伤经历与社交焦虑的关系》,《中国临床心理学杂志》2008年第1期。

④ 参见苏建宁、张新凯:《社交焦虑障碍患者的人格模式分析》,《中国临床康复》2005年第9期。

心、顾及他人、友好）和自信方面的得分都显著低于正常人群。[①]

多项研究证明，外显自尊和心理健康水平有显著的相关。高文凤、丛中通过施测社交焦虑量表、自尊量表和自我接纳问卷来探讨社交焦虑与大学生自尊、自我接纳的关系，结果发现社交焦虑与大学生自尊、自我接纳具有显著的相关。[②]蔡华俭对社交焦虑的内隐自尊和外显自尊之间的关系进行了研究，结果发现：社交焦虑者的内隐自尊水平与正常个体无显著差异；不过对于焦虑个体而言，其内隐自尊水平高于外显自尊水平，而正常个体的外显自尊水平高于内隐自尊水平。[③]

此外，还有一些研究者探索了社交焦虑与情绪智力、社会支持以及应对方式等因素的关系。L.J.萨默费尔特（L.J.Summerfeldt）和P.H.克洛斯特曼（P.H.Kloosterman）发现情绪智力与社交焦虑之间存在着高相关；在情绪智力和社交焦虑的模型中得出，情绪智力的人际关系能力，特别是自我觉察能力是影响社交焦虑的主要因素。[④]F.M.弗图（F.M.Vertue）指出自我知觉调节他人情绪的能力不足是社交焦虑的基础。[⑤]还有一些研究探讨了羞耻的应对特点和社交焦虑之间的关系[⑥]，还有研究探讨了社交自我效能感、自我概念等因素与社交焦虑之间的关系。[⑦⑧]

四、社交焦虑的治疗及疗效

目前对社交焦虑的治疗主要采用药物治疗与心理治疗，或是两者

---

① 参见吴薇莉、刘协和：《社交焦虑障碍患者的成人依恋类型与社交焦虑障碍人格特征的关系》，《中国临床康复》2006年第10期。

② 参见高文凤、丛中：《社交焦虑与大学生自尊、自我接纳的关系》，《健康心理学杂志》2000年第3期。

③ 参见蔡华俭：《内隐自尊的作用机制及特性研究》，华东政法大学2002年博士学位论文。

④ Summerfeldt, L.J., P.H.Kloosterman, M.M.Antony, and D.A.Parker, Social Anxiety, Emotional Intelligence and Interpersonal Adjustment. *Journal of Psychopathology and Behavioral Assessment*. 2006, 28(1): pp.57-68.

⑤ Vertue, F.M., From Adaptive Emotion to Dysfunction: An Attachment Perspective on Social Anxiety Disorder. *Personality and Social Psychology Review*. 2003, 7(2): pp.170-191.

⑥ 参见李波、钱铭怡、钟杰：《大学生社交焦虑的羞耻感等因素影响模型》，《中国心理卫生杂志》2005年第5期。

⑦ 参见周文莉：《大学生社交效能感的评估与社交焦虑的关系研究》，苏州大学2005年硕士学位论文。

⑧ 参见陈春锋：《当代大学生自我概念与社交焦虑的关系研究》，山东师范大学2007年硕士学位论文。

的联合运用。下面分别对药物治疗和心理治疗及疗效进行具体的论述。

(一) 药物治疗及疗效

药物疗法是治疗社交焦虑障碍的辅助疗法,它的作用是快速缓解患者的焦虑及抑郁情绪。临床上常采用的药物可以分为四类:(1)苯二氮卓类和其他抗抑郁药,如氯硝西泮(Clonazepam)、阿普唑仑(Aprazolam)等,主要作用于边缘系统的海马、杏仁核,刺激中枢抑制性递质的活性从而达到镇静和抗焦虑的效果;(2)单胺氧化酶抑制剂,如苯乙肼(Phenelzine)、吗氯贝胺(Meclobemide),此类药物抑制降解去甲肾上腺素、5-羟色胺和多巴胺的酶,治疗患者的人际高度敏感和并发的非典型性抑郁症状等;(3)5-羟色胺再摄取抑制剂,如帕罗西汀(Paroxetine)、氟西汀(Fluxetine)等,服用后可使突触间隙中5-羟色胺的浓度增高,发挥抗抑郁和抗焦虑的作用;(4)β受体阻断剂,如普奈诺尔(Propranolol),其药物机理主要通过血脑屏障阻断肾上腺素等儿茶酚胺类对支配情绪活动边缘系统及网状结构的兴奋性,从而产生中枢性抑制效应。

关于药物疗法的有效率,不同的报告中不尽相同,但都报告说药物疗法的有效率与服用安慰剂组有显著差异。如J.特萨(J.Tesar)以18例社交焦虑症患者为研究对象,与服用安慰剂组的患者相对照,10周后,服用氯硝西泮2 mg~4 mg的患者治疗有效率为80%,而安慰剂组为20%,两组间有显著性差异。①再如董毅以服用苯乙肼、吗氯贝胺和安慰剂将患者分为三个小组,每组各26名患者,16周后,以症状消失为指标,服用苯乙肼组为91%,服用吗氯贝胺组为84%,服用安慰剂组为24%。②可见,使用药物治疗社交焦虑还是取得一定的效果,不过,在治疗一定时期后,应该进行追踪研究,考察药物治疗的长期效果。

(二) 心理治疗及疗效

心理治疗中,常用的疗法有行为疗法、认知疗法以及认知行为疗法。行为疗法中常常使用的技术:(1)社交技能训练。其假设是社交焦虑者正是由于缺乏社交技能,所以才导致焦虑水平的上升。社交技能

---

① Tesar, J., Double-Blind, Placebo-Controlled Comparison of Clonazepam and Alprazolam for Panic Disorder. *Journal of Clinical Psychiatry*. 1991, 54(4), p.69.

② 参见董毅:《吗氯贝胺和苯乙肼治疗社交恐怖症》,《国外医学精神病学分册》1993年第2期。

训练包含了言语和非言语的训练,前者包括如何开始一段对话,如何保持交流以及如何结束一段对话,还包括如何表达自己的感受等;后者主要包括目光对视、合理地运用停顿等技术。利用该疗法进行干预的研究得出的结果并不一致,很多研究并没有发现社交技能训练可以降低社交焦虑的水平。(2)暴露疗法。分为在想象的社交情境以及实际的社交情境中进行系统脱敏,这是常用的行为疗法。最先使用它治疗广场恐怖症,后来G.巴特勒等人(G.Butler et al.)运用该疗法对社交焦虑患者进行治疗。①亨伯格等利用暴露疗法对社交焦虑患者进行治疗,结果发现,无论在自评的焦虑程度、生理指标以及行为上表现出来的焦虑都显著得到降低。②

社交焦虑的认知理论认为对社交情景的解释偏向导致了非理性信念,继而影响了个体的情绪和行为,因而认知疗法的很多程序都指向患者的非理性信念。主要的认知疗法:(1)理情疗法。通过循序渐进地分析患者害怕的社交情景,识别出自己的非理性认知和情绪,经过讨论之后,发展出更加理性的想法和行为。(2)自我指导训练。指导患者识别出消极的、自我打击的自我陈述,利用更加积极的、自我鼓励的方式进行自我对话。研究表明,利用理情疗法和自我指导训练的方法有着良好的疗效。③

认知行为疗法则是联合了行为疗法和认知疗法,比如认知疗法与暴露疗法合用,目前的研究大多认为认知行为疗法的疗效最佳。但是,一些元分析的结果并不一致。I.C.费多罗夫(I.C.Fedoroff)和S.泰勒(S.Taylor)对25个治疗社交焦虑的报告进行了元分析,发现使用暴露疗法、认知疗法、认知和暴露疗法合用、社交技能训练这四种治疗方法和服用安慰剂组的个案遗失率没有显著差异;从预后的效果上来说,认知疗法与暴露疗法合用效果最好,三个月后的追踪结果也

① Butler, G., A.Cullington, M.Munby, and P.Amies et al., Exposure and anxiety management in the treatment of social phobia. *Journal of Consulting and Clinical psychology*. 1984, 52(4): 642-650.

② Heimberg, R.G.(Ed.), *Social Phobia: Diagnosis, Assessment, and Treatment*. New York, The Guilford Press. 1985, pp.69-93.

③ Davidson, J.R., E.B.Foa, and J.D.Huppert et al., Fluoxetine, Comprehensive Cognitive Behavioral Therapy, and Placebo in Generalized Social Phobia. *Archives of General Psychiatry*. 2004, 61, pp.1005-1013.

是如此。[①]而U.费斯科等人(U.Feske et al.)对12个使用认知行为疗法的研究和9个使用暴露疗法的研究进行的元分析得出,经过治疗后,患者在主观报告的社交焦虑程度、认知症状以及抑郁的情绪这三方面并没有显著性差异。[②]显然,这样的结果让认知理论家们有点失望,不过,随着社交焦虑障碍的认知理论的研究深入,尤其是社交焦虑的认知行为模型的提出,从信息加工偏向的角度对社交焦虑的研究大大丰富了社交焦虑的治疗方法。

社交焦虑的认知模型认为多种认知偏向导致了社交焦虑症状的持续和恶化[③④],以临床的社交焦虑患者或高社交焦虑群体为对象的注意偏向、解释偏向、记忆偏向的多项研究让我们对社交焦虑的认知过程有了更为深切的了解。这些研究成果已经有一部分被运用到治疗领域,如针对注意偏向、解释偏向和自我意象等为焦点进行治疗,社交焦虑患者或高社交焦虑群体的主观感受、回避性行为以及认知都有明显的改善。也有一些研究采用录像反馈法进行治疗。让社交焦虑患者或高社交焦虑群体观看自己的社交过程,使之注意到他们预期的担心并没有发生,从而减轻社交焦虑的症状。目前录像反馈疗法的疗效已经得到了实验的支持。[⑤]从治疗的角度来说,也需要继续社交焦虑的认知偏向方面的研究,以更进一步提升社交焦虑的治疗效果。

第二节　社交焦虑的解释偏向研究

社交焦虑的认知行为模型、社交焦虑的人际理论、认知评价理论以及

---

① Fedoroff, I.C. and S.Taylor, Psychological and Pharmacological Treatments of Social Phobia: A Meta-Analysis. *Journal of Clinical Psychopharmacology*. 2001, 21, pp.311-324.

② Feske, U. & D.L.Chambless, Cognitive Behavioral Versus Exposure Treatment for Social Phobia: A Meta-Analysis. *Behavior Therapy*. 1995, 26(4): 695-720.

③ Clark, D.M. and F.McManus, Information Processing in Social Phobia. *Society of Biological Psychology*. 2002, 51, pp.92-100.

④ Rapee, R.M. & R.G.Heimberg, A Cognitive-Behavior Model of Anxiety in Social Phobia. *Behavior Research and Therapy*. 1997, 35, pp.741-756.

⑤ Harvey, A.G. and D.M.Clark, Social Anxiety and self-Impression: Cognitive preparation enhances the beneficial effects of video feedback following a stressful social task. *Behaviour Research and Therapy*, 2000, 38(12): pp.1183-1210.

四因素理论都强调对外在信息的威胁性解释、评价在焦虑的产生中发挥了重要的作用。特别是社交焦虑的认知行为模型对多个认知环节进行了详细的论述，其基本假设是多种认知偏向导致了社交焦虑症状的持续和恶化。当前，研究者关注的认知偏向主要有注意偏向、解释偏向、记忆偏向以及事后处理过程等环节。

对注意偏向的研究多采用 Stroop、点探测等范式，研究得出社交焦虑者倾向于注意威胁性词语或消极的面部表情。不过，也有研究者提出，注意偏向可能是因为解释偏向所导致，即社交焦虑者倾向于将信息解释为威胁性的，从而获得了更多的注意力资源。因而，有必要加强对解释偏向的研究。

记忆偏向的研究还没有得出一致性的结果，不过，认知理论者提出记忆可以通过多种方式对社交焦虑症状的维持产生作用。如对消极信息的选择性提取使得社交焦虑者在进入社交场合前会预期有更大的焦虑，增大了回避社交场合的可能性；在社交过程中或社交之后的重复回忆中用更加消极的方式来解释社交场合中的信息。可见，对社交焦虑的认知偏向研究不仅需要关注某一认知环节的偏向，同时还需要从多个环节互相作用的角度入手。本书拟对社交焦虑的解释偏向进行研究，且从记忆和解释相结合的角度进行研究。下面对社交焦虑的解释偏向和记忆偏向的研究进行一些论述。

一、解释偏向及相关概念

（一）解释的界定

1. 解释的哲学界定

《解释学的任务》一文中，P.利科尔（P.Ricoeur）将解释学初步定义为“关于与‘文本’的解释相关联的理解程度的理论”。当代解释学的奠基人德国哲学家 H.G.伽达默尔（H.G.Gadamer）将解释学定义为“对文本的理解艺术”。可见，解释学的任务就在于对文本的理解和解释。那么，什么是解释学意义上的“文本”呢？文本是理解的对象，既包含了口头语言，也包括了书面语言，还包括行为和心理。在解释的主观、客观性的问题上解释学也进行了深入的探讨。M.海德格尔（M.Heidegger）在其存在哲学中提出，任何解释都依赖理解者和解释者的前理解，“解释总是根植于我们预先已有的东西——前有中。”①W.狄尔泰（W.Dilthey）则认为，对任何文

① 参见[德]海德格尔著：《存在与时间》，陈嘉映、王庆节译，三联书店 1987 年版，第 181—188 页。

本最终都存在一种客观的解释，但解释者的主观成见和误解是理解和解释的障碍，不过他相信通过移情作用这些成见是能够避免的。伽达默尔则彻底推翻主客反映论，他认为解释是解释者和解释对象之间的融合。①

建构主义认为，所谓的心理过程，包括意识、情绪、认知等，都是存在于人与人之间，是人际互动的结果，是社会建构的产物。同样，对外在信息如何建构、如何解释影响了心理过程的形成。②

2. 解释的心理学界定

格式塔理论提出了“知觉的组织性原则”，用以说明人如何以某种方式来构造或解释视野中的刺激。常用来说明“知觉的选择性和理解性”的是“二可图”（又称“双关图”），这实际上强调了“先行组织”和“原有经验”在知觉中的重要作用。

在信息加工理论中，解释是认知的一个重要环节，如何对外在的刺激进行解释以至于最终形成“意义”的重要一环。在人际交往过程中，主要是对一些传递信息的刺激如语言、表情、声调等进行解释，特别是对不明确的歧义信息进行解释，这成为个体形成自我概念的重要途径。

符号互动论的开创者G.H.米德（G.H.Mead）认为，人生而具有通过对姿势的互相回应（手、表情、目光等）调整彼此的能力，正是在不断的互动中形成了自我。③那么，如何对他人的姿势进行解释从而了解别人的心理，就成为一个重要的问题。可见，解释在符号互动理论中也是一个重要的概念及难题。

综合其他观点，本书认为，解释（interpretation），是对一切文本意义的解释，在社会交往中，就是指对发挥信息传递的作用言语与非言语信息的解释。

（二）解释偏向的界定

社会交往中，交往双方会传递出很多信息，其中很多信息都不够明确，具有歧义（ambiguity），对歧义信息如何解释可以理解一个人是如何觉知自己的公共自我（public-self）。如果一个人最终将歧义的反馈信息理解为积极的，那么这个人可能会认为自己是有能力的、受欢迎的；反之，

---

① 参见王庆节：《解释学、海德格尔与儒道今释》，中国人民大学出版社2004年版，第15—65页。
② 参见杨莉萍：《社会建构心理学》，上海教育出版社2006年版，第126—135页。
③ [美]乔纳森·布朗著：《自我》，陈浩莺等译，人民邮电出版社2004年版，第47—68页。

则会认为自己没有能力,不受欢迎。此外,交往双方也会传递出积极或消极的信息,社交焦虑者是否一定会产生不同效价(valence)[①]的解释呢?为了清晰地了解社交焦虑者如何对外在的信息进行解释,我们将个体对某一类解释系统的偏好称为"解释偏向"。社交焦虑的认知模型提出,解释偏向在社交焦虑障碍的发展中发挥着重要的作用,并且导致了症状的持续。在 1976 年,贝克就提出,焦虑患者和其他人相比,更可能使用消极的方式来解释歧义事件。

(三) 解释偏向与归因偏向的区别

个体在解释信息时,常常会涉及"为什么"的问题,所以,解释偏向常常和归因偏向有所联系。不过,二者之间还是存在着一些区别。归因偏向指对事件的结果寻找原因的过程中,常常表现出对特定原因的系统的偏好,即使这种解释不符合实际情况。如"基本归因偏向"、"活动者和观察者的归因差异"、"利己主义归因偏向等"。归因过程需要为事件的结果寻找原因,因而常常包括知觉、思维、推断、决策等认知过程。而解释偏向是对歧义信息的消解/解释,属于语义加工阶段,因而可以用语词作为工具进行研究,这就和归因有所区别。[②]同时,解释偏向也包括使用一些情境进行研究,如社交过程中的含糊信息、积极信息或消极信息,此时的解释过程常包含了一部分的归因过程。当然,二者最大的区别不仅在于信息加工过程中所属的阶段不同,而且研究的重心也不同:解释主要是研究信息的语义解释功能,而归因主要研究事件结果的原因归属。

(四) 解释偏向与判断偏向的区别

判断偏向是指过高地估计消极事件发生的可能性以及如果发生将要付出的代价,而解释偏向则是对他人行为的意义的解读。以一个常常困扰社交焦虑者的问题为例,"你当众朗诵了一篇文章,你朗诵的时候听到有同学发出了一些笑声",你对"他们笑是什么意思"这个问题的回答就涉

---

① "效价",在心理学中,研究情绪时常用来表示某些事件、对象、情境对个体的内在吸引(正性效价)或回避(负性效价);也可以特指某些特定的情绪,如积极情绪(高兴)、消极情绪(生气)。参见 Nico, H.F., *The Emotion*. Cambridge University Press, 1986, p.207.

② Hirsch, C.R., A.Mathews, D.M.Clark, R.Williams, & J.A.Morrison, The Causal Role of Negative Imagery in Social Anxiety: A Test in Confident Public Speakers. *Journal of Behavior Therapy and Experimental Psychiatry*. 2006, 37, pp.159-170.

及解释偏向的问题，对你的解释"发生的可能性"，以及"如果真的发生了，会有什么后果"这两个问题的回答，则属于判断偏向的问题。虽说对某些事情的夸大估计也会导致消极的解释偏向。不过，一个人也可能在没有消极解释的情况下夸大估计事件发生的概率。所以，二者并不是同一个过程。那么，为什么要区分出这两者的区别呢？因为对不同的焦虑群体而言，可能有不同的治疗意义。比如说，判断偏向更多涉及焦虑障碍患者，如惊恐障碍的群体，他们会过高估计危险发生的客观可能性；而解释偏向可能更多涉及社会焦虑和广泛性焦虑的群体，他们倾向于对歧义信息作出消极化的解释。

二、社交焦虑的解释偏向的实证研究

社交过程中包含了多种信息，因而也决定其研究的复杂性。为了能够再现社交过程中种种传递信息的媒介，研究者使用了多种实验材料，文字材料包括词、句子、语段到语篇，非语言材料如面部表情；此外，还包括模拟一个社交过程，如相识、面试、演讲等情境。为了能够清楚地叙述解释偏向的实验研究，我们按照不同的实验材料为依据进行论述。

（一）同音异义词/同形异义词

最先研究者选择一些同音异义词研究高特质焦虑者的解释偏向。所谓同音异义词指一些相同发音的词中既具有威胁性的意义，也具有中性或积极的意义，比如 die/dye，一个是死亡的意思，一个是染布的意思。让被试听这些同音异义词，然后拼写出来。结果发现，和非焦虑组相比，高特质焦虑的被试和焦虑障碍的被试拼写出来的单词偏向于威胁性意义的词。A.理查兹等人（A.Richards et al.）在同音异义词的启发下，设计了更加精巧的实验，使用同形异义词作为启动刺激，然后出现该词的某一个意思，让被试完成词汇决策任务，测定被试在此任务上的反应时。结果发现，和低焦虑组相比，高焦虑组被试对歧义词的威胁性意义反应速度更快，这说明高焦虑者倾向于通达（access to）歧义词的威胁性意义。①

（二）歧义句或语段

1. 高特质焦虑被试或焦虑障碍患者的解释偏向研究。C.麦克利奥德

① Mahtews, A., A. Richards, and M. Eysenck, Interpretation of Homophones Related to Threat in Anxiety States. *Journal of Abnormal Psychology*. 1989, 98, pp.31-34.

等人(C.Macleod et al.)使用句子作为研究材料,在呈现句子后紧跟着句子的续写部分,续写部分表达了句子可能的某一种意思。通过考察被试阅读句子续写部分的时间,发现焦虑水平较高的学生阅读威胁性意思的时间较短,这支持了焦虑水平较高的学生倾向于以消极的方式来解释句子。①其他的研究者则多通过自我报告的方式来研究解释偏向。G.巴特勒等人(G.Butler et al.)编制了一份问卷来测定人们对含糊事件的解释,问卷中包括10个有歧义的情节,呈现给焦虑患者、抑郁患者以及正常群体对照组,让其对这10个歧义句子进行解释。然后向被试呈现三个解释(一个消极的,其他中性或是积极),让被试想象,假如他们在情节所描述的情境中,这三个解释在他们头脑中出现的可能性如何,根据可能性的高低进行排序。结果发现,与控制组相比,焦虑和抑郁的患者更倾向于将歧义的情节解释为消极的。这样的研究结果在其他焦虑障碍的研究中也得到了验证。②克拉克等人发现与其他焦虑障碍患者以及正常组相比,惊恐障碍的被试容易将歧义的信息解释成是灾难即将到来的信号。③

2. 高社交焦虑者或社交焦虑障碍患者的解释偏向研究。阿米尔等研究者修订了1983年巴特勒等编制的问卷,以社交焦虑患者、强迫症患者以及非焦虑控制组为被试,使用描述歧义的社会事件(事件中包括2个或2个以上的人)和非社会事件的句子作为实验材料,并提供三个解释,要求被试根据这些解释和自己的相似程度进行评定。所有的句子报告完毕后,再让被试想象这些情节发生在另一个人身上,评定提供的三个解释与他人的相似程度。结果发现,与另两个组相比,社交焦虑患者只在涉及自己的社交信息上存在消极化的解释偏向,而在非社交和涉及他人的信息上则无显著差异。④L.斯托帕等人(L.Stopa et al.)的研究和爱米尔等人使

① MacLeod, C. and I.L.Cohen, Anxiety and the Interpretation of Ambiguity: A Text Comprehension Study. *Journal of Abnormal Psychology*. 1993, 102, pp.238-247.

② Butler, G. and A. Mathews, Cognitive Processes in Anxiety. *Advances in Behaviour Research and Therapy*. 1983, 5, pp.51-62.

③ Clark, D.M. and F.McManus, Information Processing in Social Phobia. *Society of Biological Psychology*. 2002, 51, pp.92-100.

④ Amir, N., E.Bower, J.Briks, and M.Freshman, Implicit Memory for Negative and Positive Social Information in Individuals with and Without Social Anxiety. *Cognition and Emotion*, 2003, 17(4), pp.567-583.

用的研究材料类似，不过该研究在呈现实验材料后，先让被试给出自己的解释，然后再对后面给出的三个解释进行排序。被试给出的开放式回答由独立的评定者进行效价评定(消极的、中性和积极的、焦虑的以及无法确定的)，研究得出的结论和爱米尔的结论一致。不过，斯托帕等人还使用中度消极的情节为材料，结果发现，社交焦虑患者与其他焦虑障碍患者以及非焦虑控制组相比，对中度消极的材料有灾难化的解释偏向。[①]M.E.弗兰克林等人(M.E.Franklin et al.)重复了斯托帕等研究者的研究，使用社交焦虑组、治愈组以及非焦虑控制组为被试，结果发现未经治疗的社交恐惧患者表现出消极的解释偏向，而经过成功治疗的社交恐惧者则没有表现出消极的解释偏向。这个结果间接地说明了消极的解释偏向是社交焦虑的原因之一。[②]

J.I.卡斯坦兹等人(J.I.Costants et al.)对实验材料作了一些改变，使用一小段文字来叙述两位从未会面的大学生在第三人的介绍下进行约会的场景，材料中包括一些歧义的信息，这些信息有些是涉及人际评价，有些则不涉及。研究者让高低社交焦虑者从提供的解释中选择一个他们最认可的解释。结果发现，在涉及人际评价的歧义信息中，非焦虑的被试倾向于使用积极的方式来解释，而社交焦虑的被试在积极解释与消极解释方面并无差异。因而，研究者得出，社交焦虑者并不是具有消极的解释偏向，相反，是缺乏积极的解释偏向。[③]泰勒等人提出积极的解释偏向比较有利于个体的心理健康，有利于保护他们的自尊，显然，这是社交焦虑者所缺乏的。[④]

J.K.威尔逊等人(J.K.Wilson et al.)使用不同消极程度的事件作为材料，考察社交焦虑患者与非社交焦虑者的解释偏向差异。结果发现，社交

① Stopa, L. and D.M.Clark, Social Phobia and Interpretation of Social Events. *Behavior Research and Therapy*. 2000, 38, pp.273-283.

② Franklin, M.E., J.Huppert, and R.Langner, Interpretation Bias: A Comparison of Treated Social Phobics, Untreated Social Phobics and Controls. *Cognitive Therapy and Research*. 2005, 29(3): pp.289-300.

③ Constans, J. I., D.L.Penn, and G.H.Ihen et al., A Interpretative Biases for Ambiguous Stimuli in Social Anxiety. *Behavior Research and Therapy*. 1999, 37, pp.643-651.

④ Taylor, C.T. and L.E.Alden, Social Interpretation Bias and Generalized Social Phobia: The Influence of Development Experiences. *Behavior Research and Therapy*. 2005, 43, pp.759-777.

焦虑患者在解释消极事件时,更倾向于认为这些事件会导致他人对他们的消极评价,也倾向于认为这些事件说明自己具有一些消极的人格特征,这些消极事件还会给自己的人际关系、社交表现带来有害的后果。①也就是说,社交焦虑患者在解释消极事件时,不仅仅从他人的角度来评价自己,同时在他们的自我评价中也会有一些消极评价和消极的自我信念,并且认为这些消极事件会发生长期的影响。最后一点实际上已经和判断偏向发生了联系,即认为这些消极事件在多大程度上是严重的。

后来一些研究还扩展到所有效价的社会事件,而不仅仅局限在歧义信息或是中度消极的社会事件的解释上,发现社交焦虑患者也用消极的方式来解释积极的社会事件。L.E.奥尔登等人(L.E.Alden et al.)编制了"积极事件的解释量表"(Interpretation of Positive Events Scale, IPES)用以测查社交焦虑患者的解释偏向,结果发现,社交焦虑患者在 IPES 上的得分显著高于非社交焦虑组。也就是说,社交焦虑患者对积极事件也表现出消极的解释偏向。同时,该研究还发现对积极事件的消极解释在社交焦虑和积极情感中起到中介的作用。②说明对积极事件的消极解释方式在一定程度上影响了消极的情绪体验。J.M.拉波萨等人(J.M.Laposa et al.)则不仅考察了广泛性社交焦虑患者对积极事件的解释方式(以 IPES 为工具),同时还考察了社交焦虑患者的焦虑症状、认知特征和对积极事件的解释方式之间的关系。结果发现,社交焦虑患者的完美主义、人际恐惧有效地预测了他们在 IPES 上的得分。为了进一步考察对积极事件的消极解释方式是否是社交焦虑者所独有的,研究者又以广泛性社交焦虑组、强迫症组、惊恐障碍(伴有/不伴有广场恐怖症)组、广泛性焦虑障碍组和正常对照组作为被试,考察他们在 IPES 上的得分差异。结果发现,除了强迫症组,广泛性社交焦虑组的得分显著高于其他被试组;不过与强迫症组之间没有显著性差异。研究者认为这可能是因为两个组别都具有较高的完美主义倾向所致。③对积

① Wilson, J.K. and R.M.Rapee, The Interpretation of Negative Social Events in Social Phobia with Versus Without Comorbid Mood Disorder. *Anxiety Disorder*. 2005, 19, pp.245-274.

② Alden, L.E., C.T.Taylor, and M.B.Mellings, Social Anxiety and the Interpretation of Positive Social Events. *Journal of Anxiety Disorder*. 2008, 22, pp.577-590.

③ Laposa, J.M., S.E.Cassin, and N.A.Rector, Interpretation of Positive Social Events in Social Phobia: An Examination of Cognitive Correlates and Diagnostic Distinction. *Journal of Anxiety Disorder*. 2010, 24(2), pp.203-210.

极事件的解释偏向研究提醒我们，在治疗过程中提供积极的反馈也许并不是最关键的，最关键的是如何调整社交焦虑者的解释偏向。

（三）面部表情

社交过程中面部表情传递了很多信息，所以有些研究者认为使用面部表情作为研究解释偏向的材料更加具有生态效度。另外，也有研究表明正确解读面部表情和幸福感有正相关，而与抑郁症状则有负相关。①可见，正确解读面部表情在社交中是一项非常重要的能力。符号互动理论也提出，如何理解别人的"姿势"，如何从别人对我们的回应中得出"姿势"的精神象征意义，对于人际互动有着重要的意义。

但使用面部表情研究社交焦虑患者的解释偏向，得出的结论并不一致。C.波佐等人（C.Pozo et al.）使用照片呈现不同的面部表情，让被试对这些表情进行效价的评定，结果发现，与非焦虑组相比，社交焦虑组对面部表情作出更多消极情绪的解释。②而 E.C.温顿等人（E.C.Winton et al.）发现在消极情绪、中性情绪的区别能力上高焦虑者与低焦虑者之间并不存在差异；不过，焦虑水平越高，他们越倾向于将呈现的表情解释为消极情绪。③

理查兹等研究者使用复合情绪作为实验材料，如 10%生气和 90%恶心，30%害怕和 70%的悲伤等，要求被试对这些情绪进行识别。结果发现，在将害怕作为一种构成成分的复合情绪的识别任务中，与低社交焦虑被试相比，高社交焦虑被试更倾向于将这些图片报告为害怕；但是呈现的复合表情中害怕所占的百分比与焦虑水平之间并没有相关。在没有将害怕作为一种构成成分的复合情绪的识别上，高低社交焦虑组并没有表现出组别差异。④所以，并不能得出社交焦虑者在面部表情的识别上有消极偏向的结论。

---

① Carton, J.S., E.A.Kessler, & C.L.Pape, Nonverbal Decoding Skills and Relationship Well-being in Adults. *Journal of Nonverbal Behavior*. 1999, 23, pp.91-101.

② Pozo, C., C.S.Carver, A.R.Wellens, & M.F.Scheier, Social Anxiety and Social Perception: Construing Other's Reaction to the Self. *Personality and Social Psychology Bulletin*. 1991, 17, pp.355-362.

③ Winton, E.C., D.M.Clark, & R.J.Edelmann, Social Anxiety, Fear of Negative Evaluation and Detection of Negative Emotion in Others. *Behavior Research and Therapy*. 1995, 33, pp.193-196.

④ Richards, A., C.C.French, and A.J.Calder et al., Anxiety-Related Bias in the Classification of Emotionally Ambiguous Facial Expressions. *Emotion*. 2002, 2, pp.273-287.

后来，认知理论研究者提出社交焦虑者害怕受到他人的拒绝，而厌恶情绪常常和拒绝联系在一起。社交焦虑患者在处理厌恶情绪时是否具有其自身的特点呢？神经科学的研究发现，在处理厌恶情绪时，社交焦虑组和控制组的被试表现出不同的神经活动。那么，高社交焦虑者对厌恶情绪识别上是否和低社交焦虑者或非社交焦虑者有所区别呢？C.A.斯科菲尔德（C.A.Schofield）及其同事采用厌恶（disgust）和快乐（happy）这两种情绪作为实验材料，通过控制这两种情绪的比例从而复合成强度不同的情绪，比如厌恶在其中占20%、30%、40%等。结果发现，在刺激呈现不限时与呈现600 ms这两种实验条件下，高社交焦虑组与低社交焦虑组在识别不同强度的厌恶情绪上并没有表现出差异。①

（四）生理症状

社交焦虑者在社交过程中会产生一些生理上的表现，比如脸红、颤抖、口吃等，社交焦虑者也会过度关注自己的生理症状，那么他们如何解释自己的生理症状呢？D.罗思等人（D.Roth et al.）以社交焦虑患者与非焦虑组为被试，让他们完成两份症状解释问卷（Symptom Interpretation Scale, SIS），一份是认为他人会如何解释他们的生理症状，另一份是他们如何解释别人的生理症状。结果发现，社交焦虑者更倾向于认为他人将他们的生理症状解释为精神病症状，而非焦虑的被试则认为他人将他们的生理症状解释为正常的生理反应。②A.L.格拉克等人（A.L.Gerlach et al.）研究发现，社交焦虑患者报告自己的心跳程度时，会认为他人也听到了自己的心跳声；而非社交焦虑患者则认为只有自己听到了自己的心跳声。③这说明社交焦虑患者对自己的身体症状存在着过度的评估。这些研究在一定程度上支持了社交焦虑者总是以消极的方式来解释自己的生理症状。

① Schofiele, C.A., M.E.Coles, and B.E.Gibb, Social Anxiety and Interpretation Biases for Facial Displays of Emotion: Emotion Detection and Ratings of Social Cost. *Behavior Research and Therapy*. 2007, 45, pp.2950-2963.

② Roth, D., M.M.Antony, and R.P.Swinson, Interpretation for Anxiety Symptoms in Social Phobia. *Behavior Research and Therapy*. 2001, 39, pp.129-138.

③ Gerlach, A.L., D.Mourlane, and F.Rist, Public and Private Heart Rate Feedback in Social Phobia: A Manipulation of Anxiety Visibility. *Cognitive Behaviour Therapy*. 2004, 33, pp.36-45.

不过，也存在一些不同的声音。有研究者提出，社交焦虑的程度和对生理症状的消极解释并没有相关。在一项研究中，给不同社交焦虑水平的被试都提供了虚假反馈，告知他们表现出了较多的生理症状，结果发现，所有的被试，而不仅仅是高社交焦虑的被试，都表现出焦虑水平的提高和对自己表现的消极评价。

（五）构建社交情境

除了以上这些实验材料，研究者还利用更具有生态效度的研究方法，即构建出社交情境或表演情景（如与陌生人交流、公开演讲等），让被试对自身及他人的焦虑水平以及社交表现进行评定。结果发现，与非社交焦虑者相比，社交焦虑者对自身社交表现的评定更加苛刻。拉皮等研究者让社交焦虑患者与正常对照组在一些听众面前作演讲，然后让他们评定自己的成绩。结果发现，与听众的评定相比，两组被试对自己的成绩都有所低估，不过社交焦虑组被试低估的程度要远远高于正常组。[①]有些研究者要求社交焦虑患者或高社交焦虑者和一位陌生人相互认识，然后让他们评定自己在这次社交中的表现。通过与社交对象、实验者以及中立评定者的评定相比，得出了同前面研究一样的结论，即高社交焦虑者过分低估自己在社交中的表现。[②]斯托帕等研究者发现，社交焦虑组不仅低估了他们的积极行为，而且过高地估计自己的消极行为。[③]

奥尔登等人还研究了不同的反馈对社交焦虑者评定自己的行为有何影响。研究者让社交焦虑组、非焦虑组与一位陌生人进行两次对话，第一次对话后，每位被试都得到自己在刚刚对话中表现的反馈，然后再让被试设想自己在接下来第二次对话中的焦虑水平和表现。反馈通过两种方式进行表达，一是用肯定句表达，肯定被试的积极行为，比如“你很健谈”；另一种用否定句来表达相同的意思，比如“你看起来一点也不焦虑”。被试随机分配到其中任一种反馈方式。结果发现，接受积极反馈的被试中，社

① Rapee, R.M. and L.Lim, Discrepancy between Self and Observer-ratings of Performance in Social Phobics. *Journal of Abnormal Psychology*. 1992, 101, pp.728-731.

② Alden, L.E. and S.T.Wallace, Social Phobia and Social Appraisal in Successful and Unsuccessful Social Interactions. *Behaviour Research and Therapy*. 1994, 33(5), pp.497-505.

③ Stopa, L. & D.M.Clark, Cognitive Processes in Social Phobia. *Behaviour Research and Therapy*. 1993, 31, pp.255-267.

交焦虑者预期他们在接下来的对话中会更加焦虑；而另一种反馈方式则无组别差异。①所以，积极的反馈并不能降低他们的焦虑水平，这可能是社交焦虑者更习惯于用消极的方式来处理信息。这样的结果同时提醒我们有必要研究社交焦虑者如何解释积极的信息。

三、即时任务的解释偏向研究

以上所用的资料，除了歧义词是考察被试对目标词的反应速度外，其他都是自我报告的测量方法，也就是不使用计算机的测量方法。自我报告的测量无法控制被试沉思的过程，因而此方法得出的结果又被称为离线(off-line)解释研究，测得的是事后解释的结果。与之相对应的是"即时的"或"在线"(on-line)研究，即认为解释是在信息一出现时就进行的，常用反应时的方式进行研究。因为反应时作为信息处理过程的一种在线测量方法，可以发现不同组别被试在即时反应上是否有所差异，所以在线测量提供了一个特定的机会，来检查社交焦虑的个体最初是如何处理这些信息的。

前文论述的同音异义词/同形异义词也属于即时解释的研究。循此思路，M. W.艾森克等人(M. W. Eysenck et al.)将研究材料改为句子，其程序：让焦虑组和非焦虑组听一些意思含糊的句子，这些句子可能会产生中性解释，也可能产生消极解释；而后将这些含糊的句子改成意思明确的中性句子或消极句子，让被试评定哪些句子和原来听到的句子意思一样。结果发现，非焦虑组被试倾向于评定中性句子和原来听到的句子意思一样，而焦虑组被试对中性句子和消极句子与原句的类似性评定无显著性差异。②也就是说，非焦虑组对含糊信息有着中性化解释，而焦虑组被试则没有对任一种解释表现出偏向性。麦克利奥德等研究者使用类似的材料，其程序：先向焦虑组被试与非焦虑组被试呈现一些含糊的句子，然后呈现消极结果或是中性结果，考察被试阅读消极结果和中性结果的时间差异。结果发现，焦虑组被试阅读消极结果的速度更快，这意味着焦虑组

---

① Alden, L.E., M.B.Mellings, and J.M.Laposa, Framing Social Information and Generalized Social Phobia. *Behavior Research and Therapy*. 2004, 42, pp.585-600.

② Eysenck, M.W., K.Mogg, J.May, A.Richards, & A.M.Mathews, Bias in Interpretation of Ambiguous Sentences Related to Threat in Anxiety. *Journey of Abnormal Psychology*. 1991, 100, pp.144-150.

被试在看到含糊句子时，即时作出了与其情绪一致的解释。①

也有研究者采用语义决策任务研究即时解释偏向。M.G.卡尔沃等人(M.G.Calvo et al.)以考试焦虑的学生为被试，采用不完整的句子作为材料，这些句子可能会是消极的，也可能是中性的，这取决于最后一个词的出现。在不完整的句子后随机呈现中性词语或消极词语，考察被试对不同词语的反应速度。结果发现，与非焦虑组被试相比，焦虑组被试对消极词语的反应速度更快，对中性词语的反应速度更慢。意味着焦虑组被试对含糊的信息有着消极解释的偏向。②但是，对词语和句子的解释，很显然和被试在现实中如何解释生活中的事件还有很大的差距。为了缩小这个差距，C.R.赫希等人(C.R.Hirsch et al.)采用比句子更加复杂的材料——语段，来研究焦虑者的即时解释偏向。他们在1997年的一项研究中通过在电脑上呈现六段描述工作面试的材料，考察高焦虑个体与低焦虑个体在文中一些重要位置的语义决策。结果发现在面对一个歧义情境时，低社交焦虑个体相对高社交焦虑个体，他们对积极词语的反应速度更快，不过两个组在反应消极词语上并没有差异。③2000年赫希等人采用1997年的研究中的实验材料对临床的社交焦虑患者进行研究，也得出了同样的结论。④这些结果说明了社交焦虑患者对歧义社交情境缺乏积极的即时解释能力。

目前，对社交焦虑的即时解释偏向的研究相对还是较少，这方面有待更多的实验进行探索。

四、社交焦虑的解释偏向的神经心理学研究

当前对解释偏向的神经心理学研究主要集中在事件相关电位(Event-Related Potential, ERP)方面，ERP的长处是时间分辨率高，其精确度可达到毫秒(ms)级；外显的行为反应并不是必需的，即可测量"隐

① MacLeod, C. and I.L.Cohen, Anxiety and the Interpretation of Ambiguity: A Text Comprehension Study. *Journal of Abnormal Psychology*. 1993, 102, pp.238-247.

② Calvo, M. G., M. W. Eysenck, & A. Estevez, Ego-Threat Interpretation Bias in Test Anxiety: On-Line Interference. *Cognitive and Emotion*. 1994, 8, pp.127-146.

③ Hirsch, C. R. and A. Mathews, Interpretive Inferences When Reading about Emotional Events. *Behavior Research and Therapy*. 1997, 35, pp.1123-1132.

④ Hirsch, C.R. and A.Mathews, Impaired Positive Inferential Bias in Social Phobia. *Journal of Abnormal Psychology*. 2000, 109(4), pp.705-712.

性"的加工过程;而且通过 ERP 记忆效应的头皮分布可探索不同实验条件所诱发的不同神经活动的脑机制,因而 ERP 可以为信息加工偏向的机制提供更加细致的信息。G.萨克斯等人(G.Sachs et al.)利用 P300 事件相关电位对社交焦虑患者的认知功能进行研究,结果发现社交焦虑者在信息加工过程中存在缺陷,在辨别和评价过程表现出异常波形。①J.S.莫泽等人(J.S.Moser et al.)让高低社交焦虑组阅读一些不完整的句子,然后随机呈现积极或消极的结尾。一方面测量他们对不同结尾的反应时,同时也利用 ERP 测量他们的脑波。结果发现,较之积极的结尾,低社交焦虑者对消极的结尾表现出 P600 的较大增幅,说明消极的结尾并非是他们所预期的;而高社交焦虑者对积极结尾和消极结尾的振幅没有差异,这说明高社交焦虑者缺乏积极的解释偏向。②这些研究都说明 ERP 能够在行为表现之前测查出社交焦虑者的解释偏向。

第三节　社交焦虑的自传式回忆研究

一、自传式记忆的概念

自传式记忆的提出源于 E.塔尔文(E.Tulving)将长时记忆系统分成语义记忆(semantic memory)和情景记忆(episodic memory)。③语义记忆指对句子意义、内涵的记忆,情景记忆是对特定体验的记忆,M.A.康韦等(M.A.Conway et al.)认为自传式记忆可以看作是情景记忆的特定形式,是一个人对自己生活的特定体验和记忆。自传式记忆由多个事件组成,包含了高度的自我相关性,并对个人具有重要的意义。④此外,自传式记忆以感觉、知觉和反省(reflective)的信息为主,也包括事件发生的时间和

① Sachs, G., P. Anderer, and N. Margreiter et al., P300 Event-Related Potentials and Cognitive Function in Social Phobia. *Psychiatry Research: Neuroimaging*. 2004, 131, pp.249-261.

② Moser, J. S., G. Hajcak, J. D. Huppert et al., Interpretation Bias in Social Anxiety as Detected by Event-Related Brain Potentials. *Emotion*. 2008, 8(5), pp.693-700.

③ Tulving, E., Episodic and Semantic Memory. In *Organization of Memory*, ed. E. Tulving and W. Donaldson, pp.381-403. New York: Academic.

④ Conway, M.A. & C.W.Pleydell-Pearce, The Construction of Autobiographical Memories in the Self-Memory System. *Psychological Review*. 2000, 107, pp.261-288.

地点的细节性信息。①对自传式记忆的研究主要集中在这些信息是如何被建构并保存在长时记忆系统中的。

二、自传式记忆的相关理论

(一) 重构理论

1982年U.尼斯尔(U.Neisser)提出当个体回忆一个经历过的事件时,并不是激活该事件的一个记忆,而是激活所有与该事件相关的信息。该观点强调自传式记忆是由对事件多水平的加工而成,包括对事件的主角、意义、知觉到的信息的加工,也就是说,自传式记忆是层级知识结构(hierarchical knowledge structure)表征而成的。②尼斯尔的观点中一个重要的假设是记忆的重构过程并不取决于实际上发生了什么,而是当事人从事件中知觉到的信息。所以,可以认为自传式记忆常常是不准确的、模糊的、不完整的、歪曲的。自传式记忆的编码和储存一方面受知觉到的外在事件的影响,另一方面已经储存的记忆也对即将发生事件的预期和解释产生影响。

自传式记忆的回忆过程包含三个层次:(1)生命阶段(lifetime period)——代表了个体在某一阶段的目标、计划和自我的主题;(2)一般事件(general events)——包含了一些重复的、扩展的事件和单独的特定事件;(3)特定事件的信息(event-specific knowledge)——包含了特定事件的感知觉信息。自传式记忆一旦受到外在或内在线索的激活,便会在这三个层次间循环回忆,当然,循环回忆的过程也会评估该部分的信息是否和线索相匹配以及回忆过程是否要中止。B.安德森等人(B.Anderson et al.)提出循环回忆过程的调节受到多个因素的影响,而当前自我关注点被认为是其中一个重要的影响因素。这一点可以很好地解释社交焦虑者社交过程中的自我关注何以会引发更加消极的自我评价,因为他们会回忆出更多引发焦虑的事件。③

---

① Rubin, D.C., R.W.Schrauf, & D.L.Greenberg, Belief and Recollection of Autobiographical Memories. *Memory & Cognition*. 2003, 31, pp.887-901.

② Neisser U., New Directions for Flashbulb Memory Comments on the ACP Special Issue. *Applied Cognitive Psychology*. 2003, 17, pp.1149-1155.

③ Anderson, B., P.R.Goldin, K.Kurita, & J.J.Gross, Self-Representation in Social Anxiety Disorder: *Linguistic Analysis of Autobiographical Narratives*. 2008, 46, pp.1119-1125.

（二）自我记忆系统(self-memory system)

自传式记忆和当前自我知觉的关系是研究的重点之一，康韦等提出“自我记忆系统”来说明二者间的关系。该理论认为自传式记忆是适应性应对(adaptive correspondence)和自我一致感(self-coherence)这两种需求竞争的结果。[①]前者是指自传式记忆的编码需要符合正在发生的事件或活动，即现实性；后者指自传式记忆在记录个体与外在世界的互动时有稳定性和一致性，如整合的人生故事。这两种需求竞争的情况下，形成个体独特的自传式记忆。

自我记忆系统理论提出，自我一致感需求使得那些和当前自我知觉一致的记忆提取更加容易。这也可以解释社交焦虑者为什么总是关注社交失败的记忆，这些记忆对于社交焦虑者来说十分突出，因为这些失败的记忆支持了他们对自我在社交中表现的评价。可能正是自我一致感的需求总是占了上风，抑制了适应性应对的需求，打破了二者间的平衡，所以社交焦虑者常常无法对自己的焦虑情绪进行有效的管理。

三、自传式记忆和社交焦虑

社交焦虑的注意偏向研究已经证实社交焦虑者倾向于注意社交过程中的消极的、威胁性信息[②]，此时，研究者便会提出一个想法：假如社交焦虑者在社交过程中确实是关注那些威胁性的信息，并将他们的注意力集中在知觉到的威胁信息上的话，那么他们在回忆这些社交事件时同样也会有偏向。综合多个对社交焦虑者的自传式记忆的研究，可以将这些研究的主旨大致分为五个方面：(1)社交焦虑者的自传式记忆的情绪效价；(2)社交焦虑者的自传式回忆有何特征；(3)社交焦虑者的自传式记忆的视角与非焦虑者有何区别；(4)童年记忆和社交焦虑；(5)预期和事后加工对自传式回忆的影响。下面对这五方面研究分别加以论述。

（一）社交焦虑的自传式记忆的情绪效价

社交焦虑的认知模型提出社交焦虑者的自传式回忆中有更多的消极

① Conway, M.A. & C.W.Pleydell-Pearce, The Construction of Autobiographical Memories in the Self-Memory System. *Psychological Review*. 2000, 107, pp.261-288.

② Gilboa-Schechtman, E., E.B.Foa, & N.Amir, Attentional Biases for Facial Expression in Social Phobia: The Effects of Target and Distractor in the “face-in-the-crowd” Task. *Cognition and Emotion*. 1999, 13, pp.305-318.

性信息，研究者采用不同的方法对此进行了论证。有研究者基于线索词(cue word)可以激活相关记忆这一假设，向被试提供不同的线索词，从而对社交焦虑者的自传式记忆的情绪效价进行研究。拉皮等人向社交焦虑组与非社交焦虑组呈现一些社交性线索词和中性线索词，要求被试报告看到该词后进入头脑中的记忆，然后再对报告的记忆内容进行焦虑程度的评定，结果发现两组回忆出来的消极记忆并无程度的差异。①A.温策尔等人(A.Wenzel et al.)在呈现的线索词上作了一些调整，他们向社交焦虑组与非社交焦虑组呈现的是社交消极词语和中性词语，同样让被试报告进入头脑中的记忆，结果发现，和社交消极线索词相关的记忆中社交焦虑组报告的消极情感更多。②不过J.摩根(J.Morgan)提出，反映消极情感的记忆是由社交焦虑组中8%的被试报告的，所以该研究的结果尽管得出自传式记忆具有消极的偏向，不过其说服力还不够。③温策尔等也作了一个类似的研究，他们向社交焦虑组和非焦虑组提供积极词语、消极词语和中性词语，比较两个组在回忆的反应时以及回忆内容的情感差异，结果发现，在控制了抑郁这一变量的情况下，社交焦虑组和非社交焦虑组在这两个方面均没有显著性差异。④

所以，使用线索词的方法研究自传式回忆中是否包含了更多消极的信息并没有得到足有力的证据，这和社交焦虑的认知模型的观点并不相符。不过，E.A.霍姆斯等人(E.A.Holmes et al.)提出与线索词相比，意象(imagery)更容易激活自传式记忆中的相关情绪。⑤而且，克拉克和韦尔斯的认知模型中也提到，社交焦虑者在即将进入社交场合之前，他们会固着在以前消极的社交记忆上；社交之后，他们又会反复去想刚刚的社交过

① Rapee, R.M., S.L.McCallum, and L.F.Melville et.al., Memory Bias in Social Phobia. *Behaviour Research and Therapy*. 1994, 32, pp.89-99.

② Wenzel, A., L.C.Jackson, & C.S.Holt, Social Phobia and the Recall of Autobiographical Memories. *Depression and Anxiety*. 2002, 15, pp.186-189.

③ Morgan, J., Autobiographical Memory Biases in Social Anxiety. *Clinical Psychology Review*. 2010, pp.1114-1124.

④ Wenzel, A., M.M.Werner, C.K.Cochran, & C.S.Holt, A Differential Pattern of Autobiographical Memory Retrieval in Social Phobic and Nonanxious Individuals. *Behavioural and Cognitive Psychotherapy*. 2004, 32, pp.1-13.

⑤ Holmes, E. A., A. E. Coughtrey, & A. Connor, Looking at or Through Rose-Tinted Glasses? Imagery Perspective and Positive Mood. *Emotion*. 2008, 8, pp.875-879.

程中自己失败的地方。[①]所以，通过控制社交场景这一变量，可以激活被试的自我图式和非理性信念，这其中包含了很多的自我意象。从这一假设来看，可以先让被试完成一个演讲任务(或和陌生人交流等可以激活其焦虑水平的任务)，而后呈现线索词，再比较社交焦虑组是否比非社交焦虑组回忆出更多的消极记忆。

(二) 社交焦虑的自传式记忆的特征

在介绍自传式记忆的定义时，提到自传式记忆是个体对其特定生活经历的记忆，主要以感觉、知觉和反省的信息为主。那么，社交焦虑者的自传式记忆，尤其是与焦虑相关的记忆，具有什么特征呢？为了解决这一问题，温策尔等研究者以大学生为被试，要求他们分别报告对惊恐、创伤、担心、社交焦虑和满足这五类体验的记忆，每一类体验报告三段记忆。然后再就每一段记忆询问被试一些问题，比如“你感觉到什么”、“你当时的情绪体验是什么”、“你报告的记忆和当时发生的事件是否一致”等。结果发现，与其他体验相关的记忆相比，大学生报告的与惊恐和创伤相关联的记忆中包含更强烈的情绪体验，且被试认为与当时发生的事件一致性程度很高(即具有精确性)。[②]不过，有研究者就该研究使用大学生作为被试提出质疑，认为使用高社交焦虑者或临床的社交焦虑患者也许会得出不一样的结论。B.A.欧文等人(B.A.Erwin et al.)对临床的社交焦虑患者进行访谈，并以非社交焦虑组作为对照，结果发现，与非社交焦虑组相比，社交焦虑组对过去社交压力事件有过度警觉和回避的反应，这和创伤后应激障碍的症状很类似。[③]

A.达杰姆博等人(A.D'Argembeau et al.)从评估自传式记忆的主观

---

① Clark, D. M. and A. Wells, A cognitive model of social phobia. In R. Heimberg, M. Liebowitz, D. A. Hope, and F. R. Schoneier, Social Phobia: Diagnosis, Assessment and Treatment. New York: Guildford Press, pp.69-93.

② Wenzel, A., M.M.Werner, C.K.Cochran, & C.S.Holt, A Differential Pattern of Autobiographical Memory Retrieval in Social Phobic and Nonanxious Individuals. *Behavioural and Cognitive Psychotherapy*. 2004, 32, pp.1-13.

③ Erwin, B.A., R.G.Heimberg, F.R.Schneier, & M.R.Liebowitz, Anger Experience and Expression in Social Anxiety Disorder: Pretreatment Profile and Predictors of Attribution and Response to Cognitive-Behavioral Treatment. *Behavior Therapy*. 2003, 34, pp.331-350.

体验入手，考察社交焦虑者与非焦虑者在回忆社交事件与非社交事件的特征。结果发现，与非社交焦虑组相比，社交焦虑组对社交事件的回忆中包含的感觉性信息较少，而自我相关的信息较多；两组对非社交事件的回忆无显著差异。①A.达杰姆博等人的研究中还发现社交焦虑者回忆社交事件时常常以外在的旁观者的视角进行回忆，这和我们下一部分论述的自传式记忆的视角相关。2008年安德森等人采用自传式叙事的方式，让社交焦虑组与非社交焦虑组回忆出三段印象深刻的给自己带来羞辱、尴尬和羞愧的社交场景，并就每一段场景的自我评价、当时的情绪和现在的情绪以及是否会逃避等问题进行评定。结果发现，与非社交焦虑组相比，社交焦虑组报告的记忆中包含更多的自我相关的信息，这一点和A.达杰姆博等人的结论一致；与非焦虑组相比，发现社交焦虑组描述焦虑症状的用词更多；此外，还发现社交焦虑组在回忆这些社交场景时，报告的现在的情绪更多，这说明对过去消极经历的回忆会影响社交焦虑者现在的情绪体验。②

上面介绍的四个研究都是对自传式回忆的内容或是现象学特征进行分析，R.J.迈克纳利等人（R.J.McNally et al.）的分析方法则很不相同。该研究中被试包含四个组别：惊恐障碍组、社交焦虑组、抑郁组和健康组，先让被试报告出“最害怕的经历”和“中性经历”，并进行录音，再通过一个过滤器排除了400Hz以上频率的内容，也就是排除了语义内容，让独立的评定者对音质、响度等方面进行评定，并根据这些辅助语言（paralinguistic）的特征对被试的焦虑（anxious）、消极的（negative）、唤醒（arousal）、悲伤（sad）和支配性（dominant）这五个方面进行评估。结果发现，与中性记忆相比，害怕记忆的焦虑水平、唤醒水平和支配水平的评定更高，而这个结果无组别差异。③显然，该研究并没有支持社交焦虑者报

① D'Argembeau, A., M.Van der Linden, & I.Mayers, Phenomental Characteristic of Autobiographical Memories for Social and Nonsocial Events in Social Phobia. *Memory*. 2006, 14(5), pp.637-647.

② Anderson, B., P.R.Goldin, K.Kurita, & J.J.Gross, Self-Representation in Social Anxiety Disorder: Linguistic Analysis of Autobiographical Narratives. 2008, 46, pp.1119-1125.

③ McNally, R.J., M.W.Otto, and C.D.Hornig, The Voice of Emotional Memory: Content-Filtered Speech in Panic Disorder, Social Phobia, and Major Depressive Disorder. *Behavior Research and Therapy*. 2001, 39, pp.1329-1337.

告出的记忆和控制组有差异。

(三) 社交焦虑的自传式记忆的视角

社交焦虑者在回忆一些社交场合时,常常是从旁观者的角度进行回忆,也就是说他们很注重自己在别人眼中的表现,这一点已得到多个研究的证实。如前文提到的达杰姆博等人的研究中发现社交焦虑者回忆社交事件时常以观察者视角进行回忆。韦尔斯等人让社交焦虑组与非社交焦虑组分别报告在引发焦虑的社交场合和非社交场合中自己的意象,结果发现,与非社交焦虑组相比,在引发焦虑的社交场合的回忆中,社交焦虑组更倾向于采用观察者视角来描述自己;而非社交场合中两组的视角无显著性差异。①韦尔斯和 C.帕帕乔吉欧(C.Papageorgiou)的研究扩大了被试组,目的是想知道观察者视角的回忆偏向是否是社交焦虑组所特有的。在该研究中,以社交焦虑组、广场恐怖组、晕血症组和健康组为被试,要求他们分别回忆引发焦虑的社交场景、不引发焦虑的社交场景和非社交场景,结果发现社交焦虑组和广场恐怖症报告的社交场合的记忆具有观察者视角的偏向。②但并不是回忆所有的社交场合都具有观察者偏向,M.E.科尔斯等人(M.E.Coles et al.)的研究中发现只有在回忆那些被社交焦虑者评为高焦虑的场合他们才表现出观察者视角的偏向,而在回忆被评为低焦虑的社交场合时并没有表现出该偏向。③可见,社交焦虑者所知觉到的社交威胁性影响了他们在自传式回忆中观察视角的偏向。

(四) 童年记忆和社交焦虑

除了对社交焦虑者自传式回忆的情绪效价、特征和观察视角的研究外,也有研究者关注早期的童年记忆与社交焦虑之间的关系。在临床观察中可以发现,社交焦虑常常起源于一些创伤性的社交体验,A.G.哈维等人(A.G.Harvey et al.)让社交焦虑者回忆社交障碍发生之前的记忆,

① Wells, A., D.M.Clark, & S.Ahmad, How Do I Look with My Mind Eyes: Perspective Taking in Social Phobic Imagery? *Behaviour Research and Therapy*. 1998, 36, pp.631-634.

② Wells, A. & C.Papageorgiou, The Observer Perspective: Biased Imagery in Social Phobia, and Blood/Injury Phobia. *Behaviour Research and Therapy*. 1999, 37, pp.653-658.

③ Coles, M.E., C.L.Turk, R.G.Heimberg, and D.M.Fresco, Effects of Varying Levels of Anxiety within Social Situations: Relationship to Memory Perspective and Attributions in Social Phobia. *Behaviour Research and Therapy*. 2001, 39, pp.651-665.

结果发现无法和同辈群体很好地相处，无法融入同辈群体中常常会伴随着社交焦虑障碍的发生。①对社交焦虑的成人患者的自传式回忆的研究发现，他们比广泛性焦虑者报告了更多童年创伤的社交经历。②R.T.斯坦伯格等人(R.T.Stemberger et al.)通过调查也发现，在被调查的群体中，56%的特定社交焦虑者和40%的广泛性社交焦虑者都回忆出了创伤性的社交场景，这段记忆之后他们便对社交产生了恐惧。③D.罗思等人(D. Roth et al.)的研究发现童年期被嘲笑、戏弄的记忆和成年期的社交焦虑以及焦虑敏感性有很大的关联。不过，这些回溯式的研究很难得出童年的创伤经历一定会导致社交焦虑的发生，因为有些个体也经历过创伤性的社交体验，但是他们却没有发展成为社交焦虑症患者或是高社交焦虑者，这就涉及心理弹性(resilience)这一研究领域了。④

此外，很多研究认为消极的自我意象影响了解释偏向、记忆偏向。那么，消极的自我意象是如何形成的呢？有研究者认为是基于早年创伤的社交体验。A.哈克曼等人(A. Hackmann et al.)利用访谈的方法，让22个社交焦虑患者想象并描述在引发他们焦虑体验的社交场合中自己的意象，然后再让他们回忆一个和刚刚描述的自我意象联系在一起的消极社交事件，结果发现41%的被试报告的记忆发生时间和社交焦虑的发作是同一年，81%的被试报告的记忆发生时间在社交焦虑的发作前一年内。所以，哈克曼等人认为消极的自我意象能够代表他们早年受创的社交体验。⑤该观点在治疗中也得到了印证。先找出和消极的自我意象相联系的童年创伤的社交记忆，然后通过认知重构的方法修正该记忆的意义和

---

① Harvey, A.G., D.M.Clark, A.Ehlers, & R.M.Rapee, Social Anxiety and Self-Impression: Cognitive Preparation Enhances the Beneficial Effects of Video Feedback Following a Stressful Social Task. *Behavior Research and Therapy*. 2000, 38, pp.1183-1192.

② Mick, P. and D.Tim, Cognition and Emotion, From Order to Disorder. Psychology Press. 2008, pp.324-341.

③ Stemberger, R.T., S.M.Turner, D.C.Beidel, and K.S.Calhoun, Social Phobia: An Analysis of Possible developmental Factors. *Journal of Abnormal Psychology*. 1995, 104(3): pp.526-531.

④ Roth, D., M.M.Antony, & R.P.Swinson, Interpretation for Anxiety Symptoms in Social Phobia. *Behaviour Research and Therapy*, 2001, 39, pp.129-138.

⑤ Hackmann, A., D.M.Clark, & F.McManus, Recurrent Images and Early Memories in Social Phobia. *Behaviour Research and Therapy*. 2000, 38, pp.601-610.

自我意象,可以减少社交焦虑者的焦虑体验和消极的自我信念。①

(五) 预期和事后加工过程对自传式回忆的影响

克拉克和韦尔斯的认知模型提出,在进入社交场合之前的预期过程和离开社交场合之后的事后加工过程对消极记忆有着重要的影响。②

在进入社交场合之前,社交焦虑者会预期可能发生的结果,而这个预期过程会受到过去失败的社交体验、消极的自我意象的影响,社交焦虑者会认为自己在接下来的社交过程中一定表现不好,甚至会担心受到他人的拒绝或消极评价。但这个理论假设并没有得到足够有力的实验证据。H.欣里奇森等人(H.Hinrichsen et al.)研究得出,与低社交焦虑组相比,在对一个引发焦虑的社交事件进行预期之后,高社交焦虑组会报告更多消极的身体感觉,更可能产生灾难化的预期,更倾向于回避或离开社交场合,也回忆出更多之前发生的消极社交体验。③但是 T.M.B.梅林斯等人(T.M.B.Mellings et al.)发现预期过程并不能导致对之前消极体验的回忆。相反,他们发现事后加工过程却会导致社交焦虑者回忆出更多自我相关的消极信息。④

在事后加工过程对回忆的影响研究结论相对比较一致。研究者认为,离开社交场合之后,社交焦虑者对之前的社交场合不停重复回想,并且表现出对焦虑行为的回忆偏向。⑤这样的事后加工过程会引发更多的消极社交体验。A.P.菲尔德等人(A.P.Field et al.)让高低社交焦虑组报告了一段最近发生的社交事件,并且这个社交事件是含糊的,也就是说不

---

① Wild, J., A.Hackmann, and D.M.Clark, Rescripting Early Memories Linked to Negative Images in Social Phobia: A Pilot Study. *Behaviour Research and Therapy*. 2008, 39, pp.47-56.

② Clark, D.M. and A.Wells, A Cognitive Model of Social Phobia. In Heimberg, R., M. Liebowitz, D.A.Hope, and F.R.Schneier(eds.), *Social Phobia: Diagnosis, Assessment and Treatment*. New York: Guilford Press. 1995, pp.69-93.

③ Hinrichsen, H., and D.M.Clark, Anticipatory Processing in Social Anxiety. Presented at the European Association of Behavioral and Cognitive Therapies. 1999, pp.11-15.

④ Mellings, T.M.B. and L.E.Alden, Cognitive Processes in Social Anxiety: The Effects of Self-focus, Rumination and Anticipatory Processing. *Behaviour Research Research and Therapy*. 2000, 38, pp.243-257.

⑤ Edwards, S.L., R.M.Rapee, & J.Franklin, Post-Event Rumination and Recall Bias for a Social Performance Event in High and Low Socially Anxious Individuals. *Cognitive Therapy and Research*. 2003, 27, pp.607-617.

清楚它会朝好的方向还是坏的方向发展。报告完后，所有的被试被分入三个小组：消极的事后加工、积极的事后加工以及给予无关任务，然后再让被试自由回忆刚刚报告的社交事件，并且对回忆的内容在消极性、焦虑性以及羞愧这三个角度进行评定。结果发现，无论是消极还是积极的事后加工，都会导致高社交焦虑组报告出更消极、更羞愧的记忆。①所以，该研究认为事后加工过程会导致消极的回忆偏向。

摩根和R.巴纳吉(R.Banerjee)还研究了事后加工的方式对回忆的影响。他们将事后加工分成两种方式：穷思竭虑型(rumination style)——指不停去回想消极体验的原因以及后果，反省型(reflective style)——接受消极的情绪体验。结果发现，穷思竭虑型的事后加工方式会影响高社交焦虑组回忆出消极的情绪记忆，而对低社交焦虑组没有影响。②可见，穷思竭虑型的方式加强了自我的不合理信念，所以也增加了回忆焦虑情绪事件的可能性。

第四节　国内社交焦虑的研究现状

国内研究社交焦虑者的人格特征以及影响因素等内容已经在前文进行了论述，这里主要介绍社交焦虑的认知偏向研究现状。2004年彭纯子、龚耀先发表了一篇综述介绍社交恐怖症的认知偏向研究③，2008年安献丽、郑希耕发表惊恐障碍的认知偏向研究④，这都是对于国外研究的一些介绍。至于实证研究方面，主要集中于对社交焦虑者或特质焦虑者的注意偏向研究，大多采用Stroop色词命名、点探测注意搜索、Cue实验范式等任务，使用词语或是面部表情作为实验材料进行研究。

① Field, A.P., C.Psychol, and J.Morgan, Post-Event Processing and Retrieval of Autobiographical Memories in Socially Anxious Individuals. *Anxiety Disorder*. 2004, 18, pp.647-663.

② Morgan, J., & R.Banerjee, Post-Event Processing and Autobiographical Memory in Social Anxiety: The Influence of Negative Feedback and Rumination. *Journal of Anxiety Disorders*. 2008, 22, pp.1190-1204.

③ 参见彭纯子、龚耀先：《社交恐怖症认知偏差的研究》，《国外医学精神病学分册》2004年第2期。

④ 参见安献丽、郑希耕：《惊恐障碍的认知偏向研究》，《心理科学进展》2008年第2期。

以特质焦虑者或社交焦虑者为对象的注意偏向研究其程序相类似,只是研究对象不同。高鹏程、黄敏儿采用“同中选异任务”范式,对高低特质焦虑者在平静和焦虑状态下的注意敏感性和锁定特点进行研究,结果发现高特质焦虑者对威胁性信息并非特别敏感,而是一旦注意了,就会锁定在威胁性信息上,难以摆脱;而低特质焦虑者则对快乐信息更敏感,也更容易被其锁定。[①]刘兴华、钱铭怡和周晓林采用点探测任务对高低特质焦虑者的注意偏向进行研究,结果发现当词语首次呈现给被试时,高焦虑者对威胁性词语有显著的注意偏向;随着呈现次数的增加,高焦虑被试对威胁性词语既没有表现出注意偏向,也没有表现出回避,即表现出对威胁性刺激的习惯化。[②]这似乎和注意偏向的回避假说相矛盾,K.莫格等人(K.Mogg et al.)等人认为随着威胁性刺激呈现时间的延长,高特质焦虑者为了防止焦虑水平的升高,会表现出回避威胁性刺激的现象。[③]而刘兴华等人的研究结论与此不同,不过这成为支持了暴露疗法的实证依据。邵秀巧使用图片作为刺激,分别采用点探测任务、线索靶子任务和快速序列视觉呈现任务探讨了特质焦虑者的注意偏向特点。[④]

陈曦、钟杰和钱铭怡利用点探测任务,考察了在威胁和非威胁两种实验情景下高低社交焦虑组对威胁性词语的注意偏向,结果发现只有在非威胁性情景下,高社交焦虑个体才表现出对威胁性词语的回避,支持了注意偏向的回避假说。[⑤]钱铭怡、王慈欣和刘兴华采用情绪 Stroop 范式研究社交焦虑个体对不同类型词语的注意偏向,实验中对词与非词的比例进行了控制,结果发现,在词与非词比例高的条件下,高社交焦虑者对负性评价和他人关注的词语存在注意偏向。[⑥]许桦、张新凯则是利用数字划消

---

① 参见高鹏程、黄敏儿:《高焦虑特质的注意偏向特点》,《心理学报》2008 年第 3 期。

② 参见刘兴华、钱铭怡、周晓林:《高社交焦虑个体对威胁性词语的注意偏向及习惯化》,《中国心理卫生杂志》2007 年第 11 期。

③ Mogg, K., A. Mathews, and M. Eysenck, Attention Bias to Threat in Clinical Anxiety States. *Cognition and Emotion*, 1992, 6, pp.149-159.

④ 参见邵秀巧:《特质焦虑者对威胁性信息的注意偏向研究》,天津师范大学 2008 年博士学位论文。

⑤ 参见陈曦、钟杰、钱铭怡:《社交焦虑个体的注意偏差实验研究》,《中国心理卫生杂志》2004 年第 12 期。

⑥ 参见钱铭怡、王慈欣、刘兴华:《社交焦虑个体对于不同威胁信息的注意偏向》,《心理科学》2006 年第 6 期。

测验对社交焦虑障碍患者的注意偏向进行研究，结果发现社交焦虑障碍患者对数字信息也会发生注意偏向，注意偏向与当前关注的内容有关。①

目前，社交焦虑的注意偏向研究得出社交焦虑者对威胁性词语、负性评价和他人关注的词语表现出注意偏向，而对其他认知过程的研究则较少，如对解释偏向、记忆偏向、自我关注等方面还有待进一步的研究。当然，也缺乏对多个认知环节进行联合的考察。

① 参见许桦、张新凯：《社交焦虑障碍患者的注意偏向研究》，《上海精神医学》2008年第5期。

第二章　问题提出、研究方案及研究意义

第一节　现有研究的不足

一、缺乏对积极信息与消极信息的解释偏向研究

社交焦虑的解释偏向研究主要集中在对歧义信息的解释上，这也符合最初对解释偏向的定义，因为只有在歧义的、含糊的情境下，个体会产生多个解释。对歧义信息的解释得出的结论比较一致，即社交焦虑的个体在面对歧义的社交情境时，更容易出现消极的解释，而非中性或积极的解释。不过，社交过程中很多时候也会有明确的积极信息、消极信息，社交焦虑者对这些信息又是如何进行解释的呢？对于这个问题，只有较少的研究。因而，有必要进一步加强对积极信息和消极信息的解释偏向，这样对社交焦虑者的解释偏向才能有更为深入的了解。

二、缺乏采用即时任务对解释偏向进行研究

即时任务，亦指在线任务，一般需要利用计算机进行在线操作，主要是采用反应时范式进行。目前，对解释偏向的研究中采用即时任务的较少；而且，采用即时任务研究得出的结论和离线研究得出的结论存在差异。离线研究得出，社交焦虑个体对含糊信息表现出消极化的解释偏向，而即时研究得出，社交焦虑的个体并没有表现出消极的解释偏向，而是缺乏积极的解释偏向。①②J.D.赫珀特等人（J.D. Huppert et al.）的研究中又

---

① Hirsch, C. R. and A. Mathews, Interpretive Inferences When Reading about Emotional Events. *Behaviour Research and Therapy*. 1997, 35, pp.1123-1132.

② Hirsch, C.R. and A.Mathews, Impaired Positive Inferential Bias in Social Phobia. *Journal of Abnormal Psychology*. 2000, 109(4), pp.705-712.

提出社交焦虑者的第一反应并非是他们的最终解释，他们多将第二个解释评估为最有可能的解释①，这说明社交焦虑者的解释偏向可能经历了多个阶段。利用 ERP 研究也发现，社交焦虑者在 600 毫秒前解释偏向已经形成。那么，社交焦虑者的即时解释偏向和离线解释偏向之间是什么关系呢？社交焦虑者在解释社交信息时，究竟是消极解释偏向还是缺乏积极解释偏向，还是二者兼具呢？要解决这些问题，将离线研究和即时研究结合起来加以讨论，结果可能会更加明晰。

三、社交焦虑的解释偏向研究常常忽视了其他共病因素的作用

社交焦虑常常和其他心理疾病发生共病，比如抑郁、广泛性焦虑、广场恐怖症、强迫症等，因而得出的结果没有能够排除这些共病因素的作用。比如，消极的解释偏向，究竟是社交焦虑者所特有的呢？还是其他病症也会具有的一个特征呢？虽然有些研究者对不同焦虑障碍进行了比较，但这些多是以临床患者作为被试的研究，一旦进行了控制后，每一组的被试量又非常小，因为社交焦虑前来求诊的个案就较少，所以结果很难控制误差的影响。

四、社交焦虑的认知偏向研究集中于某一个认知过程

社交焦虑的认知行为模型提出之后，使得社交焦虑再次成为研究的热点。认知理论家认为，信息处理的偏向，比如注意偏向、解释偏向和记忆偏向，在社交焦虑的症状维持和恶化中起到了重要的作用。不过，目前对社交焦虑的认知偏向研究，多集中于某一个认知过程，而认知过程本身包含了一系列的环节，每个环节之间又是彼此联系、彼此影响。所以，在进行社交焦虑的认知偏向研究时，需要考虑到认知过程的联合作用远远超出任何一个单独的认知过程的作用，只有将这些认知过程结合起来加以研究，才能提出有针对性的干预策略。

五、社交焦虑的认知行为疗法的成本较高

目前，社交焦虑的心理治疗中用得比较多的是认知行为疗法，其疗效也得到很多研究者的认可。不过，对社交焦虑疗法的元分析得出的结果不尽相同。有些得出认知行为疗法在社交焦虑的治疗中具备一定的疗

① Huppert J.D., R.V.Pasupuleti, and F.B.Foa et al., Interpretation Biases in Social Anxiety: Response Generation, Response Selection and Self-Appraises. *Behaviour Research and Therapy*. 2007(45), pp.1505-1515.

效，有些得出认知行为疗法并不比单纯的暴露疗法更加有效。当然，由于研究报告中所用的对象人数、咨询师的素质等其他因素的干扰，所以很难确切地评估哪些疗法更加有效。尽管如此，仍然有值得我们深思的地方。比如，认知行为疗法的程序很多，不仅包括临床治疗时认知重构、系统脱敏等程序，还包括了系列的家庭作业，这些程序和最终的治疗效果之间的关系很难确定。所以有必要明晰整个治疗程序中究竟哪些程序是对最后的疗效起到重要作用的，这样可以去除那些不必要的程序，减少治疗时间、降低治疗成本。

第二节　本研究的构思与方法

一、研究构思

本研究拟从认知心理学的角度出发，以高社交焦虑大学生为被试(排除强迫症和抑郁的影响)，研究他们的解释偏向。通过采用不同的实验范式来探究离线解释偏向和即时解释偏向之间的关系；然后结合解释偏向和记忆偏向的关系进一步考察解释偏向的记忆基础，尤其是关注自传式记忆中的解释偏向；在此基础上结合个案研究考察解释偏向在临床中的应用。之所以选择解释偏向作为研究焦点，一方面是因为解释偏向是信息处理中一个重要的认知环节，有研究甚至提出社交焦虑者的注意偏向可能是在解释偏向的基础上发生的；另一方面，是结合了建构主义的理论。该理论认为，意义并非独立于我们而存在，而是源于我们的建构。即环境中的信息并不会直接对个体产生作用，而是通过心理内容的选择和解释，从而建构出对个体的意义。正如 T.库恩(T.Kuhn)2003 年所说：“一个人所看到的不仅依赖于他看什么，而且依赖于他以前视觉—概念的经验教给他去看的东西。”所以，社交焦虑者如何解释社交情境的信息成了我们了解其心理世界的重要渠道。①

二、研究方法

为了实现上面的研究构思，具体分成五个研究来进行，其研究的主要

① 参见杨莉萍：《社会建构心理学》，上海教育出版社 2006 年版，第 46—59 页。

内容和方法如下：

研究一，通过使用交往焦虑量表（IAS）调查大学生社交焦虑的现状，了解社交焦虑与抑郁之间的关系，同时可以为后面的研究筛选出被试。

研究二，以高低社交焦虑组为被试（以 IAS 得分 27%来区分高低组），在先前的电话预约中通过访谈排除具有强迫症的被试，用文本材料范式研究高社交焦虑大学生的离线解释偏向。这部分主要包含了三个实验：实验一考察高社交焦虑大学生对含糊社交信息、含糊非社交信息的解释偏向；实验二将信息的类型扩大至积极信息和消极信息，考察高社交焦虑大学生对不同性质的社交信息与非社交信息的解释偏向；实验三考察高社交焦虑大学生解释自我信息与他人信息时是否具有不同的解释偏向。

研究三，以高低社交焦虑组为被试，用反应时范式考察高社交焦虑大学生的即时解释偏向。这部分包含了两个实验：实验一考察高社交焦虑大学生对含糊信息的即时解释偏向；实验二考察高社交焦虑大学生对不同性质信息的即时解释偏向。结合离线解释偏向的研究结果，对高社交焦虑大学生的解释偏向特征及过程进行讨论。

研究四，以高低社交焦虑组为被试，让他们分别报告出给自己带来羞愧、耻辱或尴尬的记忆。通过对他们报告的自传式记忆内容进行质性分析，同时将质性材料量化进行比较，考察高社交焦虑大学生的自传式记忆中的解释偏向及自传式记忆的特征，以期能够考察解释偏向与记忆偏向之间的关系，从认知环节的联合作用考察社交焦虑的解释偏向特征。

研究五，解释偏向的临床应用研究。以两个典型的高社交焦虑大学生进行案例研究，应用本书的研究结果，即在应用传统的认知行为疗法治疗社交焦虑时，突出解释偏向的调整，考察运用的具体程序和治疗效果。

循此思路，本书期望能够为解释偏向研究的深入与发展提供参考与借鉴。

第三节　本研究的意义

一、理论意义

首先，进行社交焦虑的解释偏向研究，有助于进一步丰富大学生心理健康的研究内容。研究大学生的社交焦虑现状如何，社交焦虑的年龄发展特征是什么，可以进一步扩大大学生心理健康教育的范围，为培养心理健全的大学生提供理论基础。

其次，进行社交焦虑的解释偏向研究，有助于进一步丰富临床心理学的研究内容。临床心理学关注社交焦虑的发病机理和干预方法，本书从解释偏向的角度来研究社交焦虑，并尝试用不同的范式对解释偏向进行研究，并探讨了社交焦虑者的自传式记忆和解释偏向之间的关系，有助于我们了解社交焦虑者是如何对外在的社交信息进行解释的，以及解释偏向与自传式记忆之间的关系，从认知环节的联合作用来考察社交焦虑的认知特点。

最后，进行社交焦虑的解释偏向研究，有助于丰富和深化和谐社会的理论。和谐社会理论强调以人为本，注重人与人、人与自然、人与自身、社会内部与外部的和谐。心理健康是保证社会和谐的软环境，社交焦虑是影响大学生心理健康的非常重要的因素，直接影响到大学中人与人之间的关系，破坏了校园的和谐，从而影响了社会的和谐。所以，加强对大学生社交焦虑的研究，不仅对大学生心理健康和临床心理学的研究具有重要的意义，同时对构建和谐校园、和谐社会具有重要的意义。

二、实践意义

首先，开展社交焦虑的解释偏向研究，对大学生人际交往的教育培训提供了一定的理论指导。对大学的心理咨询中心接待个案的主诉问题进行统计，发现人际交往和情绪问题是两大重点内容，所以，加强对社交焦虑的解释偏向研究，可以为大学生如何看待人际交往、如何进行人际交往提供一定的理论指导。并且，还可以为人际交往培训提供具体的方法，对人际交往的培训提供了实践的指导。

其次，开展社交焦虑的解释偏向研究，为提升大学生适应社会的能力奠定基础。人际交往的建立和维持不仅满足了人类的生存需要，而且也满足了人类健康发展的心理需要。所以，在心理健康的标准中，人际交往能力是其中一个重要的指标。而人际交往能力的强弱又影响了个体适应社会的能力。一个在社交上存在焦虑的大学生，是无法适应社会的。因而，如果能够在大学阶段进行早期的教育、指导和干预，提升大学生的人际交往能力，对其走入社会进而适应社会奠定了坚实的基础。

最后，开展社交焦虑的解释偏向研究，对于社交焦虑的治疗尤其是认知行为疗法提供依据和指导。目前对于社交焦虑的治疗主要采用的是认知行为疗法、药物疗法或是两者共同使用。传统认知行为疗法中使用较多的是暴露疗法和认知重建，但是存在两点不足。一方面是认知行为疗法的程序很多，不清楚哪些程序对社交焦虑的治疗具有重要作用。如果通过研究能够找到具有重要治疗作用的程序，去除一些不必要的程序，可以降低认知行为疗法的时间成本和经济成本。另一方面，认知行为疗法虽然取得了一定的效果，但是其有效性还有上升的空间，如果能够针对某个认知过程或是某些认知过程进行治疗，可能会取得更好的疗效。如有研究者对社交焦虑者的注意力进行训练，使其不再关注威胁性信息，产生了良好的临床效果。国外的一些研究者通过对消极解释偏向的干预，引导患者产生积极的解释偏向，也有一定的治疗效果。所以，如果能够进一步发现解释偏向的内在机制，在治疗过程中一定会产生更好的效果。

第三章　研究一:大学生社交焦虑的现状调查

社会交往是一个社会人的心理需求之一,在人的健康发展中起着重要的作用;相应地,如果一个人在人际交往方面受到挫折,会成为其重要的心理压力源之一,影响其心理健康的发展水平。一般而言,大部分人在与他人交往或是表演性的场合中,都会体验到焦虑的感受,比如即将参加一次重要的考试、当众表演等。心理学研究表明,适度的焦虑水平对于提高个体表现具有一定的促进作用;但是过度的焦虑会妨碍个体正常的生活、工作及社会功能。临床诊断中将这种在社交场合表现出的过度焦虑称为"社交焦虑症",其具体的表现是对一种或多种社交情境、表演情境有显著和持续的恐惧。在这些情境中,个体暴露在不熟悉的人面前或处于他人的审视之下,担心自己的行为方式会让自己出丑,因而表现出焦虑的症状(DSM-Ⅳ)。

大学阶段的社交问题一直是高校心理咨询的重要内容之一,咨询案例中列于首位的便是人际关系的困扰。确实,高中阶段主要是应对课业的压力,一旦从这种压力中解放出来,人际关系的压力马上就会凸显出来。尤其是大学前很多同学没有住过集体宿舍,不知道如何和不同生活习惯的人交往,从而带来很大的人际交往压力。通过文献查阅,发现已有一些研究对大学生的社交焦虑进行了调查,对这些研究的结果进行总结,发现大学生的社交焦虑问题不容乐观。彭纯子曾对湖南省 1 048 名大学生的社交焦虑现状进行调查,结果表明,约有 16.26%的大学生报告有比较严重的社交焦虑。[①]付梅等对安徽某大学 735 名大学生进行调查,结果

---

① 参见彭纯子:《大学生社交焦虑的团体干预的实验研究》,湖南师范大学 2001 年硕士学位论文。

发现高社交焦虑学生占总数的 16.6%。陈春锋对 942 名山东大学生的调查结果发现，高社交焦虑的学生占总数的 12.2%。①李朝霞对 318 名武汉大学生的调查结果发现，高社交焦虑大学生占总数的 16.4%。②

特别是这几年网络、手机的普及非常迅速，青少年花费了很多时间在“虚拟现实”的空间中进行交流，而现实情境中的人际交流所花费的时间和情感大为减少。这让那些本身对社交情境怀有焦虑情绪的一部分青少年更是躲在自己的世界中，借着上网或是游戏等方式来逃避和他人的交往。这样，他们在现实情境中参与人际交往的机会更少，在认知上也更加觉得社交对他们来说是一件难度极大的事情，因而对社交持有更加焦虑的情绪，在行为上的逃避就更加明显。

所以，有必要对目前大学生的社交焦虑情况进行调查，了解大学生的社交焦虑现状以及和抑郁之间的关系，并和其他省市大学生进行比较。从而了解大学生的社交焦虑现状，为高校的心理健康教育提供参考。

第一节 研究对象与方法

一、研究对象

从华东师范大学、上海师范大学、华东理工大学、华东政法大学四所高校中随机抽取被试，每所高校中抽取大一至大四各一个班级进行团体施测。共发放问卷 800 份，回收 798 份，其中有效问卷为 759 份，有效率为 95.11%。具体的被试构成见表 3.1。

表 3.1 社交焦虑的调查研究的被试构成表

	大一	大二	大三	大四	合计
男生	86	93	94	94	367
女生	94	116	104	78	392
合计	180	209	198	172	759

① 参见陈春锋：《当代大学生自我概念与社交焦虑的关系研究》，山东师范大学 2007 年硕士学位论文。

② 参见李朝霞、杨孝：《大学生社交焦虑现状的调查和分析》，《武汉科技大学学报》（社科版）2008 年第 2 期。

二、研究工具

IAS利里于1983年编制，主要用于评定独立于行为之外的主观社交焦虑体验的倾向（附录1）。具体介绍见第一章“（六）社交焦虑的测量工具”部分。

贝克抑郁问卷（Beck Depression Inventory，以下简称BDI）。贝克于1967年编制（附录2），包含21个条目，每个条目代表一个类别，比如：悲观、罪恶感、自责、自杀倾向等。对每个类别的描述从无到严重分为四级进行排列，分别赋值为0～3分，总分范围为0～63分。该问卷的目的是评价抑郁的严重程度，贝克提出了一个评价标准：≤4分，无抑郁或极轻微；5～13分，轻度抑郁；14～20分，中度抑郁；≥21分，重度抑郁。该问卷的分半信度为0.86，重测信度为0.70～0.80，与临床抑郁评定的相关很显著，相关系数为0.60～0.90，因样本的大小而异。

三、研究程序及数据处理

以班级为单位进行团体施测，每个班级的主试是研究者本人，在测试前先向大学生说明指导语，确保所有的学生听明白指导语后再让他们填写问卷，问卷填好后当场回收。

回收的数据采用SPSS13.0进行处理。

第二节　研究结果

一、大学生社交焦虑的总体情况

通过对所有施测大学生在交往焦虑量表（IAS）上的得分进行统计，得到的均值为43.02，标准差为8.64。通过与国内采用同样研究工具的陈春锋以山东大学生和李朝霞等以武汉大学生为被试获取的调查结果相比较，与前者相比，经过Z检验，计算出$Z=3.67^{**}$，$P<0.01$；与后者相比，$Z=4.71^{**}$，$P<0.01$。本研究调查所得的大学生社交焦虑与前两项调查获得的结果有着极其显著的差异，结果表明上海大学生的社交焦虑程度极其显著，高于山东大学生和武汉大学生。

从大学生社交焦虑不同程度的分布情况来看，本次调查对象中IAS上的最低分为17分，最高分为69分，根据大学生IAS数据的分布情况绘

表 3.2　不同调查获得的大学生在 IAS 上的平均分与标准差

	M	*SD*
本研究的结果(N＝759)	43.02	8.64
陈春锋的调查(N＝942)	41.58	7.19
李朝霞等的调查(N＝318)	40.4	8.2

制了社交焦虑总体分布直方图(见图 3.1),统计发现,大学生社交焦虑的得分低于平均数一个标准差的人数比例为 15.9%,而高于平均数一个标准差的人数比例为 16.5%。

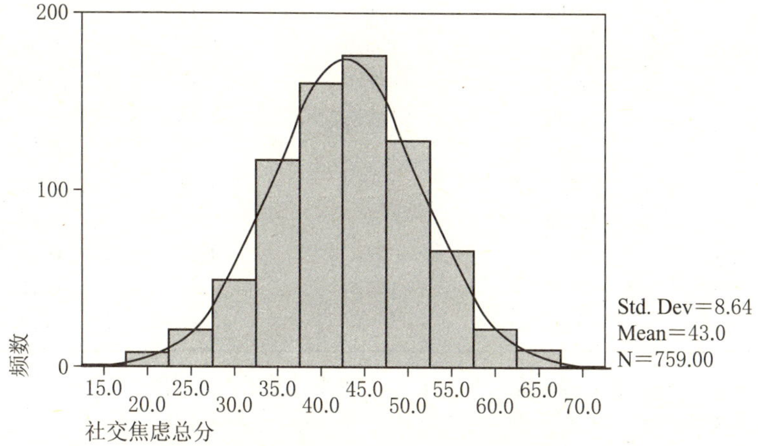

图 3.1　大学生社交焦虑总分分布直方图

二、不同性别大学生在 IAS 上得分的差异比较

使用独立样本的 T 检验对不同性别大学生的社交焦虑得分进行比较,经过数据处理,满足方差齐性的假设,得到的 t 值为－1.48, $P=0.14>0.05$,结果显示不同性别大学生在社交焦虑上的得分不存在显著性差异。

三、不同年级大学生在 IAS 上得分的差异比较

为了检验不同年级大学生在社交焦虑上的差异,采用了单因素方差分析(One-Way NVONA)进行分析。通过方差齐性检验,发现四个年级被试在 IAS 上得分的方差为齐性,组间的差异显著, $F=3.029^{*}$, $P=0.023<0.05$,说明不同年级被试在交往焦虑量表上的得分存在显著差

异。通过对不同年级之间的社交焦虑得分进行多重比较，发现大一和大二、大二和大三之间有显著差异，对各个年级的多重比较结果见表3.3。并且，绘制了不同年级的学生在交往焦虑量表上的得分趋势图（图3.2），从中可以看出大一进到大二时，社交焦虑呈递升趋势，大二至大三，大学生的社交焦虑呈递减趋势，到了大四时，社交焦虑的得分再次呈现出上升趋势。

表3.3 不同年级大学生社交焦虑多重比较结果（LSD）

(I)年级	(J)年级	平均数差异	标准误	*Sig*
大一	大二	−1.90*	0.95	0.045
	大三	1.19	0.73	0.105
	大四	−0.35	1.13	0.755
大二	大一	1.90*	0.95	0.045
	大三	3.09**	1.101	0.002
	大四	1.55	1.33	0.243
大三	大一	−1.19	0.73	0.105
	大二	−3.09**	1.01	0.002
	大四	−1.54	1.18	0.193
大四	大一	0.35	1.13	0.755
	大二	−1.55	1.33	0.243
	大三	1.54	1.18	0.193

* 表示0.05水平的显著，** 表示0.01水平的显著，*** 表示0.001水平的显著。下文同。

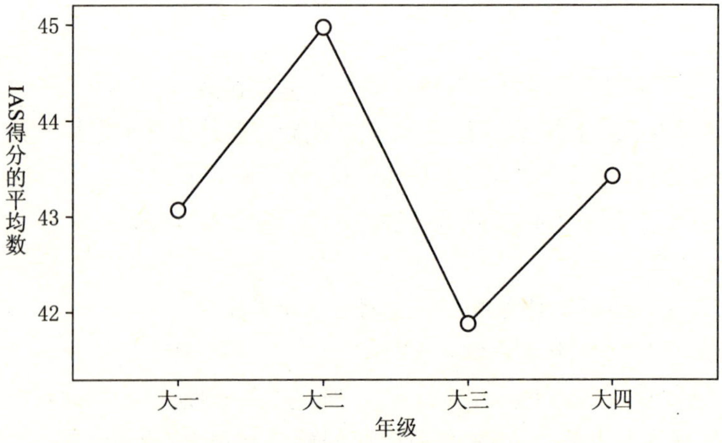

图3.2 不同年级大学生社交焦虑发展的趋势图

四、不同性别、不同年级大学生的 IAS 得分差异比较

通过两因素方差分析比较不同性别、不同年级大学生在社交焦虑得分上是否存在交互作用，得出 $F(3, 751)=0.508$，$P=0.677>0.05$，二者的交互效应不显著。即不同性别大学生在年级上的 IAS 得分没有显著性差异。

五、不同专业大学生在 IAS 上得分的差异比较

在最初的问卷设计中，将不同专业设计成文科、理科和工科三类，数据回收后发现，工科的人数比较少，于是和理科合并成一类，共 424 人，文科人数为 335 人。使用独立样本的 T 检验对文科、理工科大学生在 IAS 上的得分进行比较，经过数据处理，满足方差齐性的假设，T 检验的数据显示 $t=-1.77$，$P=0.08>0.05$，说明不同专业之间的大学生在社交焦虑得分上不存在显著性差异。

六、大学生社交焦虑与抑郁的相关分析

计算大学生在 IAS 与 BDI 上的得分，二者的相关系数 $r=0.307^{***}$，$P<0.001$，说明大学生的社交焦虑和抑郁在极其显著的水平上达到了相关。

七、不同性别、不同年级大学生的 BDI 得分比较

使用两因素方差分析对不同性别大学生在不同年级上的 BDI 得分进行方差分析（见表 3.4），结果显示性别主效应不显著，年级主效应显著，性别和年级的交互作用不显著，即大学生的抑郁得分没有性别差异，只存在年级差异。因而对年级进行事后差异检验，具体结果见表 3.5，从中可以看出，年级差异主要来自大三、大四，这两个年级的抑郁得分显著高于大一和大二的抑郁得分。

表 3.4 性别和年级对 BDI 影响的方差分析

变异来源	自由度	方差	F	Sig
性别	1	42.09	0.84	0.36
年级	3	318.15	6.33*	0.000
性别 * 年级	3	102.84	2.05	0.106
误差	751	50.28		

表 3.5 不同年级大学生抑郁得分的多重比较(LSD)

(I)年级	(J)年级	平均数差异	标准误	*Sig*
大一	大二	−0.13	0.78	0.870
	大三	−1.83	0.60*	0.003
	大四	−3.71	0.93*	0.000
大二	大一	0.13	0.78	0.870
	大三	−1.70	0.83*	0.042
	大四	−3.58	1.10*	0.001
大三	大一	1.83	0.60*	0.003
	大二	1.70	0.83*	0.042
	大四	−1.88	0.98	0.054
大四	大一	3.71	0.93*	0.000
	大二	3.58	1.10*	0.001
	大三	1.88	0.98	0.054

第三节 讨论与结论

一、大学生社交焦虑的现状

本次调查的大学生社交焦虑的现状和陈春锋以山东大学生为被试对象、李朝霞等以湖北大学生为被试对象的调查结果存在显著性差异,这说明上海大学生社交焦虑的程度显著高于山东、湖北的大学生。这可能有两个因素所导致:一方面是上海的生活节奏较快,生活压力、就业压力都较大;另一方面,由于上海的视野较为开阔,这里的大学生面临的机会也更多,在与一些优秀的他人进行比较时容易造成自我评价过低,导致了社交焦虑程度加重。康斯坦斯使用 IAS 为工具对 248 名伊利诺伊科技学院、埃尔姆赫斯特学院的大学生进行调查,由于作者只对高分组与低分组(所有得分的上下 20%作为区分高低组的标准)进行了报告,低分组的平均分为 26.94,标准差为 4.0;高分组的平均分为 62.62,标准差为 3.58 。[①]从这

① Constans, J.I., D.L.Penn, G.H.Ihen, & D.A.Hope, Interpretative Biases for Ambiguous Stimuli in Social Anxiety. *Behavior Research and Therapy*. 1999, 37, pp.643-651.

个结果看来，也可以粗略地看出美国大学生的社交焦虑程度一样不容乐观，需要我们结合预防、咨询、培训等多种形式，从多个角度对大学生的社交焦虑问题进行解决。

二、大学生社交焦虑的性别、年级、专业差异

本书的数据分析得出，男女大学生在社交焦虑程度上并不存在差异，这和国内的一些研究结果一致，也和康斯坦斯等人得出的结果一致。以往有许多研究都认为女性比男性更加内向，更加容易焦虑，有学者认为这与女性较敏感、情绪波动较大，又比较自卑有较大关系，并且用人单位在招聘时也存在性别偏向，这些都加重了女生的社交焦虑程度。不过社会在不断发展，这些年社会政策带动的家庭结构的变化，计划生育在20世纪80年代严格执行，目前大学校园中绝大多数是独生子女，父母不再像以前那样只注重培养家庭中男孩的社交能力，而是对自己的独子/独女倾注了全部的精力与期望，注重培养他们的学习能力、社交技能。女大学生作为高素质的女性团体，她们具有丰富的知识、较强的学习能力，在社会竞争中也变得自强自信，和男生相比丝毫不逊色，所以，社交焦虑的性别差异也在逐渐缩小。也有一种解释认为，男生和女生的社交焦虑水平并没有差异，只不过男生出于自尊的需求并不愿意主动报告自己的社交焦虑。从社会角色来看，中国素有传统的“男主外、女主内”的说法，可见男性更多被赋予善于交际的社会期待，而女性身上这种社会期待的压力明显较小，因而当女性表现出社交焦虑时她们作出选择帮助的决策就较为容易，而男性若表现出社交焦虑明显与社会期待相悖，因而较难主动选择帮助，可能多数是选择默默忍受。

从年级的角度来看，大一到大二社交焦虑程度有显著的上升，大二到大三阶段又有显著的下降，到了大四虽然又有上升的趋势，但和大三之间并没有统计学上的差异。也就是说，大二时社交焦虑程度最高，而大三社交焦虑程度最低。大学生社交焦虑的年级差异受到大学生的发展任务和不同年级特点的影响。大学生刚刚进校时，对新的环境充满了好奇，同学之间也是从彼此不熟悉到慢慢熟悉，大学生活的各个方面他们都在慢慢尝试与适应。但是到了大二阶段，人际关系慢慢稳定，小团体也建立起来，同学之间通过一年的生活与学习在彼此心中都留下了一个形象，这个形象涉及一个人的学习、社交以及在老师或是班级同学心目中的地位，这些都对一个人的社交焦虑产生影响。李朝霞的调查中比较了是否是学生会干部对社交焦虑的程度有影响,结果发现,担任学生会干部的学生社交焦虑显著低于非学生会干部。不过这可能是因为社交焦虑程度低的同学更加愿意参加到学生会的团体中来,所以这两个团体本身就存在着差异。而且,担任学生会干部会给他们提供各种锻炼的机会,使得他们的社交技能得到增强,社交的信心得到提升,从而使得是否是学生会干部成为大学生社交焦虑程度的影响因素之一。到了大三阶段,是另一个适应时期,大学生已经找到适合自己的交往方式,这个时期的社交焦虑水平在整个大学时期都处于最低状态。到了大四阶段,随着毕业的临近,大学生更多地开始思考毕业的方向,更多地接触社会,对未来充满了更多的不确定性,所以社交焦虑水平又有所上升,不过这个时期的上升,不再是像大二时期那样与前一阶段有着显著性的差异。大学四年的学习和各方面的锻炼,自我的不断成熟,使得这时候的大学生有了更多的社交经验和技能,对自我的评价也更加客观,所以,这一时期社交焦虑水平的上升和前一阶段并没有显著性的差异。

再来看不同专业大学生的社交焦虑水平是否有差异,结果显示不同专业大学生并没有差异。这是因为社会对人才的要求越来越高,希望大学生具有广博的知识和开阔的视野,相应地高校在培养大学生时也注重文理的交叉与融合,大学生不仅仅要学习本专业的知识,还要学习其他专业的知识,注重思维的开阔性和综合性,这样不同专业之间的界限也就越来越模糊,不同专业学生之间的差异也相应减小。

三、大学生的社交焦虑与抑郁的发展趋势

大学生的社交焦虑与抑郁在极其显著的水平上相关,这是因为二者有些共同的影响因素所导致,如消极的自我评价、完美主义等因素。但是大学生的社交焦虑与抑郁在年级上的发展趋势稍微有点不同。大学生的社交焦虑水平是在大二时最高,大三时最低,到了大四又呈向上发展的趋势,不过和大三并没有显著的差异。而抑郁则是到了大三时期比大一、大二有了显著的增高,大四继续增高,也就是随着年级的增高不断增高。可见社交焦虑更多受到人际交往的熟悉度的影响,所以到了大三处于社交焦虑的最低点。而抑郁则更多受到外界环境变化的影响。大三时期,同学之间的学业成绩、社会实践都开始分化,有些同学不仅在学业上表现很好，还参加各种技能考试和资格考试，此外，还能兼顾到社会实践，为自己将来踏入社会打下基础。而另一些同学在学业方面的压力已经很大，让他们觉得力不从心。此时，他们会对自己不佳学业表现的后果开始担心，也会因为前两年的努力似乎没有取得预期的成果，自我效能感开始下降，所以抑郁程度开始上升。到了大四，临近毕业，一下子体验到生活的压力、就业的压力以及家长期待、自我期待所带来的压力，这是他们在此之前较少思考的问题，让他们一下子难以应对，所以在社交焦虑与抑郁方面表现得较为明显。这也提醒心理健康工作者，对于大学生的学业、人际关系和就业需要根据不同的年级特征来进行相应的指导。在大一、大二的时候就需要开展学业指导、人际关系指导，大三的需要开展就业指导，而不能等到出现问题再进行解决，尽量发挥心理健康的发展性功能。

四、结论

1. 大学生社交焦虑状况基本呈正态分布，上海大学生的社交焦虑程度显著高于山东、武汉大学生的社交焦虑水平。

2. 大学生的社交焦虑不存在性别、专业差异。

3. 大学生的社交焦虑存在年级的差异：大二时社交焦虑水平最高，大三时社交焦虑水平最低，到了大四，又呈上升趋势。

4. 大学生的社交焦虑与抑郁之间存在着显著的相关。

5. 大学生的抑郁存在年级的差异，大四时期的抑郁水平最高。

第四章　研究二：高社交焦虑大学生的离线解释偏向

社交焦虑的认知理论认为，社交过程中对含糊信息的解释偏向在焦虑症状的维持中发挥了重要的作用。[①②]在社会交往中，很多信息都是含糊不确定的，人们会下意识地解释这些含糊的信息，而不同的人对同一种含糊信息会作出不一样的解释。对社交焦虑者的解释偏向研究发现，他们与正常组或低社交焦虑组相比，对含糊信息存在消极的解释偏向。比如同样是"我站起来回答问题，同学们发出一些声音"，社交焦虑者会认为"同学们在嘲笑我"，而非社交焦虑者则认为"同学们在讨论问题或闲聊"。很明显，前者的解释会给其带来更焦虑的体验，在信息的解释与焦虑情绪之间形成了一个恶性循环。而一旦社交焦虑者作出消极解释后，会有意识地回避人际交往，这让他们很难有机会验证自己的消极解释是否真实，从而使得社交焦虑的症状难以得到缓解。

学者们使用了不同的范式对社交焦虑者的解释偏向进行研究。如使用词[③④⑤]、

---

① Clark, D.M. & A.Wells, A Cognitive Model of Social Phobia. In R.G.Heimberg, M.R. Liebowitz, D.A.Hope, & F.R.Schneier(Eds.), *Social Phobia: Diagnosis Assessment and Treatment*. New York: Guilford Press. 1995, pp.69-93.

② Rapee, R.M. & R.G.Heimberg, A Cognitive-Behavior Model of Anxiety in Social Phobia. *Behavior Research and Therapy*. 1997, 35, pp.741-756.

③ Eysenck, M.W., C.MacLeod, and A.Mathews, Cognitive Functioning and Anxiety. *Psychological Research*, 1987, 49(2), pp.185-195.

④ Mahtews, A., A.Richards, and M.Eysenck, Interpretation of Homophones Related to Threat in Anxiety States. *Journal of Abnormal Psychology*. 1989, 98, pp.31-34.

⑤ Richards, A., C.C.French, and A.J.Calder et al., Anxiety-Related Bias in the Classification of Emotionally Ambiguous Facial Expressions. *Emotion*. 2002, 2, pp.273-287.

句子/语段①②、面部表情③等作为实验材料，结果发现社交焦虑者在对含糊的社会事件进行解释时存在消极的偏向或自动产生更多的消极结尾。④⑤但在社交焦虑的解释偏向这一问题上不同研究者的结论并不一致。有些研究者认为，社交焦虑者并没有表现出消极的解释偏向，而是他们缺乏积极的解释。⑥识别出这两种不同的偏向对于社交焦虑的治疗具有重要意义。目前的治疗中，多将焦点放在对消极解释的认知调整上。若社交焦虑者与非社交焦虑者相比，消极解释没有差异，只是缺乏积极解释的话，那么治疗时应该注重加强他们对社交信息的积极解释。

目前，社交焦虑者对含糊信息的解释偏向这一问题上还存在着争议，所以有必要对其进行研究。而且，在社交过程中，不仅存在含糊的信息，还存在性质明确的积极信息或消极信息，对于这些信息，社交焦虑者又如何进行解释呢？为了解决该问题，本研究共设计了3个实验，分别探讨高社交焦虑大学生对含糊信息、不同性质信息以及自我/他人信息的解释偏向。

第一节　实验一：高社交焦虑大学生对含糊信息的解释偏向

一、引言及研究假设

最先使用文本材料进行解释偏向的研究始于巴特勒和马修斯，后来

① Amir, N., E.B.Foa, and M.E.Coles, Negative Interpretation Bias in Social Phobia. *Behaviour Research and Therapy*. 1998, 36, pp.945-957.

② Stopa, L. and D.M.Clark, Social Phobia and Interpretation of Social Events. *Behavior Research and Therapy*. 2000, 38, pp.273-283.

③ Winton, E.C., D.M.Clark, & R.J.Edelmann, Social Anxiety, Fear of Negative Evaluation and Detection of Negative Emotion in Others. *Behavior Research and Therapy*. 1995, 33, pp.193-196.

④ Franklin, M.E., J.Huppert, and R.Langner, Interpretation Bias: A Comparison of Treated Social Phobics, Untreated Social Phobics and Controls. *Cognitive Therapy and Research*. 2005, 29(3): pp.289-300.

⑤ Huppert J.D., R.V.Pasupuleti, and E.B.Foa et. al., Interpretation Biases in Social Anxiety: Response Generation, Response Selection and Self-Appraises. *Behaviour Research and Therapy*. 2007(45): pp.1505-1515.

⑥ Amir, N., C. Beard, & E. Bower, Interpretation Bias and Social Anxiety. *Cognitive Therapy and Research*. 2005, 29(4), pp.433-443.

很多研究者的实验材料都是在他们的基础上加以补充而成。巴特勒和马修斯编写了描写含糊情境的句子,让广泛性焦虑患者、抑郁症患者以及正常组写下看到每一个含糊情境后进入头脑中的第一想法,并对提供的三个解释(其中一个是消极解释)根据它们进入头脑的可能性进行排序,结果发现,与正常组相比,广泛性焦虑患者对含糊信息的解释有消极化的偏向,而与抑郁症患者则没有显著差异。①后来将研究对象扩展至不同焦虑障碍的患者,如对惊恐障碍患者②、广场恐怖症患者③、社交焦虑患者④等。

目前,已有多项研究使用文本材料范式对社交焦虑患者的解释偏向进行研究。1998 年爱米尔等人修订了巴特勒和马修斯编制的文本材料,以社交焦虑患者、强迫症患者以及非焦虑控制组为被试,使用含糊的社交事件作为实验材料,结果发现,与另两个组相比,社交焦虑患者只在涉及自己的社交事件的解释上存在消极化偏向;而在非社交事件或涉及他人的社交事件上无显著性差异。⑤2000 年斯托帕和克拉克的研究和 1998 年爱米尔等人使用的材料类似,不过该研究让被试阅读完每一个含糊情境后,先写出自己的解释,然后再对后面给出的三个解释进行排序,该研究得出的结论和爱米尔等人的结论一致。⑥富兰克林等人在 2005 年重复了斯托帕、克拉克的研究,发现未经治疗的社交焦虑患者表现出消极的解释偏向,而经过成功治疗的社交焦虑者则没有表现出消极的解释偏向。⑦J.I.科斯坦茨等人(J.I.Costants et al.)对实验材料作了一些调整,使用一小段文字来叙述

---

① Butler, G. & A.Mathews, Cognitive Processes in Anxiety. *Advances in Behaviour Research and Therapy*. 1983, 5, pp.51-62.

② McNally, R.J. & E.B.Foa, Cognition and Agoraphobia; Bias in the Interpretation of Threat. *Cognitive Therapy and Research*. 1987, 11, pp.567-581.

③ Lundh, L.G., U.Thulin, and S.Czyzykow, Recognition Bias for Safe Faces in Panic Disorder with Agoraphobia. Behaviour Research and Therapy. 1998, 36(3), pp.323-327.

④⑥ Stopa, L. & D.M.Clark, Social Phobia and Interpretation of Social Events. *Behaviour Research and Therapy*. 2000, 38, pp.273-283.

⑤ Amir, N., E. B. Foa, & M. E. Coles, Negative Interpretation Bias in Social Phobia. *Behaviour Research and Therapy*. 1998, 36, pp.945-957.

⑦ Franklin, M.E., J.Huppert, and R.Langner, Interpretation Bias: A Comparison of Treated Social Phobics, Untreated Social Phobics and Controls. *Cognitive Therapy and Research*. 2005, 29(3): pp.289-300.

两位从未会面大学生在第三人的介绍下进行约会的场景，材料中包括一些含糊的信息，将这些材料呈现给高低社交焦虑组，要求他们看完实验材料后，在提供的解释中选择一个他们最认可的解释。结果也发现高社交焦虑者对含糊社交信息的解释更加消极。不过，该研究也提出，高社交焦虑者对含糊信息进行解释时，缺乏积极的解释。①

不过，之前的研究存在两个问题：第一，除了科斯坦茨等人的研究中对消极解释和积极解释都进行了分析之外，其他的研究都仅仅分析社交焦虑组与对照组在消极解释上的差异，而没有分析积极解释的差异。第二，上述采用文本材料进行的研究，其程序是在纸上呈现出每一个情景句和提供的多个解释，这带来的问题是，得出的结果究竟是社交焦虑群体的解释偏向还是他们的选择偏向导致的呢？为了解决这两个问题，本书在材料的编制上借鉴了巴特勒和马修斯、斯托帕和克拉克的研究，不过在材料的呈现上作了一些改进，采用多媒体技术，使得被试每次只能看到一个解释，并对解释的可能性进行评定。在结果分析时，也要分别考察高低社交焦虑组在积极解释和消极解释评定上的差异。

本实验的研究目的有二：(1)探讨高低社交焦虑组在社交信息、非社交信息解释上的差异；(2)探究在改变了材料呈现方式后，高社交焦虑者解释含糊信息时，是否具有消极的解释偏向，或缺乏积极的解释偏向，抑或二者兼具。

根据已有的研究，提出如下假设：

(1) 与低社交焦虑者相比，高社交焦虑者对含糊的社交信息存在解释偏向，而对含糊的非社交信息不存在解释偏向；

(2) 与低社交焦虑者相比，高社交焦虑者对含糊的社交信息进行解释时，在消极解释的评定上存在差异，在积极解释的评定上也存在显著性差异。

二、研究对象与方法

(一) 研究对象

通过研究一对四所高校大学生的调查，根据被试在交往焦虑量表(IAS)上的得分进行筛选被试，得分处在高分端和低分端 27%的被试分

① Constans, J.I., D.L.Penn, and G.H.Ihen et al., Interpretative Biases for Ambiguous Stimuli in Social Anxiety. *Behavior Research and Therapy*. 1999, 37, pp.643-651.

别纳入高社交焦虑组和低社交焦虑组。将愿意继续参加实验的被试(187名)储存在被试信息库中,从中随机抽取出 90 人,高低社交焦虑组各 45 人,高社交焦虑组的 IAS 平均分为 55.76($SD = 3.58$),低社交焦虑组的 IAS 平均分为 26.27($SD = 4.02$)。高社交焦虑组中男生 20 人,女生 25 人;低社交焦虑组中男生为 21 人,女生 24 人,两组性别没有显著性差异,$\chi^2 = 0.71$, $P = 0.40$;两组在年级和专业上进行了匹配,不存在显著性差异。

(二)研究工具

1. 交往焦虑量表(IAS)。

参见研究一。

2. 惧怕否定评价量表(FNE)

惧怕否定评价量表(FNE)的原表是由沃森和弗里德于 1969 年编制,包含了 30 个"是—否"条目(附录 3)。具体介绍见第一章中的社交焦虑的测量工具部分。采用 12 个条目的简明惧怕否定评价量表对 150 名美国大学生进行施测,得到的均值为 35.7,标准差为 8.1。国内学者林雄标、胡赤怡使用 FNE 等量表对社交恐怖症和常态组的对照研究显示,社交恐怖症患者的 FNE 得分与艾森克人格问卷中的 E 分(内—外倾向)相关系数为−0.24,与 N 分(情绪的稳定性)相关为 0.02,与症状自评量表(SCL-90)的人际敏感因子有显著相关。

3. 贝克抑郁问卷(BDI)

参见研究一。

4. 解释偏向的文本材料

(1) 材料编制。本研究参考了巴特勒和马修斯①、科斯坦茨、佩恩②等人,斯托帕、克拉克③、沃内肯、博格尔斯④等人以及威尔森和拉

① Butler, G. and A.Mathews, Cognitive Process in Anxiety. *Advances in Behavior Research and Therapy*. 1983, 5, pp.51-62.

② Constans, J.I., D.L.Penn, G.H.Ihen, & D.A.Hope, Interpretative Biases for Ambiguous Stimuli in Social Anxiety. *Behavior Research and Therapy*, 1999, 37, pp.643-651.

③ Stopa, L. and D.M.Clark, Social Phobia and Interpretation of Social Events. *Behavior Research and Therapy*, 2000, 38, pp.273-283.

④ Voncken, M.J. and S.M.Bogels, Changing Interpretation and Judgmental Bias in Social Phobia: A Pilot Study of A Short, Highly Structured Cognitive Treatment. *Journey of Cognitive Psychology: An International Quarterly*, 2006, 20(1), pp.59-73.

皮[①]所采用的文本材料的范式,通过与大学生的访谈,编写了15个与大学生生活相关的含糊情境材料,包含了社交情境(10个)与非社交情境两类(5个)。社交情境是指包含其他人在场的情境,比如"当我在台上认真做报告时,看见坐在后排的一个人笑了起来";非社交情境是指不包含其他人在场的情境,比如"半夜里,我被一些声音惊醒,但是醒来后发现一切都很安静"。社交情境与非社交情境随机排列,每呈现一个句子,让被试进行开放性的解释,然后对提供的三个解释用0~4的五级评分进行可能性的评定,0表示"一点也不可能",4表示"极其可能"(见附录4)。问卷提供的解释包含了积极解释、消极解释和中性解释。积极解释是指在社交情境中被试对自己有积极的评价或认为别人对自己有积极的评价,如"我的报告很幽默"、"他们很喜欢我"等;在非社交情境中是指外界存在着对自己有利的因素或没有危害自己的因素,比如将"我最近饭量没有变化,但体重却一直在减轻"解释为"这是正常的新陈代谢"。消极解释是指在社交情境中对自己有消极的评价或认为别人对自己有消极的评价,如"他们都不喜欢我"、"别人不想和我吃饭";在非社交情境中认为外界存在一些影响自己生命或精神的危险因素,比如"我得了很严重的病"、"我可能快死了"等;中性解释不涉及积极解释或消极解释,比如"他联想到一些很搞笑的事情"等。

(2) 材料评定。为了保证研究中所采用的材料具有有效性,整个材料包含了访谈收集信息、学生评定、修改、确定实验材料4个环节的多次循环,具体过程如下:①与12名华东师范大学的学生进行访谈,收集了36个含糊的社交情境与非社交情境,构成了36个描写含糊情境的句子;②然后将这36个句子打印出来,发给45名华东师范大学的学生,请他们写出这些句子中描写的含糊情境出现的频率,并写出尽可能多的解释;③根据他们写出的频率,选择了其中15个描写含糊情境的句子,并根据大学生们写出的解释对每个句子编写出积极、中性和消极的解释各一;④为了确保问卷中提供的三个解释确实如研究者预想的分为积极、中性和消极解释,将这些选项打印出来,发给华东师范大学、复旦大学的学生,

① Wilson, J. K. and R. M. Rapee, The Interpretation of Negative Social Events in Social Phobia: Changes During Treatment and Relationship to Outcome. *Behavior Research and Therapy*, 2005, 43, pp.373-389.

要求其对每个解释进行效价(积极、中性和消极)的评定,对那些评定不一致的解释进行了调整,最终确定了本研究的材料。

(3) 材料呈现。为了控制选择偏向这个变量,本研究对材料的呈现进行了改进,采用PPT的方式进行呈现,并进行了动画设计,具体的过程如下:①将材料随机排列,其解释也是随机排列,避免相同的顺序导致被试的回答定势,对结果造成干扰;②呈现一个句子,让被试想象自己就在句子描述的场景中,写出自己的解释;③在下一页的PPT中呈现研究者提供的一个解释,被试对此解释进行可能性的评定;④第一个解释消失,出现第二个解释,被试再对此解释进行评定;⑤第二个解释消失,出现第三个解释,被试再对此解释进行评定。接着出现下一个含糊句子,继续循环上面的过程。

(三) 研究程序

对被试进行团体施测,团体人数10~22人不等,施测的地点是教室。由研究者本人作为主试,确保所有的被试理解指导语之后,开始施测。被试做完含糊信息的解释材料之后,填写惧怕他人评价量表(FNE)和贝克抑郁量表(BDI)。

(四) 统计方法

数据分析采用SPSS13.0,进行t检验和ANOVA方差分析;对开放性回答的文字内容进行质性分析,并将质性材料量化,进行量的分析。

三、研究结果

(一) 高低社交焦虑组在IAS、FNE和BDI上的得分比较

结果显示高社交焦虑组在IAS、FNE和BDI上的得分显著高于低社交焦虑组,具体结果见表4.1。

表4.1 高低社交焦虑组在IAS、FNE和BDI上得分比较

	高分组 ($M \pm SD$)	低分组 ($M \pm SD$)	t	df	Sig
IAS	55.76±3.09	26.27±3.10	38.98***	88	0.000
FNE	44.96±7.71	30.40±9.10	8.19***	88	0.000
BDI	11.84±7.97	5.02±4.14	5.10***	88	0.000

(注:高社交焦虑组和低社交焦虑组在表格中简称为“高分组”、“低分组”)

(二) 高低社交焦虑组对含糊情境的开放性回答的分析

1. 对开放性回答的归类

将被试的开放性回答输入到 EXCEL 中,然后对回答内容进行归类,具体的标准:如果被试对含糊句子的开放性回答是涉及对自己的积极评价或是认为别人对自己有积极的评价、问题解决的角度都归为"积极解释"这一类,如"我的报告很精彩"、"我很有魅力"、"下一次要加强和其他人的沟通"等;若被试的开放性回答涉及对自己的消极评价或认为别人对自己有消极的评价、对危害程度的放大等归为"消极解释"这一类,比如"他们在喝倒彩"、"我很无趣"等;若被试的开放性回答不涉及上面两类的,则归于中性解释,除去"我不知道"等回答之外。分好类别后,根据其数量计分,每一个解释记一分。若一个事件被试填写了两个回答,分别属于不同的类,则两个类各得 0.5 分。为了检验分类的信度,请了心理系的 2 位博士生各自对 40 个被试(44.4%,高低焦虑组各 20 个被试)的开放性回答进行评定,积极解释评定的一致性为 0.94,消极解释评定的一致性为 0.95,中性解释评定的一致性为 0.87。

2. 对开放性回答的量化分析

通过对高低社交焦虑组对含糊情境的开放性回答,发现高社交焦虑组常常会作出有伤自己自尊的解释,比如"他们和我关系疏远,不再那么喜欢我了"、"老师嘲讽我"。而低社交焦虑组在解释含糊信息时,常常会提供出两个解释,比如"他们有事情或是不想和我一起吃饭"。通过归类后的计分,输入 SPSS 进行分析后发现,高低社交焦虑组在积极解释、消极解释上都存在显著性差异,t 检验结果分别为:$t_{(88)}=-10.55^{***}$, $P<0.001$; $t_{(88)}=6.813^{***}$, $P<0.001$)。

3. 高低社交焦虑组对含糊情境的解释

实验设计中包括一个被试间因素"组别"(共有 2 个水平:高社交焦虑组、低社交焦虑组),包含了两个被试内因素"情境类型"(共有 2 个水平:社交情境、非社交情境)和"解释的效价"(共有 3 个水平:积极解释、消极解释、中性解释),所以采用多因素混合设计的方差分析中重复测量的功能,对数据进行统计,平均数和标准差见表 4.2。

结果发现:(1)主效应:组别主效应不显著,$F_{(2,88)}=0.024$, $P=0.88>0.05$;情境类型主效应显著,$F_{(2,88)}=474.29^{***}$, $P<0.001$;解释的效

表 4.2　高低社交焦虑组在含糊情境的解释任务上的平均数和标准差

		高社交焦虑组（N = 45）（$M \pm SD$）	低社交焦虑组（N = 45）（$M \pm SD$）
积极解释	社交情境	1.84±0.58	2.31±0.63
	非社交情境	2.54±0.84	2.91±0.77
中性解释	社交情境	2.37±0.52	2.56±0.48
	非社交情境	1.38±0.71	1.31±0.91
消极解释	社交情境	1.80±0.62	0.87±0.53
	非社交情境	0.28±0.24	0.20±0.22

价主效应显著，$F_{(3, 87)}=61.30^{***}$，$P<0.001$；(2)交互作用：情境类型与组别交互作用显著，$F_{(2, 88)}=15.32$，$P<0.001$；解释的效价与组别交互作用显著，$F_{(3, 87)}=8.1^{***}$，$P<0.001$；情境类型与解释的效价之间交互作用显著，$F_{(3, 87)}=258.39^{***}$，$P<0.001$；组别、情境类型以及解释的效价之间的交互作用显著，$F(3, 87)=23.41^{***}$，$P<0.001$。

因为解释的效价主效应显著，组别、情境类型以及解释的效价之间的交互作用显著，因而分别对不同的解释进行分析。

(1) 高低社交焦虑组对不同类型事件的积极解释的差异

在积极解释中，进行 2(组别) * 2(情境类型)的方差分析，其方差分析结果见表 4.3。组别对含糊信息的积极解释存在显著性影响，情境类型也对积极解释存在显著性影响，二者间不存在交互作用。

表 4.3　组别和情境类型对于积极解释影响方差分析表

变异来源	自由度	均方	F 值	Sig
组　别	1	7.81	12.04***	0.001
情境类型	1	19.01	52.28***	0.000
组别 * 情境类型	1	0.11	0.31	0.579
误　差	88	0.364		

经过比较，得出高低社交焦虑组对社交事件的积极解释显著低于非社交事件；高社交焦虑组对社交与非社交事件的积极解释评定都显著低

于低社交焦虑组(见图 4.1)。

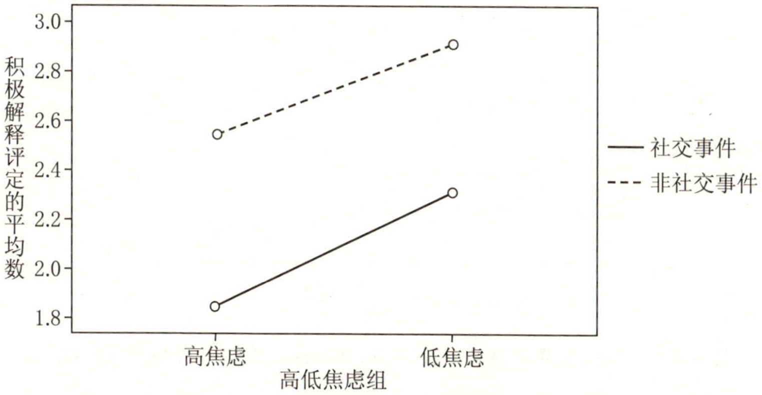

图 4.1　高低社交焦虑组对社交情境、非社交情境积极解释评定的比较

(2) 高低社交焦虑组对不同类型事件的消极解释的差异

在消极解释中，进行 2(组别) * 2(情境类型)的方差分析，其方差分析结果见表 4.4。组别和情境类型都对含糊信息的消极解释存在显著性影响，二者间存在显著的交互作用。具体分析后得出：高社交焦虑组对社交事件的消极解释评定显著高于低社交焦虑组，而在非社交事件的消极解释评定上两组没有显著性差异(见图 4.2)。

表 4.4　组别和情境类型对于消极解释影响方差分析表

变异来源	自由度	均方	F 值	*Sig*
组　别	1	11.59	50.76***	0.000
情境类型	1	54.45	345.06***	0.001
组别 * 情境类型	1	8.16	51.37***	0.000
误　差	88	0.16		

(3) 高低社交焦虑组对不同类型事件的中性解释的差异

在中性解释中，组别主效应不显著，$F_{(2,88)}=0.332$，$P=0.566>0.05$；情境类型主效应显著，$F_{(2,88)}=139.520^{***}$，$P<0.001$；组别和情境类型的交互作用不显著，$F_{(2,88)}=1.815$，$P=0.181>0.05$。进一步的比较得出，高低社交焦虑组对社交事件的中性解释评定高于非社交事件。

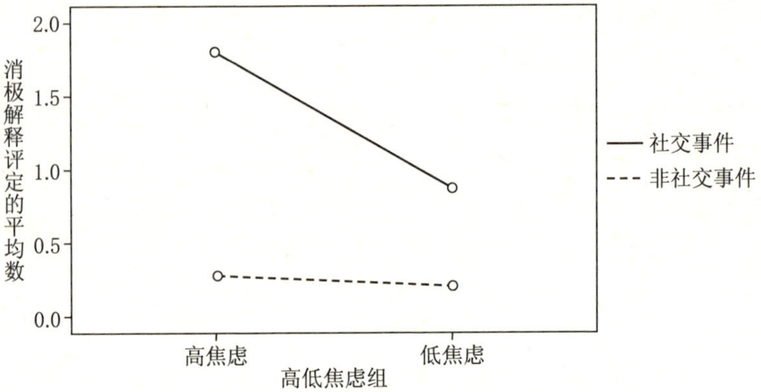

图 4.2　高低社交焦虑组对社交情境、非社交情境消极解释评定的比较

（4）解释偏向与社交焦虑、抑郁的相关

为了检验解释偏向与社交焦虑以及抑郁之间的关系，我们分别计算了社交情境的消极解释、社交情境的积极解释与社交焦虑以及抑郁之间的相关。从表 4.5 中可以看出，被试的社交焦虑和抑郁情绪得分，都与社交情境的消极解释存在极其显著的正相关，与社交情境的积极解释存在极其显著的负相关。

表 4.5　解释偏向与社交焦虑、抑郁的相关

	IAS	*P*	BDI	*P*
社交情境的消极解释偏向	0.640***	0.000	0.484***	0.000
社交情境的积极解释偏向	−0.374***	0.000	−0.340***	0.001

（5）社交焦虑与解释偏向的偏相关分析

那么，究竟是社交焦虑还是抑郁情绪影响了被试对社交情境的解释呢？还是他们共同影响了被试对社交情境的解释呢？为了进一步验证社交焦虑与社交情境的解释之间的关系，我们将被试的抑郁分数作为控制变量，分别对社交焦虑和社交情境的消极解释、社交情境的积极解释进行了偏相关分析。

表 4.6　社交焦虑与人解释偏向的偏相关分析结果（控制 BDI）

	IAS	*P*
社交情境的消极解释偏向	0.53**	0.000
社交情境的积极解释偏向	−0.25*	0.016

从表4.6中看出，在对抑郁这一变量进行控制后，社交焦虑与社交情境的消极解释偏向的偏相关系数为0.53，虽然小于之前统计的相关系数0.64，但统计检验显示二者间的偏相关系数在0.001水平上显著，也就是说社交焦虑与社交情境的消极解释偏向之间确实存在着极其显著的正相关。同样，社交焦虑与社交情境的积极解释偏向的偏相关系数为－0.25，也比之前统计的相关系数－0.374小，但统计检验显示二者间的偏相关系数在0.05水平上显著，说明社交焦虑与社交情境的积极解释之间确实存在着显著的负相关。

四、讨论

（一）高低社交焦虑组对含糊信息的消极解释评定

通过比较得出，高社交焦虑组对含糊社交事件的消极解释评定高于低社交焦虑组，对非社交事件的消极解释不存在显著性差异。这和同样使用文本范式的其他研究的结论一致。其他研究还发现，高低社交焦虑组在非社交事件上的消极解释不存在差异。①②③因而有研究者得出社交焦虑者只对社交事件存在解释偏向，尤其是与自我相关的社交情境（这一点将会在之后的实验三中进行论证），而在非社交情境的解释上不存在差异。这在本研究的结果中也再次证明了这一结论。

结果说明高社交焦虑者面对含糊的社交情境时，常常会作出消极的解释。通过分析他们的开放性回答，这一部分的内容应该更能够代表被试的真正想法，高社交焦虑组对含糊的社交信息常常用“他们不想和我吃饭”、“老师觉得我很笨”、“大家在嘲笑我”等进行解释。即使在材料的后一部分，研究者提供了积极解释，高社交焦虑组对其可能性的评定还是比较低，这也许是由于被试消极的自我意象（self-image）所导致。在高社交焦虑者的心中，他们的自我形象就是“能力很差”、“很蠢”、“不受欢迎”……所以他们会根据自己的自我意象推断他人对自己的评价，而非根

① Amir, N., E. B. Foa, & M. E. Coles, Negative Interpretation Bias in Social Phobia. *Behaviour Research and Therapy*. 1998, 36, pp.945-957.

② Stopa, L. and D.M.Clark, Social Phobia and Interpretation of Social Events. *Behavior Research and Therapy*. 2000, 38, pp.273-283.

③ Constans, J.I., D.L.Penn, G.H.Ihen, & D.A.Hope, Interpretative Biases for Ambiguous Stimuli in Social Anxiety. *Behavior Research and Therapy*. 1999, 37, pp.643-651.

据实际表现来对自己作出评价。在社交场合中，他们对自己的行为常常会作出错误的解释。研究发现，与观察者的评估相比，社交焦虑者则常常会低估自己在社交场合中的表现，而非社交焦虑组的自我评估与观察者的评估没有差异。①②③H.S.沙利文（H.S.Sullivan）早在1953年对焦虑的论述对本书也具有启发意义。他认为焦虑的起源是童年期受到重要他人的反对，这样的创伤性经历会影响他们自我概念的形成，因为自我概念的形成很大程度上取决于我们对他人评价的认知。④而社交焦虑者受到重要他人的反对之后，他们就会从他人的角度来对自己的行为作出评价，内心中有着不被他人认可的恐惧，所以也难怪社交焦虑者对社交情境的解释常常会有自我否定、自我怀疑，如感觉“自己很傻”或是“不受欢迎”等。这样的信息储存在个体的记忆系统中，并由于个体不断地重复而得到强化，在类似场合中，比如在受到他人评价的社交场合或是觉得自己对该场合没有控制的情况下，常常会自动提取出来。这和临床咨询中个案报告的情况非常相似：当社交场合中有比自己优秀的人、权威人物在场的时候，当事人常常会产生语无伦次、出汗、颤抖等焦虑的表现，而在觉得自己可以把握的场合，比如成绩比自己差的人面前，则表现正常。

（二）高低社交焦虑组对含糊信息的积极解释评定

通过比较高低社交焦虑组对积极解释的评定，结果发现，高社交焦虑组对含糊的社交和非社交事件的积极解释评定都显著低于低社交焦虑组。科斯坦茨等人的研究中也提到，社交焦虑者与非社交焦虑者相比，较少使用积极的方式解释社交情境。该研究只得出在社交事件上社交焦虑者和非焦虑者存在显著性差异，而在非社交事件上不存在显著性差异。⑤本研究的结果与此稍有差异，高社交焦虑组不仅对社交事件的积极解释评定低于低

① Stopa, L. & D.M.Clark, Cognitive Processes in Social Phobia. *Behaviour Research and Therapy*. 1993, 31, pp.255-267.

② Rapee, R.M. & L.Lim, Discrepancy between Self and Observer-Ratings of Performance in Social Phobics. *Journal of Abnormal Psychology*. 1992, 101, pp.728-731.

③ Alden, L.E. and S.T.Wallace, Social Phobia and Social Appraisal in Successful and Unsuccessful Social Interactions. *Behaviour Research and Therapy*. 1994, 33(5), pp.497-505.

④ 参见[美]哈里·沙利文著：《精神病学的人际关系理论》，李维译，北京大学出版社2010年版，第17—39页。

⑤ Constans, J.I., D.L.Penn, G.H.Ihen, & D.A.Hope, Interpretative Biases for Ambiguous Stimuli in Social Anxiety. *Behavior Research and Therapy*. 1999, 37, pp.643-651.

社交焦虑组，对非社交情境的积极解释评定也低于低社交焦虑组。这可能是高社交焦虑者在进入社交场合之前和处于社交场合时，会自动提取出早先储存的消极记忆偏向，因而积极的解释便受到了抑制；并且这种认知方式已经泛化到对所有事件的解释上，而不仅仅是社交事件。所以，也许社交焦虑患者并不是完全的消极解释者，同时也缺乏积极的解释风格。而积极的解释风格是低社交焦虑组的特征，对维护一个人的自尊和心理健康有着很好的帮助。①这样的结果也提示我们，在对社交焦虑者进行认知治疗时，更加重要的任务是增加他们的积极解释，而不仅仅是修正其消极的解释。

（三）社交焦虑对个体解释偏向的影响

通过社交焦虑、抑郁与解释偏向之间的相关和偏相关分析，我们发现，社交焦虑、抑郁与解释偏向都存在显著相关；控制抑郁这一变量后，对社交焦虑和社交情境的积极解释与消极解释作了偏相关分析，结果发现社交焦虑与积极解释之间依旧存在较高的负相关，与消极解释之间存在较高的正相关。这些结果，一方面说明社交焦虑和抑郁常常共病，二者存在一些共同的致病因素；另一方面，也说明社交焦虑确实会影响个体的解释偏向。当然，具体是社交焦虑导致了个体的解释偏向还是个体的解释偏向导致了社交焦虑，这个很难说清楚，也许到了后期就是互相影响，形成了恶性循环。威尔逊、麦克劳德和马修斯的一项研究探索了解释偏向是否是社交焦虑的原因，他们以 48 名在校大学生为被试，训练他们对含糊信息的解释偏向，使得一组的被试产生消极的解释偏向，另一组被试产生中性/积极的解释偏向，结果发现接受消极解释偏向训练的被试在应对压力时会产生更多焦虑的情绪反应。这个研究通过操控解释偏向这一变量，考察社交焦虑的变化，得出了解释偏向确实会导致个体焦虑水平的升高。②

五、结论

1. 与低社交焦虑组相比，高社交焦虑组对含糊社交情境的消极解释评定更高，对非社交情境的消极解释评定没有差异。

2. 与低社交焦虑组相比，高社交焦虑组对含糊的社交情境、非社交情

---

① Taylor, S.E. & J.D.Brown, Illusion and Well Being: A Social Psychological Perspective on Mental Health. *Psychological Bulletin*. 1988, 103, pp.193-210.

② Wilson, E.J., C.MacLeod, and A.Mathews, The Causal Role of Interpretive Bias in Anxiety Reactivity. *Journal of Abnormal Psychology*. 2006, 115(1), pp.103-111.

境的积极解释评定更低。

3. 社交焦虑与含糊社交情境的积极解释之间存在显著负相关,与消极解释之间存在显著正相关。

4. 对社交焦虑者的认知治疗中,不仅要注重减少其对社交情境的消极解释,同时还得增加其积极的解释。

第二节 实验二:高社交焦虑大学生对不同性质事件的解释偏向

一、引言及研究假设

实验一探讨了高社交焦虑大学生对含糊信息的解释偏向。本实验探讨他们对明确的积极事件或是消极事件的解释偏向。

斯托帕和克拉克的研究不仅考察了被试对含糊事件的解释偏向,还考察了他们对消极事件的解释偏向,结果发现,与其他焦虑障碍者和常态组相比,广泛性社交焦虑患者对消极事件表现出灾难化的解释偏向。①威尔逊和拉皮考察了社交焦虑患者(单纯社交焦虑患者组、与情绪障碍共病的患者组)对不同消极程度的社交事件的解释偏向,结果发现:与正常被试组相比,社交焦虑患者更倾向于相信消极社交事件会导致他人的消极评价,消极社交事件是因为他们的个人特质所导致,并且这些消极社交事件会给自己带来长期有害的后果。比如"你在一个工作面试中无法集中注意力",社交焦虑患者更倾向于认为"面试官觉得我很白痴"、"我就是一个白痴"、"我根本不能得到一份满意的工作"。该研究还发现,其他焦虑障碍并不存在这些解释偏向,抑郁也与这些解释偏向相关。②这两项研究以文本材料的范式,考察社交焦虑者对消极信息的解释偏向。相对而言,威尔逊和拉皮对解释维度的分析更加细致,不过研究者未能很好地控制

① Stopa, L. and D.M.Clark, Social Phobia and Interpretation of Social Events. *Behavior Research and Therapy*. 2000, 38, pp.273-283.

② Wilson, J. K. and R. M. Rapee, The Interpretation of Negative Social Events in Social Phobia: Changes During Treatment and Relationship to Outcome. *Behavior Research and Therapy*. 2005, 43, pp.373-389.

抑郁这一变量。

在积极信息的解释方面，研究者多采用构建一个社交过程，在人际交往中通过控制社交的成功/失败，交往者的态度、预期等因素，考察被试的焦虑水平和对自己表现的评价。S.T.华莱士等人（S.T.Wallace et al.）以临床的社交焦虑患者和常态组为被试，要求他们与陌生人（实验助手）进行社会交往，实验中对社会交往是否成功进行了控制。结果发现，社会焦虑患者对成功的社会交往产生了消极的反应；同时发现，成功的社会交往会让被试产生自我保护的交往目标、消极的情绪反应以及预期别人会对自己提出更高的要求。所以该研究认为社会焦虑患者对成功事件的加工方式并不能够修正他们消极的自我评价和社会推断。①奥尔登、梅林斯以及拉波莎同样以社交焦虑患者和常态组为被试，让所有的被试都和实验助手进行 5 分钟的认识过程，助手对所有被试都表现出温暖、友好的态度，并对他们的意见很感兴趣。交往结束后用不同的方式反馈给被试，肯定积极表现的存在或是否定消极表现的存在，比如“你做得很好”或“你一点也没有出错”。结果发现，与对照组相比，肯定被试的积极表现反而让社交焦虑者预期下一次社交过程会更加焦虑；否定被试的消极表现，接受这一反馈的社交焦虑组对下次社交的预期和对照组没有显著性差异。②D.A.莫斯科维奇等人（D.A.Moscovitch et al.）则是在被试完成公开演讲的任务之前先给被试提供一些信息，这些信息分别透露着对被试的社会预期是高、中和不确定，结果发现，在这三种情况下社交焦虑患者的表现都比常态组差，但是只有在高预期与含糊预期这两种情况下，社交焦虑患者对自己表现的评定会更差。③以上这些研究发现积极的反馈或是较高的预期并不能提升社交焦虑者的自我评估，相反还会提升他们的焦虑水平。但因为这些研究的结论是从社交焦虑者对社交过程的预期、自我表现的评估以及情绪状态的评估加以推断而来的，对于社交焦虑者究竟如

---

① Wallace, S. T. and L. E. Alden, Social Phobia and Positive Social Events: the Price of Success. *Journal of Abnormal Psychology*. 1997, 106(3), pp.416-424.

② Alden, L.E., M.B.Mellings, and J.M.Laposa, Framing Social Information and Generalized Social Phobia. *Behavior Research and Therapy*. 2004, 42, pp.585-600.

③ Moscovitch, D.A. and S.G.Hofmann, When Ambiguity Hurts: Social Standard Moderate Self-Appraisals in Generalized Social Phobia. *Behavior Research and Therapy*. 2006, 45, pp.1039-1052.

何解释社交过程中的积极信息这一问题无法提供答案。

奥尔登等人编写了积极社交事件的解释问卷，测查社交焦虑者如何对积极的社交事件进行解释。结果发现社交焦虑患者对积极事件的消极解释得分显著高于非焦虑的控制组，也就是说社交焦虑患者倾向于用消极的方式来解释积极的社会事件，且认为这些积极的事件常常会带来不好的后果。①拉波莎等人也采用了奥尔登等人研究中的问卷，不过他们扩展了研究对象的范围，包含了社交焦虑患者、强迫症患者、伴有/不伴有广场恐怖症的惊恐障碍患者、广泛性焦虑患者和常态组，以探讨对积极事件的解释偏向是否只是社交焦虑的特征。结果发现，社交焦虑患者在积极事件的解释偏向问卷上的得分显著高于伴有/不伴有广场恐怖症的惊恐障碍患者、广泛性焦虑患者和常态组，而与强迫症患者组没有显著性差异。也就是说，对积极事件的消极解释可以作为区分是否焦虑以及是哪一种焦虑类型的依据。不过社交焦虑组和强迫症组对积极事件的消极解释没有显著性差异，作者认为是他们在完美主义的问卷上得分都比较高，且认为自己应该为发生的事情承担更多的责任，这两个因素可能导致了他们都倾向于对积极事件作出消极的解释。②

奥尔登等人编制的“积极社会事件的解释问卷”包括了 8 个题项，给出一个社会事件和问卷提供的消极解释，让被试对其进行 0～7 的评定，得分越高者说明越偏向于消极解释。编制该问卷来测查积极信息的解释偏向，有两点不足：(1)不包含非社交的积极事件，无法了解社交与非社交事件的解释差异；(2)只给出一个解释让被试进行评定，并不能确切地了解社交焦虑者是如何解释这些事件或他们是否有其他的解释。所以，本书借鉴了巴特勒和马修斯、斯托帕和克拉克的文本材料研究范式③④，采

---

① Alden, L.E., C.T.Taylor, M.B.Mellings, and M.B.Laposa, Social Anxiety and the Interpretation of Positive Social Events. *Journal of Anxiety Disorder*. 2008, 22, pp.577-590.

② Laposa J.M., S.E.Cassin, and N.A.Rector, Interpretation of Positive Social Events in Social Phobia: An Examination of Cognitive Correlates and Diagnostic Distinction. *Journal of Anxiety Disorder*. 2009, 10.

③ Bulter, G. and A.Mathews, Cognitive Process in Anxiety. *Advances in Behavior Research and Therapy*. 1983, 5, pp.51-62.

④ Constans, J.I., D.L.Penn, G.H.Ihen, & D.A.Hope, Interpretative Biases for Ambiguous Stimuli in Social Anxiety. *Behavior Research and Therapy*, 1999, 37, pp.643-651.

用与实验一同样的呈现方式,不过实验二扩展了实验一的变量数目,将材料的性质分为积极事件和消极事件,其他因素不变,考察社交焦虑者对不同性质事件的解释偏向。

根据前面论述的研究,本书作出如下的假设:

(1) 与低社交焦虑组相比,高社交焦虑组对积极社交事件的消极解释评定更高,对积极解释评定更低;

(2) 与低社交焦虑组相比,高社交焦虑组对消极社交事件的消极解释评定更高,对积极解释评定更低;

(3) 高社交焦虑组对非社交事件的解释与低社交焦虑不存在显著性差异。

二、研究对象与方法

(一) 研究对象

同实验一。

(二) 量表工具

同实验一。

(三) 解释偏向材料

本研究参考了科斯坦兹、佩恩等人、斯托帕、克拉克、维内肯、博格尔斯等人以及威尔逊和拉皮所采用的文本材料的范式,与大学生的访谈中编写了 15 个积极事件与 15 个消极事件的情境材料,包含了社交情境(各 10 个)与非社交情境(各 5 个)两类。社交情境是指包含其他人在场的情境,比如:积极的社交情境——“我给大家做了一个报告,报告结束后大家纷纷鼓掌”;消极的社交情境——“辅导员经常会请一些同学帮忙做事,但是从来不叫我”。非社交情境是指不包含有其他人在场的情境,比如:积极的非社交情境——“我在超市购物后的抽奖活动中,中了二等奖”;消极的非社交情境——“我不小心丢了钱包,钱包中有不少现金,还有证件和卡若干”。积极事件与消极事件、社交情境与非社交情境随机排列,每呈现一个句子,让被试进行开放性的解释,然后对研究提供的三个解释用 0～4 的五级评分进行可能性的评定,0 表示“一点也不可能”,4 表示“极其可能”(见附录 5)。采用积极事件和消极事件为材料时,开放性回答部分的内容与问卷部分的分析结果一致,所以本书在讨论中将问卷部分和数据部分的结果结合起来进行报告。

为了保证研究中所采用的材料具有有效性，整个材料包含了访谈收集、学生评定、修改、确定实验材料 4 个环节的多次循环，具体编制过程和材料的呈现过程同实验一。

（四）研究程序

同实验一。

（五）统计方法

数据分析采用 SPSS13.0 进行。

三、结果

（一）高低社交焦虑组对不同性质事件的解释

实验设计中包括一个被试间因素“组别”（共有 2 个水平：高社交焦虑组、低社交焦虑组），包含了三个被试内因素，“材料性质”（共有 2 个水平：积极事件、消极事件）、“情境类型”（共有 2 个水平：社交情境、非社交情境）和“解释的效价”（共有 3 个水平：积极解释、消极解释、中性解释），因而是一个混合的 2 * 2 * 2 * 3 的四因素设计，鉴于因素比较多，且通过多因素混合设计的方差分析得出，解释的效价主效应显著，$F_{(3, 87)} = 276.89^{***}$，$P < 0.001$，所以我们按照不同解释的效价分别加以讨论。

（二）高低社交焦虑组对不同性质事件的积极解释评定的差异

对 2（组别：高社交焦虑组、低社交焦虑组）* 2（事件性质：积极事件、消极事件）* 2（情境类型：社交情境、非社交情境）在积极解释上的多因素方差分析，结果显示：事件性质的主效应显著，$F_{(2, 88)} = 13.362^{***}$，$P < 0.001$；情境类型的主效应显著，$F_{(2, 88)} = 296.061^{***}$，$P < 0.001$；事件性质和情境类型的交互作用显著，$F_{(2, 88)} = 11.281^{**}$，$P = 0.001$；且组别主效应显著，$F_{(2, 88)} = 14.072^{***}$，$P < 0.001$。这说明高社交焦虑组对不同性质、不同情境事件的积极解释与低社交焦虑组都有显著性差异。为了弄清差异的来源，对不同组别的被试在不同性质事件、不同情境的积极解释进行了分步比较。得出的结果见表 4.7。从中发现，高社交焦虑组对积极的社交事件、消极的社交和非社交事件的积极解释评定上都显著低于低社交焦虑组，在积极的非社交事件上，两组的积极解释评定不存在显著性差异。

表 4.7　高低社交焦虑者对不同性质、不同情境的积极解释评定的平均数比较

事件类型	情境类型	高分组 ($M \pm SD$)	低分组 ($M \pm SD$)	t	df	P
积极事件	社交	2.74±0.61	3.15±0.55	-3.348^{***}	88	0.001
	非社交	3.21±0.64	3.46±0.63	-1.822	88	0.072
消极事件	社交	1.91±0.60	2.24±0.54	-2.744^{*}	88	0.007
	非社交	1.89±0.78	2.37±0.84	-2.788^{*}	88	0.006

为了更加清楚地看到高低社交焦虑组对积极解释评定的差异，绘制了高低社交焦虑对积极事件、消极事件的社交情境与非社交情境的积极解释评定的直方图（见图 4.3），从图中我们可以清晰地看到在四种情况下高低社交焦虑组在积极解释评定上的差异。

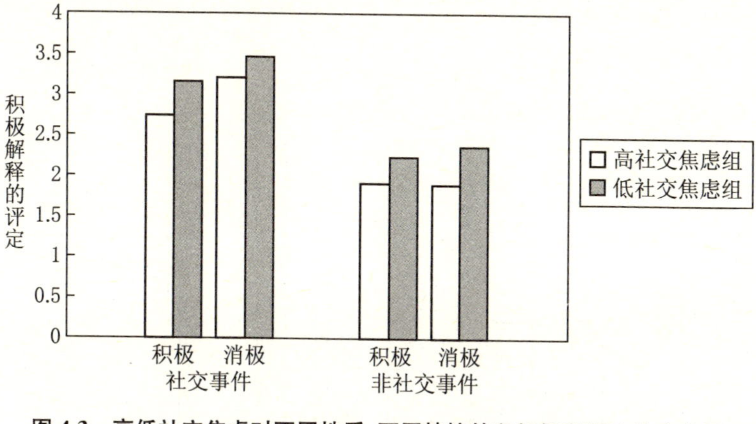

图 4.3　高低社交焦虑对不同性质、不同情境的积极解释评定的直方图

（三）高低社交焦虑组对不同性质事件的消极解释评定的差异

对 2（组别：高社交焦虑组、低社交焦虑组）* 2（事件性质：积极事件、消极事件）* 2（情境类型：社交情境、非社交情境）在消极解释上的多因素方差分析，结果显示：组别主效应显著，$F_{(2, 88)}=35.534^{***}$，$P<0.001$；事件性质的主效应显著，$F_{(2, 88)}=13.292^{***}$，$P<0.001$；情境类型的主效应显著，$F_{(2, 88)}=219.655^{***}$，$P<0.001$；情境类型与组别的交互作用显著，$F_{(2, 88)}=11.278^{**}$，$P=0.001$；其他因素间的交互作用不显著。为了进一步分析差异的来源，我们采取分步的方法来比较高低社交焦虑组

对积极解释评定的差异(表 4.8)，得出高社交焦虑组在所有的情况下对消极解释的评定都显著高于低社交焦虑组。

表 4.8　高低社交焦虑者对不同性质、不同情境的消极解释评定的平均数比较

事件类型	情境类型	高分组 ($M \pm SD$)	低分组 ($M \pm SD$)	t	df	P
积极事件	社交	0.79±0.54	0.47±0.45	3.03**	88	0.003
	非社交	0.93±0.52	0.69±0.63	2.01*	88	0.048
消极事件	社交	1.99±0.59	1.32±0.60	5.29***	88	0.000
	非社交	2.33±0.85	1.47±0.83	4.86***	88	0.000

同样绘制了高低社交焦虑对积极事件、消极事件的社交情境与非社交情境的消极解释的评定的直方图(见图 4.4)，从直方图中我们可以清晰地看到在四种条件下高社交焦虑组对消极解释的评定都高于低社交焦虑组。

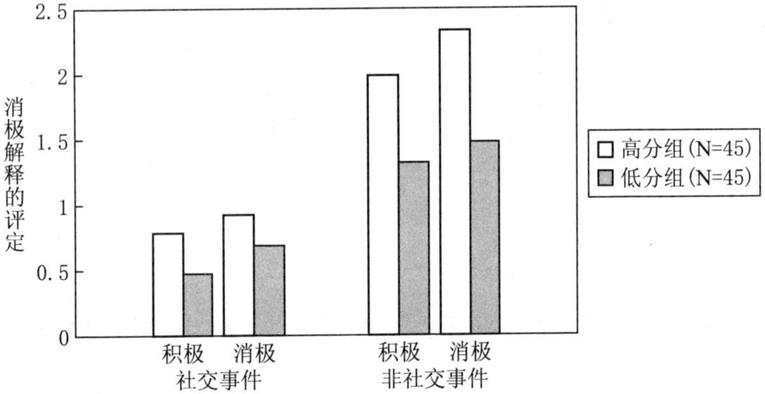

图 4.4　高低社交焦虑组对不同事件、不同情境的消极解释评定直方图

(四) 高低社交焦虑组对不同性质事件的中性解释评定的差异

对 2(组别：高社交焦虑组、低社交焦虑组) * 2(事件性质：积极事件、消极事件) * 2(情境类型：社交情境、非社交情境)在中性解释上的多因素方差分析，结果显示：事件性质和情境类型的主效应均不显著，而二者的交互作用显著，$F_{(2, 88)} = 7.62^{**}$，$P = 0.007 < 0.01$；事件性质、情境类型和组别这三者之间的交互作用显著，$F_{(2, 88)} = 9.78^{**}$，$P = 0.002 < 0.01$；

组别主效应不显著，$F_{(2, 88)}=1.270$，$P=0.26>0.05$。

表 4.9　高低社交焦虑者对不同性质、不同情境的中性解释评定的平均数比较

事件类型	情境类型	高分组（$M\pm SD$）	低分组（$M\pm SD$）	t	df	P
积极事件	社交	2.23±0.57	1.93±0.46	2.66**	88	0.009
	非社交	2.27±0.82	2.34±0.72	−0.47	88	0.635
消极事件	社交	2.14±0.41	2.27±0.50	−1.34	88	0.18
	非社交	2.23±0.82	1.91±0.83	1.85	88	0.07

通过进一步的比较（见表 4.9），得出高社交焦虑组在积极社交事件的中性解释评定上显著高于低社交焦虑组，在积极非社交事件、消极社交和非社交事件的中性解释评定上均没有显著性差异。

（五）解释偏向与社交焦虑、抑郁的相关

为了检验解释偏向与社交焦虑以及抑郁之间的关系，我们计算出积极事件和消极事件的积极解释的平均数，将其定义为“积极解释偏向”，并计算出积极事件和消极事件的消极解释的平均数，将其定义为“消极解释偏向”，然后计算它们与社交焦虑和抑郁的相关。表 4.10 中可以看出，被试的社交焦虑（IAS）和抑郁情绪得分，都与积极解释呈极其显著的负相关，与消极解释存在极其显著的正相关。

表 4.10　不同性质事件条件下的解释偏向与社交焦虑、抑郁的相关

	IAS	P	BDI	P
积极解释偏向	−0.382***	0.000	−0.432***	0.000
消极解释偏向	0.541***	0.000	0.430***	0.000

（六）社交焦虑与解释偏向的偏相关分析

那么，同前文分析高低社交焦虑组对含糊信息的解释时一样，我们也会提出一个疑问：究竟是社交焦虑还是抑郁情绪影响了被试的解释偏向呢？还是它们共同影响了被试的解释偏向呢？为了进一步验证社交焦虑与解释偏向之间的关系，我们对抑郁变量进行控制，再分别对社交焦虑和积极解释偏向、消极解释偏向进行了偏相关分析。

表 4.11　不同性质事件条件下的解释偏向与社交焦虑的偏相关分析(控制 BDI)

	IAS	*P*
积极解释偏向	−0.219*	0.04
消极解释偏向	0.421***	0.000

从表 4.11 中显示,在对抑郁这一变量进行控制后,社交焦虑与积极解释偏向、消极解释偏向之间依旧存在着显著相关,这说明社交焦虑与积极解释之间确实存在着显著的负相关,与消极解释之间确实存在着极其显著的正相关。

四、讨论

(一) 高社交焦虑大学生对积极事件的解释偏向

当呈现积极事件时,对于社交情境而言,高社交焦虑大学生不仅存在着消极解释偏向,而且还缺乏积极的解释偏向;对于非社交情境而言,只表现出消极解释偏向,在积极解释上不存在差异。其他对积极社交事件的解释偏向的研究得出,高社交焦虑者对积极社交事件的解释存在消极化的偏向,这一点本实验也得到了论证。①②不过本实验还得出,对于积极社交事件而言,高社交焦虑组缺乏积极的解释偏向。这说明社交过程中,尽管社交对象传递了积极的信息,高社交焦虑大学生依旧倾向于用消极的方式进行解释,降低了积极信息带来的激励作用。比如将别人的赞扬解释为礼貌性的行为,这样积极的信息社交焦虑者接收到后并不认为是一种赞扬,所以,积极的信息无法发挥积极的作用,自然也无法修正他们内在的自我意象和消极的自我评价。奥尔登等人的研究也发现社交焦虑者对积极事件的消极解释方式影响了他们体验积极的情绪,解释方式是积极事件和积极情绪体验之间的中介变量。对于积极事件的非社交情境而言,高社交焦虑组的消极解释高于低社交焦虑组,而在积极解释上并不存在差异。这说明即使是面对非社交积极事件,高社交焦虑者的认知中

① Alden, L.E., C.T.Taylor, M.B.Mellings, and J.M.Laposa, Social Anxiety and the Interpretation of Positive Social Events. *Journal of Anxiety Disorder*. 2008, 22, pp.577-590.

② Laposa, J.M., S.E.Cassin, and N.A.Rector, Interpretation of Positive Social Events in Social Phobia: An Examination of Cognitive Correlates and Diagnostic Distinction. *Journal of Anxiety Disorder*. 2010, 24(2), pp.203-210.

也不习惯于处理这类积极的信息,所以依旧倾向于作出消极解释,认为这种好事只是表象或是好事情不会长久,或者好事情应该不会发生在自己身上。

(二)高社交焦虑大学生对消极事件的解释偏向

当面对消极事件时,无论是社交情境还是非社交情境,高低社交焦虑组对积极解释和消极解释的评定都有显著性差异,并且在消极解释的评定上,高低社交焦虑组的差异更大。说明高社交焦虑者面对消极信息时,都会作出消极化的解释,并且,很难作出积极的解释;低社交焦虑者面对消极信息时,他们可以用一些积极的解释进行反向思考或是进行自我心理调节,很显然社交焦虑者不具备这个能力。高社交焦虑者在解释消极信息时,并不是以符合现实性为原则,相反,他们的解释更趋向于符合自我系统的一致性。斯托帕和克拉克的研究也发现面对消极事件时,社交焦虑者常常会作出灾难化的倾向。一旦做出消极化、灾难化的解释后,就降低了参与社交的动机。在不得不参加的一些社交活动中,这些消极化的解释偏向就会影响其在社交中的表现,又会带来更多的消极体验。[①]这样,社交焦虑者就在解释偏向和焦虑的循环中越走越远。即使是非社交的消极事件,高社交焦虑组也会作出消极的解释。这可能是因为他们对于消极的、威胁性的信息警觉程度非常高,所以一旦面对消极的事件,无论社交还是非社交的情境,马上就会吸引高社交焦虑者的注意力,对消极信息的注意又导致焦虑、紧张的情绪体验,根据情绪一致性理论,这些焦虑、紧张的体验会让他们提取出更多消极的记忆,继而会导致他们更倾向于作出消极的解释。

(三)社交焦虑和解释偏向的关系

在社交焦虑与解释偏向的关系上,以积极与消极事件作为实验材料,与以含糊事件作为材料得出的结论一致,在排除抑郁对解释偏向的作用后,社交焦虑与解释偏向之间确实存在较高的相关。这和科斯坦兹等人的研究得出的结论一致,在其研究中发现,对解释偏向得分进行回归分析后,排除消极情绪(焦虑、抑郁和不安)后并没有削弱社交焦虑与解释偏向

① Stopa, L. and D.M.Clark, Social Phobia and Interpretation of Social Events. *Behavior Research and Therapy*. 2000, 38, pp.273-283.

之间的分数。[①]奥尔登等人的研究中也发现,排除抑郁对积极事件的消极解释偏向的影响后,社交焦虑者的消极解释方式表现得更加明显。[②]当然,通过相关分析并不能就此得出解释偏向是社交焦虑的一个原因。在近来的研究中,研究者通过操纵解释偏向这一变量,发现消极解释确实会导致社交焦虑水平的升高。[③④⑤]而且,引导高社交焦虑者用积极的方式来解释歧义信息,减少了焦虑的反应。[⑥⑦]这些研究都直接或间接地说明了消极的解释偏向确实是社交焦虑易感性的一个原因。不过,对解释偏向与社交焦虑之间的因果关系还应该从实证和干预两方面进行深入的研究。

五、结论

1. 与低社交焦虑大学生相比,高社交焦虑大学生对积极社交事件的消极解释评定更高,积极解释评定更低;对积极非社交事件的消极解释评定更高,积极解释评定无显著性差异。

2. 与低社交焦虑大学生相比,高社交焦虑大学生对消极的社交事件、非社交事件的消极解释评定更高,积极解释评定更低。

3. 社交焦虑与积极解释偏向之间存在负相关,与消极解释偏向之间存在正相关。

---

① Constans, J.I., D.L.Penn, G.H.Ihen, & D.A.Hope, Interpretative Biases for Ambiguous Stimuli in Social Anxiety. *Behavior Research and Therapy*, 1999, 37, pp.643-651.

② Alden, L. E., C. T. Taylor, M. B. Mellings, and M. B. Laposa, Social Anxiety and the Interpretation of Positive Social Events. *Journal of Anxiety Disorder*. 2008, 22, pp.577-590.

③ Hirsch, C.R., A.Mathews, D.M.Clark, R.Williams, & J.Morrison, Negative Self-Imagery Blocks Inferences. *Behavioral Research and Therapy*, 2003, 41, pp.1383-1396.

④ Mahtews, A. & B.Mackintosh, Induced Emotional Interpretation Bias an Anxiety. *Journey of Abnormal Psychology*. 2000, 109, pp.602-615.

⑤ Wilson, E.J., C.MacLeod, and A.Mathews, The causal role of interpretive bias in anxiety reactivity. *Journal of Abnormal Psychology*. 2006, 115(1), pp.103-111.

⑥ Mathews, A., V.Ridgeway, E.Cook, and J.Yiend, Inducing a Benign Interpretational Bias Reduces Trait Anxiety. *Journal of Behavior Therapy & Experimental Psychiatry*. 2007, 38(2), pp.225-236.

⑦ Murphy, R., C.R.Hirsch, A.Mathews, K.Simth, and D.M.Clark, Facilitating a Benign Interpretation Bias in a High Socially Anxious Population. *Behaviour Research & Therapy*. 2007, 45(7), pp.1517-1529.

第三节 实验三:高社交焦虑大学生对自我与他人信息的解释偏向

一、引言及研究假设

实验一和实验二分别探讨了社交焦虑者对含糊事件、积极事件与消极事件的解释偏向,这两个实验中都与自我相关事件的解释。那么,前两个实验得出的解释偏向结果仅仅是在涉及自我信息时具有的偏向还是在解释他人信息时是否也具有的偏向呢?为了解决这个问题,本实验探讨高社交焦虑大学生对自我相关信息、他人相关信息的解释偏向。

解释偏向是对信息的意义的回答,不过中间有一部分会涉及对于“为什么”的回答,也就涉及归因研究。比如,“我回答问题时同学们都发出声音,他们觉得我回答得很傻”,“我每次都不知道怎么开口讲话,别人一定觉得我笨死了”……这些解释中包含了归因和推理的过程。不过,解释偏向和归因研究也存在着一些区别,因为解释偏向发生在语义加工阶段,在社交过程中包括对所有言语或非言语信息的理解,很多时候是自动加工的。归因则是对结果的原因归属的研究和解释在认知环节中所处的位置不同。不过,归因研究中的“归因偏向”(Attributional bias)可以给我们提供一些启示。归因偏向中有一种叫“活动者和观察者的归因差异”或者叫“自我和他人的归因差异”,这种归因偏向用来说明对自己行为进行解释和对他人行为进行解释的差异。结果发现,对自己的行为进行归因时,倾向于作出更多的情境归因;而对他人的行为进行归因时,倾向于作出更多的个人归因。比如说我们常常将自己在众人面前害羞脸红归因于当时的环境因素,而别人表现出害羞脸红则会认为他是一个害羞的人,即归因于他的个人特质。同时,“利己主义归因偏向”的研究发现,人们倾向于将积极的行为结果归因于个人因素,而将消极的行为结果归因于环境因素。比如说我考试成绩好是因为我很努力,而我考得不好是因为老师不公正或是题目太难。“利己主义归因偏向”说明“自我和他人的归因差异”具有一定的限制条件,人们并不总是将自己行为的原因外在化,只有在消极行为结果的情况下才会如此归因;而在积极行为结果的情况下,人们会将自己的行为归因于内部因素。不同性质的事件影响了人们的归因,自我和他人的视角也影响了人们的归因。那么,在消极行为结果情况下,人们是不是总是倾向于将自己的失败归因于外部因素,而将别人的失败归因于他的个人特质?在积极行为结果情况下,人们是不是总是倾向于将成功归因于个人因素,而将失败归因于环境因素呢?这就涉及"归因风格"(attributional styles)。所谓归因风格,是指一个人所具有的独特的归因认知风格以及由此产生的特有的归因倾向。归因风格的大量研究发现,有些人总是将自己的消极行为结果归因于个人特质,而将积极的行为结果归因于外部因素,也就是说,他们对行为的归因并不是"利己"的,而是"损己"的。①对于社交焦虑者的解释偏向研究中也发现了类似的倾向,与低社交焦虑大学生相比,高社交焦虑大学生的积极解释评定更低,消极解释评定更高。

这时提出的一个问题就是,高社交焦虑大学生在解释他人事件时,他们作为观察者也具有这种偏向吗?因为对社交焦虑者的解释偏向研究中,与自我相关的信息研究较多,多个研究发现社交焦虑者对与自己相关的社交信息进行解释时,常常会采用观察者的视角(observer perspective),即从他人的视角来解释信息;当面对的是与自我相关的非社交信息时,则会采用现场视角(field perspective),即从自己的视角来解释信息。而非社交焦虑者在解释与自我相关的社交信息、非社交信息时采用的都是现场视角。对与他人相关的信息研究则较少。②爱米尔等人采用文本材料的范式让社交焦虑者分别以自我和"特定他人"为主体,对含糊信息进行解释,结果发现只有在解释自我相关的信息时,社交焦虑者才表现出消极的解释偏向。③也有些研究者通过构建社交模拟情境来研究社交焦虑者如何评价自我行为、他人对自己行为的应对以及如何解释

---

① 参见刘永芳:《归因理论及其应用》,山东人民出版社 1998 年版,第 73—112 页。

② Wells, A., D. M. Clark, & S. Ahmad, How Do I Look with My Mind Eyes: Perspective Taking in Social Phobic Imagery. *Behavior Research and Therapy*, 1998, 36, pp. 631-634.

③ Amir, N., E. B. Foa, & M. E. Coles, Negative Interpretation Bias in Social Phobia. *Behaviour Research and Therapy*. 1998, 36, pp.945-957.

他人的行为,结果发现只有在解释自我行为、他人对自己行为的应对这两个涉及自我的信息时社交焦虑者才会表现出解释偏向。①②

本实验使用文本材料的范式对高社交焦虑大学生如何解释自我和他人信息的解释偏向进行研究。主要目的有三:(1)探究高社交焦虑大学生在解释自我信息时与解释他人信息是否具有差异;(2)情境类型,即社交事件与非社交事件是否会影响高社交焦虑大学生对自我和他人信息的解释;(3)不同性质事件,即含糊事件、积极事件和消极事件是否会影响社交焦虑大学生对自我和他人信息的解释。

基于前人的研究和实验一、实验二的研究结果,提出如下的假设:

(1) 呈现含糊的社交事件时,高社交焦虑组对自我信息的解释更消极,对他人信息的解释更积极;低社交焦虑组在自我信息和他人信息的解释上没有显著差异;

(2) 呈现积极或消极社交事件时,高社交焦虑大学生对自我信息的解释更消极,对他人信息的解释更积极。低社交焦虑组对自我信息的解释更积极,对他人信息的解释更消极;

(3) 当呈现非社交事件时,高低社交焦虑组对自我信息和他人信息的解释无显著性差异。

二、研究对象与方法

(一) 研究对象

从研究一的调查中获取了愿意继续参加实验的高社交焦虑大学生和低社交焦虑大学生,随机抽取了 32 名被试,其中高低社交焦虑组各 16 名,后来高社交焦虑组一名被试放弃参加实验,所以最后参加实验的人数为高社交焦虑组 15 名(男生 6 名,9 名女生),低社交焦虑组 16 名(男生 6 名,女生 10 名)。高低社交焦虑组无性别差异,$\chi^2=0.20$, $P=0.89$;无年龄差异,$t_{(29)}=0.989$, $P=0.33$。

(二) 量表工具

同实验一。

---

① Hirsch, C.R. & D.M.Clark, Information-Processing Bias in Social Phobia. *Clinical Psychology Review*. 2004, 24, pp.799-825.

② Alden, L.E., M.B.Mellings, and J.M.Laposa, Framing Social Information and Generalized Social Phobia. *Behavior Research and Therapy*. 2004, 42, pp.585-600.

（三）实验材料

本实验的材料是实验一和实验二中所用材料的综合。在呈现时，先让被试想象“自己”在句子描述的场景中，对材料提供的解释进行可能性的评定；接着再让被试想象一个“熟悉的他人”在句子描述的场景中，再对材料提供的解释进行可能性的评定。高低社交焦虑组中一半被试先进行“他人信息”的解释，一半先进行“自我信息”的解释。实验的编排同前两个实验一样采用 PPT 呈现，被试一次只能看到一个解释，对此解释评定后出现下一个解释，防止三个解释同时出现，选择偏向会干扰研究结果。当然，不同性质事件和不同效价的解释都是随机排序。

（四）研究程序

所有的被试在事先约好的时间进行个别施测，地点在办公室。被试先对自我信息的解释进行评定，然后填写 FNE 和 BDI，最后再对他人信息的解释进行评定。

（五）统计方法

采用 SPSS13.0 进行数据分析。

三、研究结果

（一）高低社交焦虑组的 IAS、FNE 和 BDI 得分比较

高低社交焦虑组的 IAS、FNE 和 BDI 平均分和标准差以及差异检验见表 4.12，可以看出，高社交焦虑组在交往焦虑、惧怕否定评价以及抑郁得分都显著高于低社交焦虑组。

表 4.12 高低社交焦虑组在 IAS、FNE 和 BDI 的得分以及 *t* 检验

	高分组（$M\pm SD$）	低分组（$M\pm SD$）	t	df	P
IAS	56.47±5.18	30.19±4.17	15.61***	29	0.000
FNE	48.80±7.62	30.25±6.39	7.36***	29	0.000
BDI	12.33±9.39	4.00±3.74	3.21**	29	0.003

（二）含糊事件的自我和他人信息的解释差异

为了分析高低社交焦虑组对不同性质事件发生在自己身上与发生在他人身上的解释是否有差异，使用配对组的平均数差异检验（Paired-Samples T Test）进行分析。为了行文的清晰性，按照不同性质的事件进

行分析和说明。

1. 高低社交焦虑组对含糊事件的积极解释评定

表 4.13　高低社交焦虑组对含糊的自我和他人信息的积极解释评定
(Paired-Samples T Test)

		自我信息 ($M \pm SD$)	他人信息 ($M \pm SD$)	t	df	P
高分组	社交	1.60±0.52	2.20±0.59	−3.92**	14	0.002
	非社交	3.10±0.85	2.90±0.74	0.69	14	0.51
低分组	社交	2.19±0.57	2.04±0.44	0.98	15	0.341
	非社交	2.34±0.77	2.88±0.79	−2.26*	15	0.039

分别对高低社交焦虑组在含糊事件上对自我信息与他人信息的积极解释评定(见表 4.13)进行配对比较,结果发现:社交信息上,高社交焦虑组对他人信息的评定比对自我信息的评定更加积极,而低社交焦虑者无显著差异;非社交信息上,高社交焦虑组对自我和他人信息的积极解释无显著性差异,低社交焦虑组对他人信息的解释比自我信息更加积极。

2. 高低社交焦虑组对含糊事件的中性解释评定

当呈现的是含糊社交事件与非社交事件,高低社交焦虑组对自我信息和他人信息的中性解释上并不存在显著性差异。具体结果见表 4.14。

表 4.14　高低社交焦虑组对含糊的自我和他人信息的中性解释评定
(Paired-Samples T Test)

		自我信息 ($M \pm SD$)	他人信息 ($M \pm SD$)	t	df	P
高分组	社交	2.57±0.53	2.36±0.41	1.26	14	0.227
	非社交	1.77±0.80	2.07±1.10	−1.66	14	0.120
低分组	社交	2.51±0.58	2.40±0.39	1.01	15	0.329
	非社交	1.44±0.95	1.63±0.87	−1.38	15	0.188

3. 高低社交焦虑组对含糊事件的消极解释评定

含糊社交信息的消极解释上,高社交焦虑组对自我信息的消极解释高于对他人信息的消极解释;而低社交焦虑者恰恰相反,对自我信息的消极解释显著低于对他人信息的消极解释。呈现含糊非社交信息时,高低社交焦虑组在自我和他人信息的消极解释上均不存在显著性差异(见表 4.15)。

表 4.15　高低社交焦虑组对含糊的自我和他人信息的消极解释评定
(Paired-Samples T Test)

		自我信息 ($M \pm SD$)	他人信息 ($M \pm SD$)	t	df	P
高分组	社交	1.73±0.78	0.98±0.53	3.17*	14	0.007
	非社交	1.03±1.02	0.73±0.56	1.88	14	0.255
低分组	社交	0.64±0.31	1.14±0.72	−2.92*	15	0.011
	非社交	0.41±0.61	0.72±0.86	−0.92	15	0.374

(三) 积极事件的自我和他人信息的解释差异

1. 高低社交焦虑组对积极事件的积极解释评定

当呈现的是积极社交事件时,高社交焦虑组对自我信息的积极解释评定显著低于他人信息,低社交焦虑组对自我和他人信息的积极解释评定无显著差异;当呈现的是积极非社交事件时,高社交焦虑组对自我信息的积极解释评定和他人信息无显著差异,低社交焦虑组对自我信息的积极解释评定显著高于他人信息,具体结果见表 4.16。

表 4.16　高低社交焦虑组对积极的自我和他人信息的积极解释评定
(Paired-Samples T Test)

		自我信息 ($M \pm SD$)	他人信息 ($M \pm SD$)	t	df	P
高分组	社交	2.69±0.66	3.07±0.59	−3.34**	14	0.005
	非社交	3.27±0.79	2.87±0.81	2.04	14	0.061
低分组	社交	3.24±0.48	3.06±0.60	0.92	15	0.374
	非社交	3.63±0.53	3.38±0.56	2.53*	15	0.023

2. 高低社交焦虑组对积极事件的中性解释评定

当呈现的是积极社交事件时,高社交焦虑组对自我信息和他人信息的中性解释存在边缘差异,若是积极非社交事件,高社交焦虑组对自我信息和他人信息的中性解释不存在差异;低社交焦虑组则在社交事件和非社交事件上对自我信息和他人信息的中性解释都存在着显著性差异。

表 4.17　高低社交焦虑组对积极的自我和他人信息的中性解释评定
(Paired-Samples T Test)

		自我信息 ($M \pm SD$)	他人信息 ($M \pm SD$)	t	df	P
高分组	社交	2.37±0.56	2.02±0.54	2.08	14	0.056
	非社交	2.87±0.69	2.63±0.74	0.91	14	0.380
低分组	社交	1.72±0.35	2.14±0.66	−3.14**	15	0.007
	非社交	3.00±0.73	2.25±0.93	3.11**	15	0.006

3. 高低社交焦虑组对积极事件的消极解释评定

当呈现积极社交事件时，高社交焦虑组对自我信息和他人信息的消极解释评定存在极其显著的差异，对自我信息的消极解释评定更高；低社交焦虑组不存在显著差异；当呈现的是积极非社交事件时，高低社交焦虑组对自我信息和他人信息的消极解释评定都没有显著性差异(具体的结果见表 4.18)。

表 4.18　高低社交焦虑组对积极的自我和他人信息的消极解释评定
(Paired-Samples T Test)

		自我信息 ($M \pm SD$)	他人信息 ($M \pm SD$)	t	df	P
高分组	社交	0.77±0.39	0.44±0.38	4.09***	14	0.001
	非社交	0.83±0.69	0.73±0.72	0.39	14	0.70
低分组	社交	0.34±0.31	0.54±0.52	−1.77	15	0.098
	非社交	0.75±0.68	0.81±0.79	−0.32	15	0.757

(四) 消极事件的自我和他人信息的解释差异

1. 高低社交焦虑组对消极事件的积极解释评定

当呈现的是消极事件时，无论是社交事件还是非社交事件，高低社交焦虑组对自我信息和他人信息的积极解释的评定都不存在显著性差异，具体的差异检验结果见表 4.19。

表 4.19 高低社交焦虑组对消极的自我和他人信息的积极解释评定
(Paired-Samples T Test)

		自我信息 ($M \pm SD$)	他人信息 ($M \pm SD$)	t	df	P
高分组	社交	2.04±0.56	2.20±0.53	−1.07	14	0.301
	非社交	2.13±0.58	2.57±0.75	−1.94	14	0.072
低分组	社交	2.23±0.55	2.05±0.56	1.22	15	0.24
	非社交	2.16±0.68	2.25±0.75	−0.51	15	0.617

2. 高低社交焦虑组对消极事件的中性解释评定

当呈现消极社交事件或非社交事件时,高低社交焦虑组对自我信息和他人信息的中性解释的评定也不存在着显著性差异,具体结果见表 4.20。

表 4.20 高低社交焦虑组对消极的自我和他人信息的中性解释评定
(Paired-Samples T Test)

		自我信息 ($M \pm SD$)	他人信息 ($M \pm SD$)	t	df	P
高分组	社交	2.20±0.40	2.39±0.44	−1.58	14	0.136
	非社交	2.13±0.66	2.43±0.96	−0.95	14	0.358
低分组	社交	2.03±0.58	2.23±0.47	−1.51	15	0.152
	非社交	2.31±0.96	2.44±0.85	−0.34	15	0.736

3. 高低社交焦虑组对消极事件的消极解释评定

高社交焦虑组对消极的自我信息和他人信息的消极解释评定有着显著性差异,对于消极的社交事件或非社交事件而言,高社交焦虑组对自我信息的消极解释评定显著高于对他人信息的评定。而低社交焦虑组对消极的自我信息和他人信息的消极解释评定没有显著性差异。具体的差异结果见表 4.21。

四、讨论

本研究发现,高低社交焦虑组对自我信息和他人信息的解释差异既受到事件性质的影响,也受到情境类型的影响。具体来说:(1)呈现含糊

表 4.21　高低社交焦虑组对消极的自我和他人信息的消极解释评定
(Paired-Samples T Test)

		自我信息 ($M \pm SD$)	他人信息 ($M \pm SD$)	t	df	P
高分组	社交	1.87±0.52	1.34±0.60	2.83*	14	0.013
	非社交	2.37±1.04	0.80±0.56	7.03***	14	0.000
低分组	社交	1.11±0.59	1.48±0.88	−1.80	15	0.092
	非社交	1.28±0.60	1.56±1.34	−0.93	15	0.367

的或积极的社交事件时,高社交焦虑组对他人信息解释更加积极,对自我信息解释更消极;呈现消极事件时,无论是社交或非社交事件,高社交焦虑组对自我信息的解释更消极。(2)低社交焦虑组在解释含糊社交事件时,对自我信息和他人信息的解释无差异;解释积极社交事件时对他人信息的解释更中性,积极非社交事件上对自我信息的解释更积极;在消极事件的解释上不存在自我信息和他人信息的解释差异。

简言之,高社交焦虑者存在着"损己利人"的解释偏向,而低社交焦虑者则表现出对他人积极信息的解释中性化。这样的结果一部分符合我们的预期,即高社交焦虑者在对社交情境的含糊事件、积极事件的解释上对自我信息的解释更消极,对他人信息的解释更积极,消极的社交和非社交事件都对自我信息的解释更消极。模拟社交情境的研究也发现社交焦虑者对自身的成绩评价更加苛刻,即高焦虑者倾向于过分低估自己在社交中的表现。①②③不仅如此,斯托帕和克拉克发现,社交焦虑组不仅低估了他们的积极行为,而且过高地估计自己的消极行为。④本研究也得出,若含糊的或是积极的社交事件发生在自己身上,高社交焦虑者倾向于作出更多的消极解释;若发生在他人身上,则会倾向于作出更积极地解释。若是消极

① Rapee, R.M. & L.Lim, Discrepancy between Self and Observer-Ratings of Performance in Social Phobics. *Journal of Abnormal Psychology*. 1992, 101, pp.728-731.

② Alden, L.E. and S.T.Wallace, Social Phobia and Social Appraisal in Successful and Unsuccessful Social Interactions. *Behaviour Research and Therapy*. 1994, 33(5), pp.497-505.

③ Mellings, M.B. & L.E.Alden, Cognitive Processes in Social Anxiety: The Effects of Self-Focus, Rumination and Anticipatory Processing. *Behaviour Research and Therapy*. 2000, 38, pp.243-257.

④ Stopa, L. & D.M.Clark, Cognitive Processes in Social Phobia. *Behaviour Research and Therapy*. 1993 31, pp.255-267.

事件发生在自己身上,不管是社交还是非社交的,高社交焦虑者会作出更高的消极解释评定,而不管是发生在自己还是他人身上,高社交焦虑者对积极解释的评定都很低。

那么,是什么原因导致高低社交焦虑组在解释自我信息和他人信息的差异呢?这可能是两方面共同作用导致的。一方面高社交焦虑者在进行社会比较时,常常会"向上比较",使得自己总是处于较低的位置,从而产生更多的消极自我评价;另一方面可以用社交前的预期来解释。高社交焦虑者在社交过程中总是预期自己会失败或是担心自己会失败,消极的自我评价和记忆中储存的失败的社交体验使得他们更倾向于作出失败的预期,所以消极解释更加符合他们的失败预期,也就是说消极解释和个体的认知处于协调一致的状态,消极解释更容易为个体的认知系统所接受,因而对消极解释可能性的评定也更高。而积极解释和高社交焦虑者的失败预期并不一致,和他们的认知处于不协调的状态,不易为个体的认知系统所接受,所以降低对积极解释可能性的评定,可以缓解认知上的失调感。那么,为何高社交焦虑者对发生在他人身上的事件,积极解释评定更高,消极解释评定更低呢?这可能是因为高社交焦虑者社会比较的方向所致,他们"向上比较"的习惯使得他们印象中的自己总是不如别人的,对自己的消极方面了解更多,而对他人形成的则是积极的、幸运的、能干的形象,因而高社交焦虑者对发生在他人身上的社交事件,倾向于作出更多的积极解释。但是一旦出现消极的信息,高社交焦虑组不管对自我信息还是他人信息的解释,都会缺乏积极解释。这说明消极事件带给高社交焦虑者的情感冲击更大,一旦出现消极信息,他们的消极情绪体验马上就被唤醒,从而进入消极化、灾难化解释的通道。

与高社交焦虑组相比,低社交焦虑组对自我信息和他人信息的解释更能保护他们的自尊,维护他们心理的健康。低社交焦虑组在解释发生在他人身上的事件时,表现出积极事件中性化的解释偏向,这样可以在和他人的比较中占得心理上的优越感,以此来维护自己的自尊。不过,低社交焦虑组在解释自我信息和他人信息的差异也需要是适度的。虽然这种积极错觉有利于个体的心理健康,不过并非越积极越好。过度的积极可能会走向另一个极端,导致过于自恋或是回避自己的焦虑体验,故常常采取压抑的方式来应对焦虑。

五、结论

1. 当呈现含糊的社交信息时,高社交焦虑组对自我信息的解释更消极,对他人信息的解释更积极;低社交焦虑组在自我信息和他人信息的解释上没有差异。

2. 当呈现积极的社交信息时,高社交焦虑组对自我信息的解释更消极,对他人信息的解释更积极;低社交焦虑组则对他人信息的解释更中性。

3. 当呈现消极的社交或非社交信息,高社交焦虑组对自我信息的解释更消极。

第五章　研究三:高社交焦虑大学生的即时解释偏向

在第四章的研究中,我们采用文本材料的范式探究了高社交焦虑大学生的解释偏向,这也称为"离线"式的解释,即解释是事后进行的;另一术语是"即时的"或"在线"解释,即解释是在信息一出现时就进行的。这样就形成了两个假设:(1)社交焦虑者是以一种消极的方式对社交信息作出即时解释,然后这些消极的解释偏向会影响事后的回忆,也影响对今后相似的社交情境的预期;(2)社交焦虑者并没有对社交信息作出即时的解释,而是根据他们早已存在的消极信念或是消极自我意象对自己在社交中的表现作出事后的推断。马修斯和麦克利昂德认为区别即时的或离线的解释偏向非常重要,因为这可以更好地理解社交焦虑的发展过程,从而发展出更加有效的治疗策略。①

那么如何来验证解释偏向究竟是事后进行的还是即时进行的呢? 反应时无疑是一个很好的可供选择的方法。所以,在这一研究中将采用反应时的范式,通过两个实验来考察高低社交焦虑组对含糊信息、积极信息和消极信息的即时解释偏向。

① Mathews, A. and C.MacLeod, Cognitive Vulnerability to Emotional Disorders. *Annual Review of Clinical Psychology*. 2005, 1, pp.167-195.

第一节 实验一:高社交焦虑大学生对含糊信息的即时解释偏向

一、引言及研究假设

认知理论认为对信息的消极解释偏向是导致社交焦虑症状的一个重要因素,这在离线研究中得到了有力的支持。但是即时研究却很少能够得出支持离线研究的结论——社交焦虑患者偏好于消极的解释方式。①

对即时解释偏向的研究开始是以焦虑患者或高焦虑者作为被试,后来才扩展到以社交焦虑者为被试。麦克利昂德等向焦虑组与非焦虑组呈现一个含糊的句子,然后再提供一个消极或中性的结果,考察被试对这两种结尾的阅读时间。结果发现,与非焦虑组被试相比,焦虑组被试在阅读消极结尾时速度更快,这说明他们在句子呈现时就已经作出和情绪一致的消极解释。②卡尔沃等人(M.G.Calvo et al.)采用语义决策的任务对焦虑者的即时解释偏向进行研究。他们以考试焦虑的学生为被试,以不完整的句子作为实验材料,结果显示:与焦虑组相比,非焦虑组在确定目标词不属于消极结果的速度更快,不过在确定目标词属于消极结果上并无明显的组别差异。③这个结果意味着,和焦虑组相比,非焦虑组更可能对积极的结果做出即时的解释。后来,卡尔沃等人以不同焦虑水平的学生为被试也得到了类似的结果。④

对社交焦虑作出较多研究的是赫希和马修斯,他们做了一系列的研究对社交焦虑的即时解释偏向进行探讨。他们在 1997 年的研究中

---

① Hirsch, C. R. & A. Mathews, Interpretive Inferences When Reading about Emotional Events. *Behavior Research and Therapy*. 1997, 35, pp.1123-1132.

② MacLeod, C. and I.L.Cohen, Anxiety and The Interpretation of Ambiguity: A Text Comprehension Study. *Journal of Abnormal Psychology*. 1993, 102, pp.238-247.

③ Calvo, M. G., M. W. Eysenck, & A. Estevez, Ego-Threat Interpretation Bias in Test Anxiety: On-Line Interference. *Cognitive and Emotion*. 1994, 8, pp.127-146.

④ Calvo, M.G., M.W.Eysenck, & M.D.Castillo, Interpretive Bias in Test Anxiety: The Time Course of Predictive Interference. *Cognitive and Emotion*. 1997, 11, pp.43-63.

通过语法核对任务、语义决策任务来考察面试焦虑者是否作出即时解释。结果发现,控制组(非焦虑组与中等焦虑组)确认积极的目标词比消极的目标词快;焦虑组的被试则对积极的、威胁的目标词无反应速度的差异。[①]但这些研究结果并不能说明焦虑组的被试是作出即时的消极解释,数据可能说明了焦虑的被试并非常规地作出即时的解释,或是即时积极解释偏向的缺乏所导致。这就和本研究开始提出的两个假设联系起来了:(1)焦虑者对信息作出消极的事后(离线)解释;(2)他们缺乏积极的即时解释偏向。利用文本材料的范式并非是基于即时的解释,而是基于一些其他的信息来源,比如早已存在的消极信念或是消极自我形象。那如何来验证这两个假设呢?赫希和马修斯对1997年的研究进行了改进,尽管采用的依旧是原先的实验材料,不过将被试换成临床的社交焦虑组与常态组,而且在实验中增加了"基线反应时"(baseline),这个指标反应了个体在不发生解释的情况下的反应时。然后比较这两个组对积极词汇和消极词汇的反应时与基线反应时,结果发现社交焦虑组对消极刺激和非消极刺激反应时间都长于基线反应时,也就是说社交焦虑患者并没有作出即时解释。[②]

还有一些研究者考虑到反应时测得的时间包括了信息加工的多个环节,所以利用事件相关电位对社交焦虑者的解释偏向进行研究。莫泽等人利用语法决策任务考察高低社交焦虑组对积极、消极和中性词语的反应速度,通过对波形的分析,发现低社交焦虑者表现出积极的解释偏向;而高社交焦虑者缺乏积极的解释偏向。[③]

不管是离线(事后的)研究还是在线(即时的)研究都为探索社交焦虑者的解释偏向提供了很好的途径,帮助我们了解社交焦虑者是如何处理现时(incoming)信息的,所以,有必要对社交焦虑者的即时解释偏向进行研究。

---

① Hirsch, C. R. & A. Mathews, Interpretive Inferences When Reading about Emotional Events. *Behavior Research and Therapy*. 1997, 35, pp.1123-1132.

② Hirsch, C.R. & A.Mathews, Impaired Positive Inferential Bias in Social Phobia. *Journal of Abnormal Psychology*. 2000, 109(4), pp.705-712.

③ Moser, J.S., G.Hajcak, and J.D.Huppert et al., Interpretation Bias in Social Anxiety as Detected by Event-Related Brain Potentials. *Emotion*. 2008, 8(5), pp.693-700.

本研究同样是利用反应时的范式对高社交焦虑大学生的即时解释偏向进行研究，不过对赫希和马修斯的实验材料和“基线反应时”作了一些改动。他们的研究采用面试情境作为材料，可能引发了被试更多的焦虑，从而干扰了他们的成绩。另外，在赫希和马修斯设置的“基线反应时”是无需解释就可以完成的，比如说“面试时记住一些特定的细节很重要，恼人的是这些细节被________”，这样所有的被试都会选择“忘记”，而这里面的基线反应时实际上可能会受到整个文本材料的影响。所以，在本研究中，我们对“基线反应时”的设置是不呈现句子(即呈现一些空白的刺激)，然后随机出现一些积极词语或是消极词语，请被试判断其是褒义还是贬义，这样测得的结果相对能够代表被试的基线反应时。此外，还对实验任务作了一些调整。为了排除即时解释偏向可能是由于被试对呈现信息的记忆能力所导致，所以实验设计中安排了两个任务：第一个任务是含糊句子呈现后要求被试对随后出现的词语进行性质的判断，第二个任务是对含糊句子进行回忆，选择合适的选项填入空白句子中，使其和呈现的句子一样。

本研究的逻辑：在不呈现刺激的情况下，被试对积极词语与消极词语的反应时为基线反应时；而呈现含糊社交事件的情况下，如果被试对呈现的信息有即时解释或是预期，那么他们对于符合其解释的词语的反应时便会缩短，通过这两种情况下反应时的变化可以推测他们的解释偏向。具体的逻辑关系可以参见表5.1。

表5.1　实验设计的逻辑思路

		基线条件	呈现社会事件	如果……	那么……
高分组	积极词语	T_{11}	T_{12}	$T_{12}<T_{11}$	积极解释偏向
	消极词语	T_{21}	T_{22}	$T_{22}<T_{21}$	消极解释偏向
低分组	积极词语	T_{31}	T_{32}	$T_{32}<T_{31}$	积极解释偏向
	消极词语	T_{41}	T_{42}	$T_{42}<T_{41}$	消极解释偏向

根据已有的对即时解释偏向的研究，本书提出如下假设：

(1) 呈现含糊信息时，高社交焦虑组T_{12}与T_{11}没有显著性差异，即缺乏积极的解释偏向；低社交焦虑组则$T_{32}<T_{31}$，即有积极的解释偏向。

(2) 呈现含糊信息时，高社交焦虑组$T_{22}<T_{12}$，即对消极词汇的反应

速度更快；低社交焦虑组 $T_{32} < T_{42}$，即对积极词汇的反应速度更快。

(3) 高低社交焦虑组对句子回忆的错误率没有差异。

二、研究对象与方法

(一) 研究对象

通过研究一对大学生社交焦虑现状调查的基础上，得到了被试信息库，排除参加研究二的被试后，随机抽取了被试 30 名(高低社交焦虑组 15 名)参加本实验。高低社交焦虑组都包括 7 名男生、8 名女生；所有被试的年龄分布在 18—23 岁，平均年龄为 19.80 岁($SD=1.32$)，高低社交焦虑组在年龄上没有显著性差异，$t=1.40$，$P=0.17$。高社交焦虑组的 IAS 的均分为 56.87($SD=5.22$)，低社交焦虑组的 IAS 的均分为 30.07 ($SD=4.40$)，对其进行平均数差异检验，$t_{(28)}=15.20^{***}$，$P<0.001$，结果显示两个组的社交焦虑程度在 0.001 的水平差异显著。

(二) 量表工具

同第四章的实验一。

(三) 实验材料

用于实验的含糊情境从大学生的访谈中获得，而后经过一些大学生对其发生频率进行评定，从中筛选出具有代表性的 20 个含糊社交情境作为实验材料(见附录 6)。这些接受过访谈和对实验材料进行评定的大学生不参加后续的实验。这些情境包含了课堂、面试、宿舍以及兼职等场合，涉及与老师、同伴以及陌生人之间的交往。为了确保筛选出的 20 个情境确实是含糊不确定的，让一个班级的大学生以 −3～3 的七级计分对这些情境进行评定，−3 表示“非常消极”，3 表示“非常积极”，0 表示“不确定”。结果发现，这些情境的平均得分为 0.24，也就是接近于不确定，这说明这些情境可以进入到实验中去。

这些用于实验的含糊情境都是用模棱两可的句子描述，在理解句子时个体可能会产生积极或消极的不同理解，将这些句子发给大学生，请他们用一个词来形容自己处于该情境时的感受，将被试提及频率较多的词语选定为实验用语，并分为积极和消极两类。在呈现实验材料时，我们在每个描述含糊社交情境的句子后，随机呈现积极或是消极词语，让被试判断该词语的性质，然后让被试根据所看到的句子进行回忆，完成完形填空的任务。

(四) 实验程序

本实验采用 E-Prime2.0 进行程序的编写,首先随机呈现每一个描写含糊社交情境的句子,该句子在屏幕中间呈现一段时间后自动消失;而后出现一个"+"提醒被试对接下来的词语进行反应,"+"呈现 600 毫秒后(此时间参照赫希的研究设定),随机呈现代表积极解释或消极解释的词语,要求被试尽快判断属于褒义词还是贬义词,词语在被试按键后消失,若被试 2 秒后还没有作出反应,词语自动消失;最后要求被试对所看到的句子内容进行回忆,选择合适的词进行完形填空。接着进入到下一个情境。计算机自动记录从词语呈现到被试进行性质判断按键后的间隔时间以及被试对原句进行回忆完成完形填空的时间。对于含糊的情境句呈现时间的确定,是由一些不会参加后续实验的被试阅读这些句子,在理解其含义之后迅速按键,记录下从句子呈现到被试按键之间的反应时,计算出所有被试在每个句子上的平均反应时,以此作为正式实验时每个句子呈现的时间。

具体采用个别实验,实验的地点都是在办公室中进行,由研究者本人作为主试。被试做完实验后,填写 FNE 和 BDI。

(五) 统计方法

采用 SPSS13.0 进行数据分析。

三、研究结果

(一) 高低社交焦虑组在 IAS、FNE 和 BDI 上的得分比较

使用独立样本 t 检验比较了高低社交焦虑组的 IAS、FNE 和 BDI 的差异,结果发现高分组在这三个量表上的得分显著高于低分组,具体结果见表 5.2。

表 5.2 高低社交焦虑组在 IAS、FNE 和 BDI 的得分以及 t 检验

	高分组 ($M \pm SD$)(毫秒)	低分组 ($M \pm SD$)(毫秒)	t	df	P
IAS	56.87±5.22	30.07±4.40	15.20***	28	0.000
FNE	47.47±6.09	30.93±8.80	5.98***	28	0.000
BDI	13.07±9.23	5.00±3.61	3.15**	28	0.005

（二）高低社交焦虑组回忆任务的错误率比较

以出现含糊句子后呈现的是消极词语还是积极词语分为两种情形，对高低社交焦虑组在回忆任务上的错误率进行比较，出现消极词汇时 $t_{(28)}=1.517$，$P=0.14>0.05$，出现积极词汇时 $t_{(28)}=0.618$，$P=0.542>0.05$。结果说明高低社交焦虑组在回忆任务上的错误率不存在统计上的差异，即高低社交焦虑组在对含糊信息的记忆上不存在差异。

（三）高低社交焦虑组基线反应时间的比较

剔除高低社交焦虑组对词语性质的错误判断，对正确判断的反应时计算出中位数。在反应时的实验中，常常采用中位数进行分析，因为对数据的分布进行描述时，中位数对那些极端数据的敏感性要小于平均数。先看基线条件下高低社交焦虑组对积极词语和消极词语的反应速度，并以积极词语与消极词语的反应速度之差作为解释偏向的统计指标，记为 $T'=T_{积极}-T_{消极}$，若该数值越大，表明被试对消极词语的反应时较积极词语的反应时短，说明其消极解释偏向越强。

表 5.3 高低社交焦虑组在基线条件的反应时差异比较

	高分组（$M\pm SD$）（毫秒）	低分组（$M\pm SD$）（毫秒）	t	df	P
积极词语	1 097±344	821±109	2.97**	28	0.009
消极词语	1 098±328	908±175	1.98	28	0.06
T′	−0.97±255	−86±211	1.00	28	0.326

通过比较（见表 5.3），发现高社交焦虑组对积极词语的反应速度显著慢于低社交焦虑组，而对消极词语和作为解释偏向的指标 T′则没有显著的组别差异。

（四）呈现含糊信息的反应时与基线条件的反应时的差异比较

将高低社交焦虑组在含糊信息条件下的反应时与基线条件的反应时进行比较，表 5.4 中呈现了高低社交焦虑组的在积极词语和消极词语下的反应速度与基线时间的比较，结果发现：与基线条件相比，高社交焦虑组对积极词语的反应速度没有发生显著变化，而对消极词语的反应速度明显加快；低分组则对积极词语和消极词语的反应速度都没有发生显著变化。

表 5.4 高低社交焦虑组的平均反应时和标准差(单位:毫秒)

		基线条件 ($M \pm SD$)(毫秒)	含糊信息 ($M \pm SD$)(毫秒)	t	df	P
高分组	积极词汇	1 097±344	1 087±315	0.21	14	0.834
	消极词汇	1 098±328	924±220	2.82*	14	0.014
低分组	积极词汇	821±109	782±154	1.03	14	0.322
	消极词汇	908±175	832±137	1.69	14	0.113

为了清晰地看出呈现含糊信息后,高低社交焦虑组对积极词语、消极词语的反应速度和基线条件下的反应速度的变化,我们分别比较了两个组在两种条件下的反应时间,并用图 5.1、图 5.2 加以说明。从图 5.1 中可

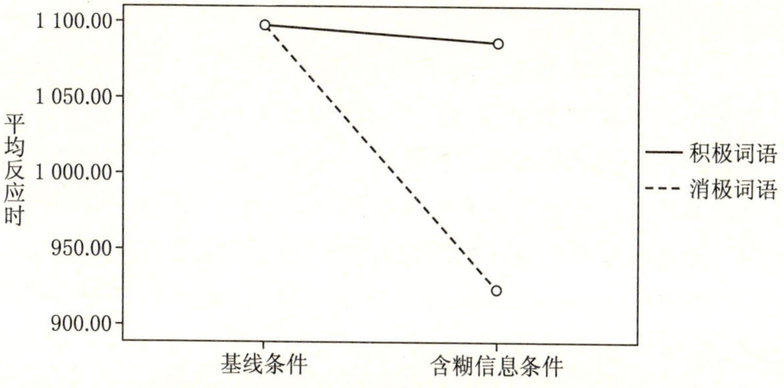

图 5.1 高社交焦虑组在两种条件下的反应时

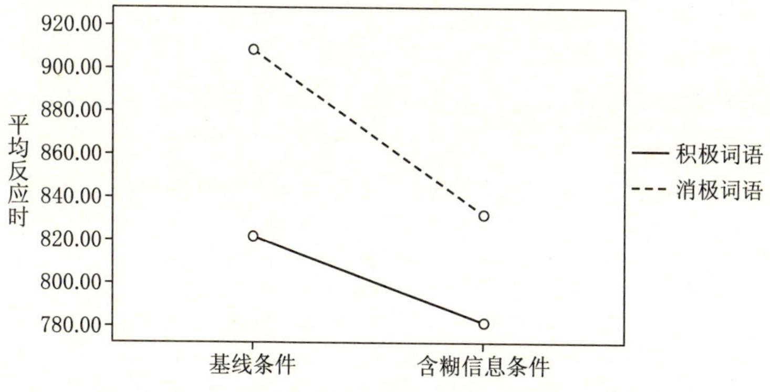

图 5.2 低社交焦虑组在两种条件下的反应时

以看出，呈现含糊信息后，高社交焦虑组对消极词语的反应速度显著快于基线条件下对消极词语的反应速度，对积极词语的反应速度则和基线条件无显著性差异。图5.2中看出，低社交焦虑组在含糊信息条件下对积极词语和消极词语的反应速度都较基线条件下的反应速度快，不过统计显示二者间并没有显著差异。

四、讨论

（一）高低社交焦虑组回忆任务的错误率比较

通过对完形填空错误率的分析，发现含糊信息出现后无论呈现的是消极词语还是积极词语，高低社交焦虑组在回忆任务上的错误率都没有显著性差异，这说明两个组在记忆能力上是没有差异的。之所以设置这一任务，是为了说明被试对含糊信息的解释偏向并非是对信息的错误记忆导致的。

（二）高低社交焦虑组基线条件下的解释偏向

本书中设置了“基线条件”这一变量，也就是不呈现任何信息（空白刺激的情形）时，让被试对出现的积极词语或是消极词语进行词性的判断，从中可以确定高低社交焦虑组在没有任何预期或是任何解释的情况下的反应时。通过比较两个组对积极词语和消极词语的反应速度，并以二者之差作为解释偏向的统计指标，结果发现，高社交焦虑组对积极词语的反应速度显著慢于低社交焦虑组，而在消极词语和T′上则没有显著性差异。这说明在基线条件下高社交焦虑组并没有表现出消极的解释偏向。这和一些研究者得出的结论并不一致。①②③④这些研究得出高社交焦虑组对消极词语的反应速度显著快于对积极词语的反应速度，因而高社交焦虑者存在着消极的解释偏向。本书并没有得出这样的结论，相反，本书发现高社交焦虑组的反应速度显著慢于低社交焦虑组，这和赫希一系列

① Hirsch, C. R. & A. Mathews, Interpretive Inferences When Reading about Emotional Events. *Behavior Research and Therapy*. 1997, 35, pp.1123-1132.

② Hirsch, C.R. & A.Mathews, Impaired Positive Inferential Bias in Social Phobia. *Journal of Abnormal Psychology*. 2000, 109(4), pp.705-712.

③ Constans, J.I., D.L.Penn, G.H.Ihen, & D.A.Hope, Interpretative Biases for Ambiguous Stimuli in Social Anxiety. *Behavior Research and Therapy*. 1999, 37, pp.643-651.

④ Moser, J.S., G.Hajcak, J.D.Huppert, E.B.Foa, and R.F.Simons, Interpretation Bias in Social Anxiety as Detected by Event-Related Brain Potentials. *Emotion*. 2008, 8(5), pp.693-700.

的研究结果不同。这可能是参加实验本身给高社交焦虑者带来了更多的焦虑，M.W.艾森克等人（Eysenck et al.）认为，焦虑本身会占用工作记忆的空间，阻碍了他们对刺激的反应速度。[①]

（三）高低社交焦虑组的即时解释偏向

通过比较“基线条件”和“含糊信息条件”的反应时差异，从而确定是否发生了即时的解释。结果发现，高社交焦虑组在含糊信息条件下对消极词语的反应速度显著快于基线条件下对消极词语的反应速度，而对积极词语的反应速度没有变化；低社交焦虑组对积极和消极词语的反应速度在两种实验条件下都没有发生显著变化。这说明高社交焦虑组存在着即时的消极解释偏向，低社交焦虑组既没有产生即时的积极解释偏向也没有产生消极的解释偏向。根据情绪一致性理论，高社交焦虑者对含糊信息的消极解释反应速度更快，说明他们在看到含糊信息后，产生了自动化的消极解释，导致“威胁评价系统被激活”，易化了消极的、威胁性的信息的解释与评价，所以导致了反应速度的加快。[②]这结果和赫希、马修斯[③④]得出的结论并不完全一致，他们的研究得出社交焦虑患者缺乏积极的解释偏向，而在消极解释上和基线反应时没有差异。这可能是由于他们采用的是面试作为材料，激发了社交焦虑组与非焦虑组的焦虑水平的升高，使得状态焦虑成为影响结果的一个变量。

低社交焦虑者在含糊信息条件下，没有产生即时解释偏向。这和其他一些研究得出的结果不同。在赫希的多个研究中，都得出低社交焦虑者对含糊信息表现出即时的积极解释偏向。那么，为何本实验中低社交焦虑组在含糊信息的条件下的反应时和基线条件的反应时没有显著差异呢？这可能是因为低社交焦虑组在阅读含糊信息时即时作出了多个解释，在对出现的消极词语或积极词语进行反应时，有一个匹配

① Eysenck, M. W. & M. G. Calvo, Anxiety and Performance: The Processing Efficiency Theory. *Cognition and Emotion*. 1992, 6, pp.409-434.

② Mahtews, A. & B.Mackintosh, Induced Emotional Interpretation Bias an Anxiety. *Journey of Abnormal Psychology*. 2000, 109, pp.602-615.

③ Hirsch, C. R. & A. Mathews, Interpretive Inferences When Reading about Emotional Events. *Behavior Research and Therapy*. 1997, 35, pp.1123-1132.

④ Hirsch, C.R. & A.Mathews, Impaired Positive Inferential Bias in Social Phobia. *Journal of Abnormal Psychology*. 2000, 109(4), pp.705-712.

的过程,该过程占用了一些反应时间。所以,我们在数据比较中可以发现,低社交焦虑组在含糊信息条件下对积极词语和消极词语的反应速度都快于基线条件下的反应速度,不过都没有达到统计上的显著水平。

五、结论

1. 高社交焦虑组对含糊信息存在即时的消极解释偏向,并没有表现出缺乏积极的解释偏向;低社交焦虑组对含糊信息没有表现出即时解释偏向。

2. 高社交焦虑组在基线条件和含糊信息条件下的反应速度都显著慢于低社交焦虑组。

3. 高低社交焦虑组对含糊信息的记忆能力并没有差异。

第二节 实验二:高社交焦虑大学生对不同性质信息的即时解释偏向

一、引言及研究假设

实验一研究了高社交焦虑大学生对含糊信息的即时解释偏向,得出高社交焦虑大学生对含糊信息存在消极的即时解释偏向。那么在面对明确的积极事件或是消极事件时,高社交焦虑大学生又会如何进行即时解释呢?

社交焦虑者对积极事件或是消极事件的解释偏向已经有研究者作出一些探索,发现社交焦虑者习惯用消极的方式解释积极的信息。①②③这些多是采用离线式的研究,而使用不同效价的社交情境作为实验材料进行即时解释偏向的研究几乎很少。所以,本节依旧采用反应时的范式,分

① Wallace, S.T. and L.E.Alden, Social Phobia and Positive Social Events: The Price of Success. *Journal of Abnormal Psychology*. 1997, 106(3), pp.416-424.

② Alden, L.E., M.B.Mellings, and J.M.Laposa, Framing Social Information and Generalized Social Phobia. *Behavior Research and Therapy*. 2004, 42, pp.585-600.

③ Moscovitch, D.A. and S.G.Hofmann, When Ambiguity Hurts: Social Standard Moderate Self-Appraisals in Generalized Social Phobia. *Behavior Research and Therapy*. 2006, 45, pp.1039-1052.

别考察高低社交焦虑大学生对积极社交事件和消极社交事件的即时解释。不仅比较两个组在积极解释和消极解释上的差异,同时比较他们在呈现社会事件与不呈现社会事件(空白刺激,将该实验条件下对积极词语与消极词语的反应时定义为"基线反应时")这两种条件下的反应时差异。其逻辑同本章实验一。为了将研究假设说明得更加清晰,这里列出了和实验一相同的实验设计的逻辑思路(表5.5)。此外,为了排除解释偏向可能是由于被试对呈现信息的记忆能力所导致,所以实验设计中也同样安排了回忆任务和反应时任务。

表 5.5　实验设计的逻辑思路

		基线条件	呈现社会事件	如果……	那么……
高分组	积极词语	T_{11}	T_{12}	$T_{12}<T_{11}$	积极解释偏向
	消极词语	T_{21}	T_{22}	$T_{22}<T_{21}$	消极解释偏向
低分组	积极词语	T_{31}	T_{32}	$T_{32}<T_{31}$	积极解释偏向
	消极词语	T_{41}	T_{42}	$T_{42}<T_{41}$	消极解释偏向

本实验的研究假设如下:

(1) 呈现积极社会事件时,低社交焦虑组 $T_{32}<T_{31}$,即有的即时积极解释偏向;而高社交焦虑组 T_{22} 与 T_{21} 没有显著性差异,即缺乏即时积极解释偏向。

(2) 呈现消极社会事件时,高社交焦虑组 $T_{22}<T_{21}$,即有即时消极解释偏向;低社交焦虑组 $T_{32}<T_{42}$,即有即时积极解释偏向。

(3) 高低社交焦虑组回忆句子的错误率没有差异。

二、研究对象与方法

(一) 研究对象

同本章实验一。

(二) 量表工具

同本章实验一。

(三) 实验材料

实验材料的收集和评定同本章的实验一,所不同的是本实验的材料都是积极或是消极的社交事件,积极的事件如"竞选学生会的岗位,我被录取了",消极的事件如"辅导员经常会请一些同学帮忙做事,但是从来不叫我”(详见附录 7)。

（四）实验程序

实验使用 E-prime 2.0 编写,具体过程和本章实验一相同。个别施测结束后,再施测 FNE 和 BDI。

（五）统计方法

采用 SPSS13.0 进行数据分析。

三、研究结果

（一）高低社交焦虑组回忆任务的错误率比较

通过独立组平均数差异检验,对在呈现不同效价社交事件之后、出现不同性质词语的情况下回忆任务的错误率进行比较,发现高低社交焦虑组在四种情况下的回忆错误率没有统计上的差异。结果分别为:(1)积极社交事件后出现积极词语,两组的回忆错误率差异检验为 $t_{(28)}=0.04$, $P=0.98$;若出现消极词语,$t_{(28)}=1.18$, $P=0.25$;(2)消极社交事件后出现积极词语,$t_{(28)}=0.54$, $P=0.60$;若出现消极词语,$t_{(28)}=1.46$, $P=0.15$。

（二）呈现积极事件后的反应时与基线条件反应时的差异比较

高社交焦虑组在呈现积极事件后对积极词语、消极词语的反应速度都显著快于基线条件下的反应速度;低社交焦虑组在呈现积极事件后对积极词语的反应速度显著快于基线条件下的反应速度,对消极词语的反应速度和基线条件无显著性差异。具体结果见表 5.6。

表 5.6　高低社交焦虑组在基线条件和呈现积极事件时的反应时差异比较

		基线条件 ($M\pm SD$)(毫秒)	积极事件 ($M\pm SD$)(毫秒)	t	df	P
高分组	积极词语	1 097±344	861±224	3.62**	14	0.003
	消极词语	1 098±328	1 003±291	2.35*	14	0.034
低分组	积极词语	821±109	676±99	6.56***	14	0.000
	消极词语	908±175	820±139	2.21	14	0.062

我们分别绘制了图 5.3、图 5.4,用来说明高低社交焦虑组在基线条件和呈现积极事件时对积极词语与消极词语的反应速度的变化。图 5.3 中可以看出,呈现积极事件后,高社交焦虑组对积极词语和消极词语的反应

时间比基线条件下的反应时间显著缩短。图5.4中可以看出呈现积极事件后,低社交焦虑组只对积极词语的反应速度加快了。

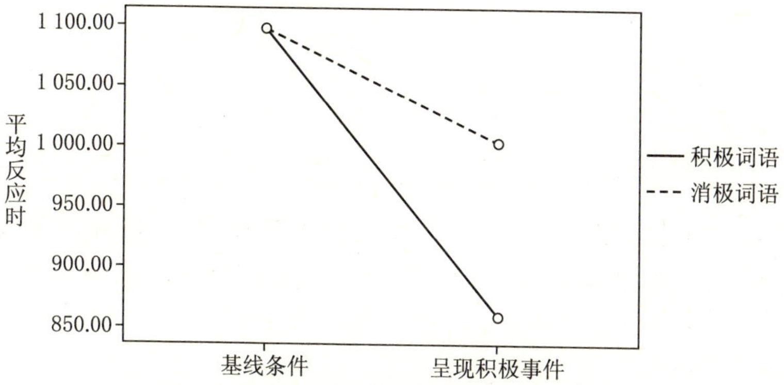

图5.3　高社交焦虑组在基线条件和积极事件的条件下对不同性质词语的反应速度

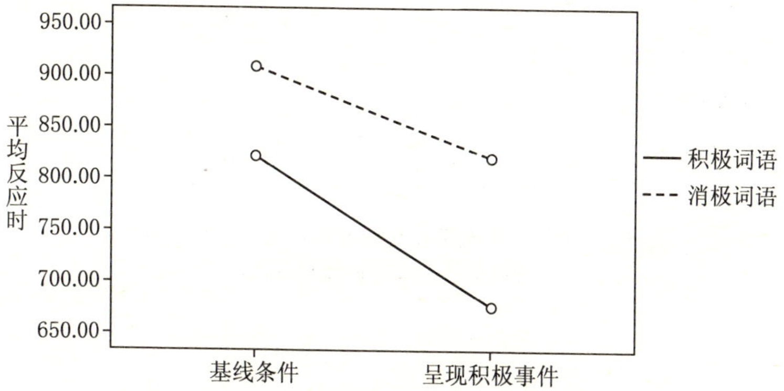

图5.4　低社交焦虑组在基线条件和积极事件的条件下对不同性质词语的反应速度

(三)呈现消极事件后的反应时与基线条件反应时的差异比较

呈现消极事件时,高社交焦虑组对消极词语的反应速度显著快于基线条件下的反应速度,而对积极词语的反应速度与基线反应速度没有显著性差异;低社交焦虑组的结果则恰恰相反,对积极词语的反应速度加快,而对消极词语的反应速度没有显著性变化。具体的平均数差异检验结果见表5.7。

表 5.7　高低社交焦虑组在基线条件和呈现消极事件时的反应时差异比较

		基线条件 ($M \pm SD$)(毫秒)	积极事件 ($M \pm SD$)(毫秒)	t	df	P
高分组	积极词语	1 097±344	1 041±318	1.28	14	0.221
	消极词语	1 098±328	982±287	2.51*	14	0.025
低分组	积极词语	821±109	750±137	2.47*	14	0.027
	消极词语	908±175	845±168	1.23	14	0.238

我们同时绘制图 5.5 和图 5.6,用以说明呈现消极事件后高低社交焦虑组反应时间的变化。呈现消极事件后,高社交焦虑组对消极词语的反

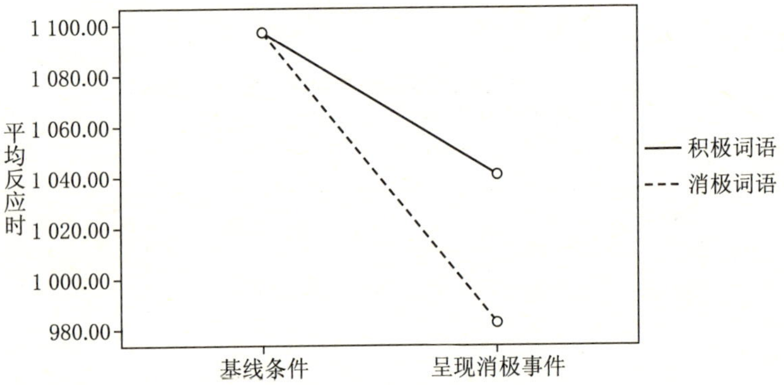

图 5.5　高社交焦虑组在基线条件和消极事件条件下对不同性质词语的反应速度

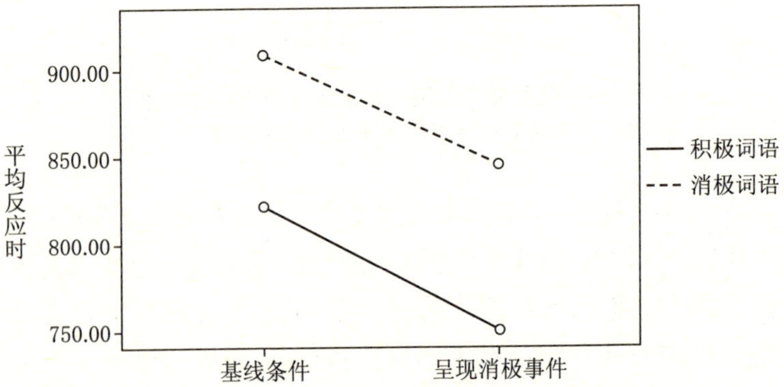

图 5.6　低社交焦虑组在基线条件和消极事件条件下对不同性质词语的反应速度

应速度快于基线条件(图 5.5),低社交焦虑组对积极词语的反应速度快于基线条件(图 5.6)。

四、讨论

(一) 高低社交焦虑组在回忆任务上错误率的差异

通过比较高低社交焦虑组在回忆任务上的错误率,发现两个组并无显著性差异,这说明两个组在记忆能力上并不存在差异他们在呈现积极事件或消极事件后反应时间上的差异就和记忆能力没有关系。

(二) 呈现积极事件时的即时解释偏向

呈现积极事件时,高社交焦虑组对积极词语和消极词语的反应速度都比基线的反应速度快,这说明积极事件引发了高社交焦虑组的即时积极解释偏向和即时消极解释偏向;而低社交焦虑组对积极词语反应速度比基线条件有了极其显著的提升,这说明积极事件引发了低社交焦虑组的即时积极解释偏向。也就是说,在呈现积极事件的情况下,高社交焦虑者同时产生了积极解释和消极解释,而低社交焦虑者只产生了积极解释。这和利用文本材料进行积极事件的解释偏向研究得出的结论相结合,可以帮助我们更好地理解社交焦虑者的解释偏向。利用文本材料范式的研究发现,积极事件通常会引发高社交焦虑者消极的解释,这可能是解释发生的阶段不同。高社交焦虑者对积极信息的解释可能经过这样两个阶段:(1)即时积极解释和消极解释。最先看到积极信息时,高社交焦虑者也会作出积极的解释,不过他们同时想到有消极解释的可能性。(2)消极解释的固着。想到有消极解释的可能性,他们的警觉性马上提高,自动提取出一些消极的经历,从而使得消极情绪得到了增强,使得他们判断消极解释发生的可能性大为提高,从而固着在消极解释上。而低社交焦虑者看到积极信息时,只会产生积极的解释,从而带来积极的体验,不管对其自尊还是社交的自我效能高、自我评价都有积极的意义。

(三) 呈现消极事件时的即时解释偏向

当呈现消极事件时,与基线反应时相比,高社交焦虑者对消极词语的反应速度显著提升;而低社交焦虑者对积极词语的反应速度显著提升。这说明当呈现的是消极事件时,高社交焦虑者作出即时的消极解释,而低社交焦虑者则偏好于积极解释。这和利用文本材料得出的结论是一致的,这样就更加能够证实我们前面讨论的阶段论。在即时解释环节中,呈现消极信息时,高社交焦虑者作出消极的解释,然后他们便会固着在这个消极解释上,从而利用文本材料测得的事后解释偏向表现出来的总是消极解释偏向。而低社交焦虑组面对消极事件,依旧是即时作出了积极的解释偏向。

五、结论

1. 呈现积极事件时,低社交焦虑组有即时的积极解释偏向,高社交焦虑组既产生即时积极解释偏向,同时产生即时消极解释偏向。

2. 呈现消极事件时,低社交焦虑组有即时的积极解释偏向,高社交焦虑产生即时消极解释偏向。

3. 高低社交焦虑组回忆句子的错误率没有显著性差异。

第六章　研究四：自传式记忆的解释偏向

第一节　引言及研究假设

前文的研究发现社交过程中的很多信息经过即时解释后，会固着在消极解释上，带来了消极的情绪体验。且克拉克和韦尔斯的社交焦虑认知模型提出，社交焦虑者近期社交失败的体验和之前的失败体验一起储存在记忆中，这些失败体验让个体更加确信其社交上的无能感，以及社交过程中总是充满了消极的评价。①从应用的角度来看，要在咨询过程中对社交焦虑者的解释偏向进行调整，则必然会涉及长时记忆系统中的消极社交体验。因为如前所述，这些消极的社交记忆在消极解释的固着阶段发挥着重要的作用。

本章从自传式记忆入手，考察高社交焦虑者对日常生活体验的记忆，从而更好地理解社交焦虑症状得以维持的原因。之所以选择自传式记忆来研究，是因为它是一个人对自己生活的特定体验和记忆，对个人有重要的意义。M.L.豪(M.L.Howe)和 M.L.卡里奇(M.L.Courage)提出自传式记忆与个体知识结构的发展一致，从自传式记忆中可以了解个体是如何和外界发生互动的。②

---

① Clark, D.M. & A.Wells, A Cognitive Model of Social Phobia. In R.G. Heimberg, M.R. Liebowitz, D.A. Hope, & F.R. Schneier(Eds.), *Social phobia: Diagnostic, Assessment and Treatment*. New York: Guilford Press. 1995, pp.69-93.

② Howe, M.L. and M.L.Courage, Demystifying the Beginnings of Memory. *Developmental Review*, 2004, 24(3). pp.1-5.

尽管自传式记忆的研究具有重要意义，但这方面的研究相对较少，目前已有的研究主要可以分成五类：(1)社交焦虑者是否回忆出更多的消极记忆；(2)社交焦虑者的自传式回忆有何特征；(3)社交焦虑者的自传式记忆的视角与非焦虑者有何区别；(4)社交焦虑者的童年记忆；(5)预期和事后加工过程对自传式记忆的影响。对第一个问题的研究多采用线索词的方式激活相关的记忆，然后比较社交焦虑者报告的自传式回忆中是否比非焦虑者包含了更多消极的信息，不过对该问题的研究并没有得到一致的结论①②③，这三项研究中除了温策尔等研究中发现有组别差异，即与社交消极线索词相关的记忆中社交焦虑组报告的消极情感更多，其他两项研究都没有发现社交焦虑组比非焦虑组报告更多的消极记忆。且温策尔的研究结论还受到质疑，因为报告有消极记忆的被试集中在社交焦虑组 8%的被试上，所以其说服力有限。对第二个问题的研究，多采用对回忆内容进行分析的方法，结果发现：与非社交焦虑组相比，社交焦虑组报告出更多消极的生活事件和创伤反应的症状；④社交焦虑组对社交事件的回忆中包含的感觉性信息较少，而自我相关的信息较多。⑤⑥在社交焦虑者报告的自传式回忆中采取的视角问题上，得出的结论比较一致，多个研究都得出社交焦虑组更倾向于从旁观者

① Rapee, R.M., S.L.McCallum, L.F.Melville, H.Ravenscroft, and J.M.Rodney, Memory Bias in Social Phobia. *Behaviour Research and Therapy*. 1994, 32(1), pp.89-99.

② Wenzel, A., L.C.Jackson, and C.S.Holt, Social Phobia and the Recall of Autobiographical Memories. *Depression and Anxiety*. 2002, 15(4), pp.186-189.

③ Wenzel, A., M.M.Werner, C.K.Cochran, & C.S.Holt, A Differential Pattern of Autobiographical Memory Retrieval in Social Phobic and Non-Anxious Individuals. *Behavioural and Cognitive Psychotherapy*, 2004, 32, pp.1-13.

④ Erwin, B.A., R.G.Heimberg, F.R.Schneier, & M.R.Liebowitz, Anger Experience and Expression in Social Anxiety Disorder: Pretreatment Profile and Predictors of Attribution and Response to Cognitive-Behavioral Treatment. *Behavior Therapy*. 2003, 34, pp.331-350.

⑤ D'Argembeau, A., M.Van der Linden, & I.Mayers, Phenomental Characteristic of Autobiographical Memories for Social and Nonsocial Events in Social Phobia. *Memory*. 2006, 14(5), pp.637-647.

⑥ Anderson, B., P.R.Goldin, K.Kurita, & J.J.Gross, Self-Representation in Social Anxiety Disorder: Linguistic Analysis of Autobiographical Narratives. *Behaviour Research and Therapy*. 2008, 46(10), pp.1119-1125.

视角来回忆社交事件。[①②③]不过科尔斯等人的研究进一步得出社交焦虑者并不是回忆所有的社交场合都具有观察者偏向,只有在被社交焦虑者评为高焦虑的场合他们才表现出观察者视角的偏向。[④]此外,对社交焦虑的成人患者的自传式记忆的研究发现,他们比广泛性焦虑者报告了更多的童年创伤的社交经历。[⑤⑥]对预期过程和事后加工过程对社交焦虑者的自传式记忆的影响进行了研究,认为这两个过程会引发更多的消极记忆。[⑦⑧⑨]

综观国外的研究,对社交焦虑的自传式记忆还有很多方面值得研究。比如消极自我信念(negative self-belief),在自传式记忆中常常以消极的自我评价来表现,比如"我很无能"、"我不讨人喜欢"等。这些消极的自我评价常常是社交焦虑者认为是真实、确定的,所以在面对社交情境时,伴随社交焦虑者的自我关注加强和采用观察者的视角评价自己,他们就会产生更多的消极信念。对自传式记忆的特征研究多将关注点放在社交焦

① Wells, A., D.M.Clark, & S.Ahmad, How Do I Look with My Mind Eyes: Perspective Taking in Social Phobic Imagery. *Behavior Research and Therapy*. 1998, 36, pp.631-634.

② Wells, A. & C.Papageorgiou, The Observer Perspective: Biased Imagery in Social Phobia, and Blood/Injury Phobia. *Behavior Research and Therapy*. 1999, 37, pp.653-658.

③ D'Argembeau, A., M.Van der Linden, & I.Mayers, Phenomental Characteristic of Autobiographical Memories for Social and Nonsocial Events in Social Phobia. *Memory*. 2006, 14 (5), pp.637-647.

④ Coles, M.E., C.L.Turk, R.G.Heimberg, and D.M.Fresco, Effects of Varying Levels of Anxiety within Social Situations: Relationship to Memory Perspective and Attributions in Social Phobia. *Behavior Research and Therapy*, 2001, 39, pp.651-665.

⑤ Mick, P. and D.Tim, *Cognition and Emotion*, *From Order to Disorder*. Psychology Press. 2008, pp.287-304.

⑥ Stemberger, R.T., S.M.Turner, D.C.Beidel, and K.S.Calhoun, Social Phobia: An Analysis of Possible Developmental Factors. *Journal of Abnormal Psychology*, 1995, 104(3), pp.526-531.

⑦ Hinrichsen, H. and D.M.Clark, Anticipatory Processing in Social Anxiety. Presented at the European Association of Behavioral and Cognitive Therapies. 1999, pp.11-15.

⑧ Edwards, S.L., R.M.Rapee, & J.Franklin, Post-Event Rumination and Recall Bias for A Social Performance Event in High and Low Socially Anxious Individuals. *Cognitive Therapy and Research*. 2003, 27, pp.607-617.

⑨ Field, A.P. & J.Morgan, Post-Event Processing and The Retrieval of Autobiographical Memories in Socially Anxious Individuals. *Journal of Anxiety Disorders*. 2004, 18, pp.647-663.

虑者是否会报告更多的消极自我信念，那么，从治疗的角度来看，我们关注的问题：社交焦虑者的消极信念是如何得到的呢？又如何修正呢？第四章的实验三通过比较高低社交焦虑者从自我和他人两个不同的视角对同一事件的解释差异，结果发现高社交焦虑者更倾向于使用消极的、自责的方式对信息作出解释，那么，这种解释偏向是否会导致社交焦虑者的消极自我信念呢？如果有，又是通过何种途径影响的呢？从该角度出发，本章的研究目的可以归纳为三点：(1)社交焦虑者的自传式记忆中是否存在解释偏向，如果有，存在的解释偏向有何特点；(2)社交焦虑者自传式记忆中是否有更多的消极自我评价；(3)进一步研究社交焦虑者自传式记忆的特征，重点考察五个方面：①自我关注是否增强（是否表现出更多自我相关信息，较少关于他人和社交场合的信息）；②是否有更多感觉的信息；③是否报告更多与焦虑、害怕相关的词语；④是否有社交回避行为；⑤报告后对当前情绪的影响。

根据社交焦虑的认知模型和之前的研究结论，提出如下假设：

(1) 社交焦虑者自传式记忆中存在更多的消极解释；

(2) 社交焦虑者的自传式记忆中的消极自我评价更多；

(3) 社交焦虑者的自传式记忆中自我关注增强、会报告更多的感觉信息以及与焦虑/害怕相关的词语、产生社交回避行为、并会导致当前的消极情绪。

第二节 研究对象与方法

一、研究对象

在通过研究一对大学生社交焦虑现状调查的基础上，随机抽取出愿意参加的被试 33 名（未参加前面的实验），其中低社交焦虑组 15 名（男生 7 名，女生 8 名），高社交焦虑组 18 名（男生 9 名，女生 10 名）。所有被试的年龄分布在 18～23 岁，平均年龄为 19.82 岁（$SD=1.11$），高低社交焦虑组在年龄、年级和性别上都没有显著性差异。高社交焦虑组的 IAS 的均分为 56.67（$SD=5.47$），低社交焦虑组的 IAS 的均分为 30.20（$SD=3.81$），平均数差异检验得出 $t_{(28)}=15.77$，$P<0.001$，结

果显示高社交焦虑组在 IAS 上的得分显著高于低社交焦虑组，这说明分组是有效的。

二、研究工具

（一）交往焦虑量表

同第五章实验一。

（二）惧怕否定评价量表

同第五章实验一。

（三）贝克抑郁问卷

同第五章实验一。

（四）状态焦虑问卷（State-Anxiety Inventory, S-AI）

状态焦虑问卷是状态—特质焦虑问卷中的一个部分，由斯皮尔伯格(Spielberger)编制，本研究使用的是 1980 年的修订版。状态焦虑问卷由 20 个项目组成（见附录 8），半数为描述负性情绪的条目，半数为正性情绪的条目，主要用于评定即刻的或最近某一特定时间的恐惧、紧张、焦虑的体验。该问卷按照 1～4 的四级计分法，“1”表示“完全没有”，“4”表示“非常明显”。状态—特质焦虑问卷于 1988 年被翻译成中文，状态焦虑问卷的重测信度为 0.88，特质焦虑问卷的重测信度为 0.90。二者间的相关系数初测为 0.84，复测为 0.77。鉴于本书的研究目的，只选用了状态焦虑问卷。

三、研究方法和程序

在事先约好的时间进行个别施测，地点在办公室。首先让被试填写 S-AI、FNE 和 BDI，评定他们当时的焦虑水平、抑郁水平和社交焦虑水平。然后让被试完成自传式回忆任务，指导语中告知被试“回忆三件发生在自己身上的社交事件，所谓社交事件就是除了自己还有其他人在场的事件或是在公众场合下演讲、说话等情形，这三件社交事件让你觉得很羞愧、尴尬或是耻辱，发生的时间不限，请书写在你面前的 A4 纸上，请在书写时要尽可能地详细，包括事件发生的地点、人物以及你的感受等，书写完后请回答下一页的几个问题”。问题包括自我评价、他人评价、当时情绪和现在情绪的评定以及回避行为的评定，具体的问题及评定方法见附录 9。

之所以采用“回忆给自己带来很羞愧、尴尬或是耻辱的社交事件”的任务，是因为在前面文本材料范式研究解释偏向中发现社交焦虑者倾向于对外在社交事件固着在消极解释上，而这种解释偏向并不受到事件性质的影响。这样一来，就算是让高低社交焦虑组报告某一种或是多种性质的社交事件，由于他们的解释不同，他们对于积极和消极的理解也不同，就无法对自传式回忆中的情绪、回避行为以及感觉信息等特征进行分析了。所以本研究要求被试报告给他们带来羞愧、尴尬或是耻辱等消极体验的社交事件，从感受方面进行匹配。

由于被试回忆的是给自己带来消极情绪体验的社交事件，所以会给他们的情绪带来一定的影响，因而当被试完成自传式回忆的任务后，主试对其进行情绪的疏导和注意力的转移，以帮助被试从消极的情绪中走出来。

四、统计方法

将被试自传式回忆的内容输入进电脑，然后由 2 名心理系的博士研究生对文字内容进行质性分析，他们对被试的社交焦虑得分并不知晓，最后的分析显示评定者信度为 92%。根据研究目的，对被试的自传式回忆内容进行质性分析而后转变成数量统计，具体分析的内容和计分方法如下。

（一）自传式回忆的特征统计

在被试的自传式回忆中，有一些特征需要进行分析，比如事件发生的时间、距离现在的时间、报告的总字数、事件的清晰程度。“事件发生的时间”用“事件发生时当事人的年龄”来计算，“距离现在的时间”用“现在的年龄减去事件发生时的年龄”来计算，“报告的总字数”用“被试报告的记忆内容的所有字符数(不计空格)”来计算，“事件的清晰程度”是被试对问题“你现在能够重新想象或再次体验该事件的清晰程度是________”的回答(用 1～9 的等级评定)所得，“1”表示“一点也不清晰”，“9”表示“非常清晰”。

（二）自传式记忆的解释偏向

根据高低社交焦虑组报告的自传式记忆的内容进行分析，抽出对事件的解释这一部分，将其编码成“消极解释”、“积极解释”和“情境解释”。同时，还发现存在一类解释无法归到上面三种类别中去，即被试对事件的解释倾向于认为是他人因素所导致的，这和归因研究中的外归因类似。由于报告的记忆都是给被试带来羞愧、尴尬或是耻辱等消极体验的社交事件，所以这一类的解释都是指责别人的，本书将其归纳为“责他解释”(分类标准见表 6.1)。然后根据被试报告的自传式记忆中出现该类解释的数量计分，出现一处就在相应的类别上计 1 分，最后统计在回忆的三个社交事件中该类的平均数。

表 6.1　自传式记忆中的解释偏向的分类标准

类　别	分类标准	举　　例
消极解释	将他人的行为、言语解释为自己无能、愚蠢、不受欢迎或是他人认为自己无能、愚蠢、不受欢迎等。	如“我们小组由我去演讲，底下同学基本上没有人在听，我就在上面讲……我觉得我表达得很不好”。
积极解释	将他人的行为、言语解释为对自己抱有期望、鼓励等。	如“老师在课堂上批评我，我想老师大概对我还抱有期望吧”。
情境解释	将他人的行为、语言解释为当时情境的需求。	如“最后我讲完了，他们还是会鼓掌，大概是出于礼貌性的”。
责他解释	将他人的行为、言语解释为他人不良人格特征的表现。	如“有一次我带了很多东西，不方便打伞，就问有没有同学和我一起去教室，可以帮我打一下伞，结果她们谁也没有应声。她们特别自私，这点小忙也不帮”。

（三）自传式回忆的自我关注、感觉信息和焦虑/害怕的词语

自我关注是指将自己作为关注的对象，而忽视对外界信息的关注，所以从三个方面来分析自我关注：“自我相关信息”、“他人相关信息”、“他人视角的自我相关信息”。自我关注、感觉信息和焦虑/害怕的词语的分类标准见表 6.2。计分是按照每出现属于该类的信息就在该类别上计一分，最后统计在回忆的三个社交事件中该类的平均数。

表 6.2　自我关注、感觉信息和焦虑/害怕词语的分类标准

类　别	分类标准	举　　例
自我关注	自我相关信息——对自己行为和感受的记忆。	如“我站在台上，觉得自己的脸很红，手也不知道放在哪里”。
	他人相关信息——对他人和环境的记忆。	如“面试的同学很不友善，他会一直问我一些很刁钻的问题”。
	他人视角的自我相关信息——从别人的眼光来评价自己的记忆。	如“我心想同学们会不会觉得我很任性，不适合做班长”。
感觉信息	被试报告的回忆中属于“听见”、“看见”、“闻到”、“尝到”等感觉器官的信息。	如“班级里乱糟糟的”、“同学们并没有集中注意力”。
焦虑/害怕的词语	被试报告中出现“紧张”、“尴尬”、“不敢”、“害怕”、“焦虑”、“不安”等词语。	如“我感到很紧张”、“腿一直在发抖”、“我尴尬极了”。

(四) 自传式回忆的消极评价、情绪和回避行为的评定

被试的消极自我评价、情绪和行为等信息的评定,有些是根据报告内容获得,有些是依据被试报告完社交事件后对问题的回答获得,表 6.3 中详细列出了计分的标准。

表 6.3 自传式回忆的消极评价、情绪、行为和回忆的清晰度的计分标准

	呈现的问题	计分/数量
消极的自我评价	在这件事情中,你对自己如何评价。	一个消极词语记 1 分
社交回避行为	你回避此类事件的可能性为________。	当事人评定的分数
事件发生时的情绪	当这件事情发生后,你体验到羞愧/尴尬/耻辱程度是________。	当事人评定的分数
回忆时的情绪	你现在回忆这件事情时,体验到羞愧/尴尬/耻辱程度是________。	当事人评定的分数
回忆的清晰程度	你现在能够重新想象或再次体验该事件的清晰程度是________。	当事人评定的分数

(注:凡询问程度的问题都是用"1～9"的九级评分,"1"表示一点也不强烈,"5"表示中等强烈,"9"表示"非常强烈"。)

第三节 研究结果

一、高低社交焦虑组的比较

高低社交焦虑组在 IAS、FNE、BDI 和 S-AI 的平均分、标准差以及差异检验见表 6.4,可以看出,高社交焦虑组在 IAS、FNE、BDI 和 S-AI 上的得分都显著高于低社交焦虑组。

表 6.4 高低社交焦虑组在 IAS、FNE、BDI 和 S-AI 的得分以及 t 检验

	高分组 ($M \pm SD$)	低分组 ($M \pm SD$)	t	df	P
IAS	56.67±5.47	30.20±3.82	15.77***	31	0.000
FNE	47.72±5.62	28.27±6.25	9.41***	31	0.000
BDI	11.17±6.56	4.27±3.73	3.78***	31	0.001
S-AI	44.56±12.64	33.07±6.99	3.30**	31	0.003

二、高低社交焦虑组报告的事件发生时间、总字数和清晰度的差异

对高低社交焦虑组的自传式回忆中所报告的三个社交事件发生的时间、距离现在的时间、总字数以及在记忆中的清晰程度进行比较，结果发现，除了“事件发生的时间”存在边缘差异外，其他三个方面均不存在差异，具体结果见表 6.5。

表 6.5 高低社交焦虑组报告的事件发生时间、总字数和清晰程度的比较

	高分组（$M \pm SD$）	低分组（$M \pm SD$）	t	df	P
发生时间	18.12±2.86	16.29±2.29	1.99	31	0.054
距离现在的时间	1.88±3.19	3.24±2.12	−1.41	31	0.168
总字数	337±136	328±94	0.21	31	0.834
清晰程度	7.28±1.25	7.49±0.73	−0.60	31	0.554

三、高低社交焦虑组自传式回忆的差异比较

前面的比较中得出两组的 BDI 和 S-AI 得分也有显著性差异，这说明了焦虑和抑郁的共病率比较高，因此，在对两个组的自传式回忆进行比较时需要将 BDI 和 S-AI 的得分作为协变量进行控制，否则无法说明自传式回忆中高低社交焦虑组的差异究竟是社交焦虑所导致，还是抑郁导致，还是当前的状态焦虑所导致。所以，下面的差异比较分别报告将抑郁和状态焦虑不作为协变量的情况下两组的差异、将抑郁和状态焦虑作为协变量的情况下两组差异。前者使用独立组的 t 检验可以完成分析，后者一方面需要将抑郁和状态焦虑作为协变量进行分析，另外一方面考察的因变量不止一个而是多个，所以利用单因素设计的多元方差分析（MANOVA）进行分析。

从多元分析的结果中可以看出，“组别”这一变量差异极其显著。表 6.6 中列出了 Wilks' Lambda 检验，其统计值为 0.13，方差分析结果显著，$F_{(16, 14)}=5.82$，$P=0.001$，这说明高低社交焦虑组在因变量上确实存在着显著性差异。Partial η^2 的值为 0.869，表示因变量的变异中有 86.9% 与组别的不同有关。在 SPSS 随后报告的单因变量的一元方差分析结果中可以看出不同组别在各因变量上的差异，为了说明的清晰性，分别对自传式回忆中的解释偏向、消极的自我评价、自我关注等方面的结果进行说明。

表 6.6 高低社交焦虑组在自传式回忆中的多个因变量的方差分析(MANOVA)

	Wilks' Lambda Value	*F*	*df*	*P*	*Partial* η^2
状态焦虑	0.65	0.47[a]	16	0.925	0.35
抑郁	0.57	0.66[a]	16	0.79	0.43
组别	0.13	5.82[a]	16	0.001	0.87

(a: Exact statistic(精确统计),将状态焦虑和抑郁作为协变量的情况下,考察组别对因变量的影响进行方差分析)

(一) 自传式回忆中的解释偏向

通过独立组的 t 检验显示,高低社交焦虑组在消极解释、积极解释和责他解释上均存在显著性差异,在情境解释上两个组不存在显著性差异。具体的检验结果见表 6.7。

表 6.7 高低社交焦虑组的解释偏向差异

	高分组 ($M \pm SD$)	低分组 ($M \pm SD$)	t	df	P
消极解释	4.44±1.58	3.20±1.08	2.58*	31	0.015
积极解释	0.33±0.77	1.40±1.12	−3.23**	31	0.003
情境解释	0.17±0.38	0.20±0.41	−0.24	31	0.812
责他解释	1.22±0.94	2.06±0.80	−2.74**	31	0.01

再将抑郁和状态焦虑作为协变量的情况下进行单因变量的一元方差分析,结果两组在消极解释 ($F_{(1,29)} = 6.27$, $P = 0.018$)、责他解释 ($F_{(1,29)} = 8.79$, $P = 0.006$) 上依旧存在显著性差异,在积极解释 ($F_{(1,29)} = 3.94$, $P = 0.057$) 上存在着边缘显著。表 6.8 中列出了将抑郁和状态焦虑作为协变量的情况下高低社交焦虑组在解释偏向上的平均数差异。

表 6.8 高低社交焦虑组的自传式回忆中的解释偏向比较

	高分组 ($M \pm SD$)	低分组 ($M \pm SD$)	*Mean Difference*	df	P
消极解释	4.56±0.77	3.06±0.83	1.50*	31	0.018
积极解释	0.45±0.51	1.26±0.57	−0.81	31	0.057
责他解释	1.11±0.47	2.21±0.52	−1.10**	31	0.006

(注:将 BDI、S-AI 作为协变量进行分析,BDI=8.03, S-AI=39.33)

(二)自传式回忆中的消极自我评价

在未将抑郁、状态焦虑作为协变量的情况下,高社交焦虑组的消极自我评价的平均数和标准差为 2.74±0.78,低社交焦虑组为 2.15±0.85,$t_{(31)}=2.11^{*}$,$P=0.043<0.05$,这说明高低社交焦虑组的消极自我评价在 0.05 水平上有显著差异,与低社交焦虑组相比,高社交焦虑组的消极自我评价更多。

为了控制抑郁和状态焦虑对消极自我评价的影响,将它们作为协变量进行分析,结果显示,高社交焦虑组的平均数和标准差为 2.85±0.44,低社交焦虑组为 2.02±0.49,两组的平均数差异为 0.83,$P=0.024<0.05$。这说明控制了抑郁和状态焦虑后,高社交焦虑组的消极自我评价依旧比低社交焦虑组多。

(三)自传式回忆中的内容特征的比较

先考察没有将抑郁和状态焦虑作为协变量的情况下,高低社交焦虑组在自我关注、感觉信息、焦虑/害怕的词语以及情绪和行为等方面的差异,结果显示(见表 6.9):从自我关注来看,高低社交焦虑组在“自我相关信息”、“他人视角的自我相关信息”无显著差异,而“他人相关信息”上存在显著差异,与低社交焦虑组相比,高社交焦虑组报告的“他人相关信息”更少;高社交焦虑组报告的感觉信息更多,焦虑/害怕的词语更多;事件发生时两组体验的情绪无显著性差异,在进行自传式回忆时,高社交焦虑组

表 6.9 高低社交焦虑组自传式回忆中的内容特征比较

		高分组 ($M\pm SD$)	低分组 ($M\pm SD$)	t	df	P
自我关注	自我相关信息	4.87±1.50	4.97±1.19	−0.21	31	0.834
	他人相关信息	2.86±0.90	3.57±0.73	-2.45^{*}	31	0.020
	他人视角的自我相关信息	1.17±0.60	0.83±0.40	1.84	31	0.076
感觉信息		2.75±0.68	2.27±0.62	2.09^{*}	31	0.045
焦虑/害怕的词语		2.89±0.61	1.95±0.81	3.85^{***}	31	0.001
事件发生时的情绪		7.67±0.94	7.80±0.80	−0.43	31	0.668
报告时的情绪		4.55±1.58	3.16±1.38	2.66^{*}	31	0.012
社交回避行为		5.14±1.62	3.05±1.61	3.70^{***}	31	0.001

体验到的羞愧、耻辱等消极情绪的强度显著高于低社交焦虑组;高社交焦虑组的社交回避行为比低社交焦虑组更明显。

再将抑郁和状态焦虑作为协变量进行分析,发现高低社交焦虑组在他人视角的自我相关信息、感觉信息和焦虑/害怕的词语和社交回避行为这四方面存在显著性差异,平均数差异结果见表 6.10,从中可以看出,与低社交焦虑组相比,高社交焦虑组报告了更多他人视角中的自我相关信息,更多的感觉信息,使用更多的表达焦虑/害怕的词语,表现出的社交回避行为也更多。与不将抑郁和状态焦虑作为协变量的分析相比,高低社交焦虑组在"他人相关信息"、"事件发生时的情绪"和"报告时的情绪"的差异不再显著,而在"他人视角的自我相关信息"上的差异在 0.05 水平上显著。

表 6.10　高低社交焦虑组的自我关注、消极的自我评价等平均数差异比较

	高社交焦虑组 ($M \pm SD$)	低社交焦虑组 ($M \pm SD$)	*Mean Difference*	df	P
他人视角自我相关信息	1.24±0.28	0.75±0.31	0.48*	31	0.038
感觉信息	2.81±0.36	2.21±0.40	0.60*	31	0.043
焦虑/害怕的词语	2.89±0.39	1.95±0.43	0.94**	31	0.005
社交回避行为	5.08±0.88	3.13±0.98	1.95**	31	0.01

(注:将 BDI、S-AI 作为协变量进行分析,BDI=8.03, S-AI=39.33)

第四节　讨论与结论

本章的目的是探讨社交焦虑者在经历了一些给他们带来消极情绪体验的社交事件后,这些事件是如何储存在记忆系统中,社交焦虑者在回忆这些事件时会有哪些解释偏向和特征。所以,本章通过对社交焦虑者自传式回忆的分析,一方面考察是否存在解释偏向,存在何种解释偏向;另一方面进一步考察社交焦虑者自传式回忆在自我关注、消极的自我评价、感觉信息、情绪和社交回避行为等方面的特征。

一、自传式回忆的事件发生时间、总字数和清晰度

高低社交焦虑组在自传式回忆中报告社交事件的清晰度和总字数并不存在差异。在社交事件发生的时间上存在边缘差异，高社交焦虑组报告的事件发生的时间稍晚于低社交焦虑组。在社交焦虑者自传式回忆中报告消极社交事件的时间这一问题上，存在着不同的争论。有些研究者认为社交焦虑者的记忆中储存着一些创伤性的社交事件，这些创伤性的记忆常常发生在童年期或青春早期，所以，他们认为社交焦虑者报告的消极的社交事件发生的时间应该早于低社交焦虑者。而一些研究者在实际的研究中并没有完全得出上面的结论。如B.安德森等人(Anderson et al.)的研究中也采取让被试报告给自己带来羞愧、尴尬或是耻辱等消极体验的社交事件，他们的结果发现高低社交焦虑组在报告的时间，无论是事件发生的时间，还是距离现在的时间都不存在显著性差异。这样的结果可能是由于不同的实验任务所导致的。[①]本研究和安德森都要求被试回忆令他们感到羞愧、尴尬或耻辱的社交事件，也就是都是属于消极情绪体验的社交事件，没有给被试具体的时间限制，使得他们的搜索是从现在向前逆推，所以，高低社交焦虑组所报告的事件发生时间没有显著性差异。而高社交焦虑组由于注意偏向、解释偏向等种种认知偏向，导致他们在近期的生活中发生的给他们带来消极体验的事件比低社交焦虑组更多，所以他们报告的事件发生时间比低社交焦虑组更晚一些。而有些研究要求被试报告"印象中最早的给自己带来消极情绪体验的社交事件"，这时，被试报告的记忆是从生命早期向后按时间顺推的，同样因为社交焦虑者的认知偏向使得他们的生活中消极体验要多于低社交焦虑者，所以，高社交焦虑组报告的社交事件在顺推的过程中要比低社交焦虑组早一些。

二、自传式回忆的消极自我评价

在对社交焦虑者的咨询和治疗中常常听到他们报告很多消极的自我评价，比如"我很笨"、"我很无能"、"我表达能力很差"等，或是他人的视角

① Anderson, B., P.R.Goldin, K.Kurita, & J.J.Gross, *Self-Representation in Social Anxiety Disorder: Linguistic Analysis of Autobiographical Narratives*. Behaviour Research and Therapy. 2008, 46(10), pp.1119-1125.

对自己的消极评价，比如“他们觉得我很怪”、“其他人觉得我很难对话”、“其他同学觉得我有点傻乎乎的”等。在社交焦虑的认知模型中也强调社交焦虑者有更多的消极自我评价，克拉克和F.麦克马纳斯（F.McManus）在其社交焦虑的自传式回忆模型中也提到，社交焦虑者在自传式回忆中会报告更多的消极自我评价。①本书通过对高低社交焦虑组列出的消极自我评价进行分析，发现在控制了抑郁和状态焦虑对消极自我评价的影响后，高社交焦虑组的消极自我评价依旧比低社交焦虑组多，支持了克拉克和麦克马纳斯的结论。A.哈克曼等人的研究中发现，社交焦虑者的消极自我评价和消极的自我意象联系在一起的，而消极的自我意象常常和早期记忆中不愉快的社交体验有关。②这一结论在对社交焦虑患者的治疗中得到了证明。J.怀尔德等人（J.Wild et al.）通过对社交焦虑患者的记忆中的自我意象进行重构，结果发现社交焦虑患者的消极自我评价、消极情绪和社交焦虑都得到了显著的改善。③

三、自传式回忆的解释偏向

通过对自传式回忆的内容进行编码、分类继而数量化，统计发现，高社交焦虑组在回忆给他们带来羞愧、尴尬或是耻辱等消极体验的社交事件时，对事件的消极解释更多，积极解释和责他解释更少。而这样的差异究竟是被试间社交焦虑的差异导致的，还是抑郁和状态焦虑所导致的呢？为了控制这些额外因素的影响，将抑郁和状态焦虑作为协变量进行分析，结果发现高低社交焦虑组在这三类解释上的差异依旧显著。这说明高社交焦虑者在加工给自己带来了消极情绪体验的社交事件时，倾向于作出更多消极的解释，较少作出积极解释。这和前文解释偏向部分的研究得出的结论一致。高社交焦虑者在回忆消极社交事件时，报告中的解释偏向一方面是他们对社交信息即时加工的产物，另一方面，也可能是其他消极社交体验中记忆的侵入（intrusive）所导致，或

---

① Clark，D.M. and F.McManus，Information Processing in Social Phobia. *Society of Biological Psychology*. 2002，51，pp.92-100.

② Hackmann，A.，D.M.Clark，& F.McManus，Recurrent Images and Early Memories in Social Phobia. *Behaviour Research and Therapy*. 2000，38，pp.601-610.

③ Wild，J.，A.Hackmann，D.M.Clark，Rescripting Early Memories Linked to Negative Images in Social Phobia：A Pilot Study. *Behavior Therapy*. 2008，39，pp.47-56.

是消极的自我评价使得他们在事件发生后的重复回忆中加进去很多自己的解释。而消极解释更多、积极解释更少的解释偏向又使得社交焦虑者的自我评价更加消极。另外，社交焦虑者的自我关注增加了与焦虑相关的感觉和行为的突出性，使得社交焦虑者在对信息的解释、他人对自己的评价进行推断时会更多考虑这部分和焦虑相关的信息，导致了消极化的解释偏向。

引起我们兴趣的是高低社交焦虑组在"责他解释"上存在的差异。与高社交焦虑组相比，低社交焦虑组作出的责他解释更多。"责他解释"可以理解为是一种外归因，比如说"老师总是不叫我回答问题，她太不公正了"、"我请她帮我一个忙，结果这个同学拒绝我了，她真是太奇怪了"，这在某种程度上可以保护自己的自尊。那么，为什么低社交焦虑组报告的"责他解释"相对更多呢？这可以从两方面进行解释。一方面，在对被试自传式回忆的内容进行分析的过程中，发现高社交焦虑组对一个事件常常只作出单一的解释，如更倾向于作出消极解释，此时他们的关注点就在消极解释以及随之而来的消极情绪体验上，而无法关注其他的可能性，所以他们在"积极解释"和"责他解释"上都相对较少。另一方面，"责他解释"中带着对别人的愤怒，这说明低社交焦虑者在表达自己的情绪时可以让自己的愤怒发泄出来，而高社交焦虑组常常是压抑自己愤怒的情绪，B.A.欧文等人（B.A.Erwin et al.）的研究发现，愤怒的压抑和社交焦虑之间存在着显著的相关。①

四、自传式回忆的内容特征

"自我关注"一直是社交焦虑研究中的一个重要主题，社交焦虑的认知模型认为社交焦虑者在社交情境中将注意力投向自身，过分关注自己的行为和心理状态，以及担心他人会如何评价自己，使得没有足够的认知资源分配给外在的环境，因而他们的社交表现更加不能让自己满意，进而更加回避社交情境。此外，关于观察视角的问题，多项研究得出社交焦虑

① Erwin, B.A., R.G.Heimberg, F.R.Schneier, & M.R.Liebowitz, Anger Experience and Expression in Social Anxiety Disorder: Pretreatment Profile and Predictors of Attribution and Response to Cognitive-Behavioral Treatment. *Behavior Therapy*. 2003, 34, pp.331-350.

者更加倾向于从他人的视角看待自己、评价自己。[1][2][3]所以本书从"自我相关信息"、"他人相关信息"和"他人视角的自我相关信息"这三个方面来评估"自我关注"。结果和预期的假设有所差异：在未将抑郁和状态焦虑作为协变量的情况下，高低社交焦虑组只在"他人相关信息"上存在着差异，另两个方面并没有差异；控制了抑郁和状态焦虑对自我关注的影响后，高低社交焦虑组仅在"他人视角的自我相关信息"存在差异，高社交焦虑组报告更多的"他人视角的自我相关信息"。这也许是因为让被试报告消极的情绪体验，所以高低社交焦虑组都报告了"自我相关信息"。高社交焦虑组报告的"他人相关信息"比低社交焦虑组少，说明他们更集中在自我相关的信息上，尤其是抑郁和状态焦虑得分也比较高的社交焦虑者身上这种倾向表现得更加明显。一旦将抑郁和状态焦虑作为协变量进行控制，高社交焦虑者更加注重"他人视角的自我相关信息"，这说明高社交焦虑者报告的自传式回忆中确实从他人的视角对自己进行评价，注重他人对自己的看法。也有一些研究得出了同样的结论，与非焦虑控制组相比，社交焦虑者和高社交焦虑大学生在描述一些社交场合时报告了更多的自我关注和自我意识。[4]在对社交焦虑者回忆内容的分析中，也发现他们更多地回忆与自我相关的内容，而对他人信息的回忆则很少。[5]

本书还发现，与低社交焦虑者相比，高社交焦虑者的自传式回忆中感觉信息更多，焦虑/害怕的词语更多。这和社交焦虑的自传式回忆模型中提出的观点一致，即社交焦虑者会因为消极的社交预期转而开始自我关

---

① Coles, M.E., C.L.Turk, R.G.Heimberg, and D.M.Fresco, Effects of Varying Levels of Anxiety within Social Situations: Relationship to Memory Perspective and Attributions in Social Phobia. *Behavior Research and Therapy*. 2001, 39, pp.651-665.

② Hackmann, A., D.M.Clark, & F.McManus, Recurrent Images and Early Memories in Social Phobia. *Behaviour Research and Therapy*. 2000, 38, pp.601-610.

③ Wells, A., D.M.Clark, & S.Ahmad, How Do I Look with My Mind Eyes: Perspective Taking in Social Phobic Imagery. *Behavior Research and Therapy*. 1998, 36, pp.631-634.

④ Woody, S.R., Effects of Focus of Attention on Anxiety Levels and Social Performance of Individuals with Social Phobia. *Journal of Abnormal Psychology*, 1996, 105(1), pp.61-69.

⑤ Hope, D.A., R.M.Rapee, R.G.Heimberg, and M.J.Dombeck, Representations of the Self in Social Phobia: Vulnerability to Social Threat. *Cognitive Therapy and Research*, 1990, 14, pp.177-189.

注，不仅关注自己内心的想法、他人会如何评价自己、自己如何会表现得更好，还会更加关注自己的心理状态和生理状态，如紧张、害怕、慌张、心跳、颤抖、流汗等①，因而他们的自传式回忆中会报告更多的感觉信息和焦虑/害怕的词语。

再来看自传式回忆中报告的情绪和行为，未将抑郁和状态焦虑作为协变量之前，两组报告的事件发生时体验到的情绪无显著性差异；在回忆时，高社交焦虑组体验到的羞愧、耻辱等消极情绪的强度显著高于低社交焦虑组；高社交焦虑组的社交回避行为比低社交焦虑组更明显。将抑郁和状态焦虑作为协变量分析后，发现高低社交焦虑组在报告时的情绪上差异不再显著，仅在社交回避行为两组有显著差异。这说明报告时的情绪不仅仅受到报告的社交事件的影响，也受状态焦虑和抑郁的影响。而社交回避行为更多受到社交焦虑的影响。为何高低社交焦虑组经历的社交事件给他们带来的是同样强烈的消极情绪体验，而在回避社交行为的态度上却有显著的差异呢？是什么因素使得低社交焦虑组不回避社交行为呢？这可能是高低社交焦虑组对社交事件不同的解释偏向导致的。虽然这些社交事件给高低社交焦虑者都带来消极的情绪体验，但是由于高社交焦虑组倾向于作出消极解释，较少从其他角度进行解释，因而他们的消极情绪体验更加持久，并且会导致他们消极的自我评价，因而他们更倾向于回避社交。而低社交焦虑组更倾向于用“责他”对消极的社交事件进行解释，虽然同样也会给自己带来消极的情绪体验，但是这种消极的情绪体验随着指责他人而渐渐得到淡化，所以他们回避社交的倾向并不明显。

五、结论

1. 高社交焦虑组回忆的社交事件发生的时间晚于低社交焦虑组；在回忆的社交事件的清晰度和总字数上高低社交焦虑组不存在显著性差异。

2. 在自传式回忆中，高社交焦虑组报告的消极自我评价比低社交焦虑组多。

---

① Clark, D.M., and F.McManus, Information Processing in Social Phobia. *Society of Biological Psychology*. 2002, 51, pp.92-100.

3. 在自传式回忆中，高社交焦虑组对报告的社交事件的消极解释更多，积极解释和责他解释更少。

4. 在自传式回忆的内容特征上，与低社交焦虑组相比，高社交焦虑组更关注“他人视角的自我相关信息”，报告的感觉信息更多，表达焦虑/害怕情绪的词更多，也更倾向于回避社交场合。

第七章　研究五:解释偏向在临床实践中的应用

社交焦虑认知偏向的研究推动了研究者去思考,如果在认知疗法中突出认知偏向的调整,是否会有助于提升咨询和治疗的效果。本章尝试运用第四章至第六章的研究成果进行个案研究,将咨询的重点放在解释偏向和自传式记忆偏向上,探讨其在临床实践中的运用。

接下来先介绍咨询中所用的干预解释偏向和记忆偏向的方法和技术,而后通过两个社交焦虑的个案,来说明如何在临床实践中加以运用。

第一节　解释偏向的干预方法和技术

本书所用的认知偏向的干预主要包括三个要素:第一,心理咨询中基本的咨询技术,如问诊策略、建立咨访关系的技术等,这些都属于咨询师的专业素质范畴;第二,认知行为疗法的基本原理与技术;第三,对特定的认知偏向的治疗。本研究重点关注解释和自传式记忆这两个认知过程,因而着重介绍第三个步骤。

在本书的认知偏向治疗中,主要针对三个步骤进行,这三个步骤没有先后次序,主要根据个案的具体情况适时进行。

第一个方面,记忆偏向的调整。因为通过自传式记忆的研究,发现社交焦虑者的早期记忆中常常会有创伤性的社交体验,而在该记忆中存在着消极的自我意象和自我评价。这样的记忆在社交焦虑者进入社交场合之前,便会让他们对自己在社交中的表现产生消极的预期,或是预期他人对自己有消极的评价。所以我们设想,如果能够对社交焦虑者消极的社交体验记忆进行处理,并赋予新的意义,而后改变他们记忆中的自我意象,应该可以为后期的解释偏向的治疗做好铺垫工作。记忆偏向的治疗借鉴了建构主义理论中的访谈技巧,重点关注个体如何对某些事件的意义进行建构,进而帮助个体重新建构该段记忆的意义。具体来说,可以分为三个环节:(1)询问当事人记忆中哪些事件、哪些人、哪些环境对自己造成了创伤性的影响;(2)让当事人详细地描述自己在该段记忆中的解释偏向、自我意象、自我评价;(3)和当事人一起赋予该段记忆新的意义,并修正记忆中的自我意象和自我评价。

第二个方面,解释偏向的调整,主要包括五个步骤:(1)让来访者以"我"开头报告一个尽可能客观的社交情境,并说明自己在该情境中的想法和害怕的内容;(2)让来访者利用"头脑风暴"技术从多个角度对情境进行解释;(3)评定每一个解释发生的可能性,以及该解释带给自己的感受;(4)评估每一个解释一旦发生对自己造成的影响,并重点评估消极解释发生后会带来的后果;(5)通过对多个社交情境的分析,使得来访者的解释不再偏向于消极解释或能够同时关注到有其他解释的可能性,然后让来访者在实际生活中加以运用,以巩固咨询的效果。

第三个方面,学会表达自己的感受。高社交焦虑者因为担心别人的消极评价,所以他们不敢表露自己的真实感受。他们通常站在观察者的视角对自己进行消极评价,并且很难对社交事件作出"责他解释",所以真实的感受便受到了压抑。在咨询过程中,通过情境模拟、角色扮演、空椅子技术等方法帮助他们学会如何表达自己的情绪。

第二节　解释偏向干预的个案研究

一、案例1:被别人看不起的我

来访者:T,女,大三,理科专业。

主诉问题:不合群,无法和同学正常交流,不敢和人说话,一说话脸就红,还会流汗,甚至不敢登陆QQ。没有朋友,常常一个人独来独往,向往参加团体活动但不敢去。2009年5月份去精神卫生中心被诊断为社交焦虑症，服药后并无效果。

家庭背景：T平日住校，周末回家。父亲投资办学校，母亲主要负责家庭事务，家境尚可。家中还有一个妹妹，比自己小12岁。

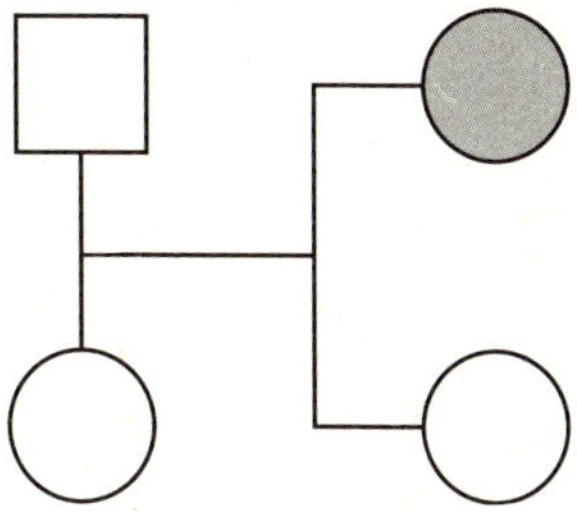

图7.1　家庭结构图

咨询过程：

第一阶段：初次面接和第二次咨询

初次面接：2009年9月12日　华东师范大学心理健康辅导中心　一个半小时

初次见到T，她穿着灰色的裙子，看起来很文静，和她打招呼时，她回应的声调平缓，没有明显的表情。进入咨询室后，在对咨询作了结构化的处理之后，询问T的一些基本情况。

T今年大三，理科专业，在学校不怎么和同学说话，总是一个人闷头读书。为避免和同学交往，总是习惯在周日夜深人静了才从家赶到宿舍，习惯在上课铃声响起的最后一刻奔到教室。T回避社交活动，没有朋友，和宿舍同学的关系也一般，平时就是一个人图书馆、寝室、教室三点一线，自己觉得很痛苦，觉得别人不喜欢她，总是去想为什么别人不想和自己说话。T认为自己的表达能力很差，讲话时总是吞吞吐吐、结结巴巴，有事情也不和别人说，就一个人闷着。上课时，老师要分组讨论或举手发言，会尽力避免自己在课堂上说话；若是被点名点到，就会脸红、心跳、出汗，不知道说什么。她不知道如何和别人开始一段对话，也不知道如何接话，为此T觉得特别自卑。当然，异性朋友更是没有了，因为和异性交往，只会更加焦虑。

我询问T第一次觉得自己害怕和别人讲话是什么时候，T说是初中的时候。原来，她有过几次转学的经历。5岁时跟随父母从安徽来到上海，在爸爸办的民工子弟学校读书，一直读到初二。后来爸爸将T转到上海的A学校重新读初二，半学期后觉得这个学校离家很远，所以又换了B学校。B是一所私立学校，T在这所学校待了一年半的时间，爸爸觉得这所学校不好，又换到一所公办学校C，重新读了一年初三。也就是说，当事人T初二和初三都读了两年。转进上海的初中读书那段日子，尤其是B学校，简直是“人生炼狱”。她觉得自己长得不好，皮肤很黑，所以很自卑。而且,自己是外地人,班上有很多有钱的学生,总是欺负她。比如看见她就会翻白眼,耻笑她一些笨拙的行为。T 说:“有人把我的课桌故意推翻,落下满地的书,然后命令我去捡;有人会拿篮球砸我的手,我想帮他捡球,他却生怕我的手脏了他的球;有人在例行的个人卫生检查时看到我从口袋里掏出了卫生棉而不是餐巾纸,大肆向同学使眼色咬耳朵,我看到很多女生一边回头朝我看一边捂着嘴笑……这一切的一切,无不让我绝望落泪,而我却不敢告诉老师”。初二的那段时间,T 就已经不敢跟同学说话了,“脸红心跳紧张是常有的事,小声说话无人理睬也是家常便饭。我过了半年的住宿生活,形如空气,因为我永远不会参与室友的话题”。

高中考入市重点中学,这并不能增强她的自信心,依旧非常自卑,总觉得事事不如人,认为自己的表达能力特别差,总觉得一开口同学们就会看不起自己,所以在学校不怎么和同学说话,总是一个人闷头读书,慢慢就习惯这样自我封闭了。

父母并不知道 T 在学校的这些情况。在 T 看来,爸爸比较霸道,转学也从来没有征求过自己的意见,在很多事情上从不考虑别人的感受,不懂得如何和别人进行沟通。小的时候,爸爸倒是很宠 T,要买什么都会满足她的要求。妈妈人很随和,对他人很顺从。不过高中的时候妈妈对 T 的要求变得很严格,而且,常常会因为学习成绩的下滑,开口骂 T 很笨,这对 T 的伤害也很大。

我询问 T 既然感觉自己社交焦虑已经好几年了,为什么会选择现在来咨询呢?T 回答 5 月份是自己感觉最严重的时候,为了能够使自己的状态得到缓解,才去了精神卫生中心治疗,被诊断为社交焦虑症,服用药物后也没有好转。而且,她也希望自己能够在大三这关键的一年有所改变,要不然都不敢想象毕业之后工作时如何和人打交道。可见,T 的求助意愿还是非常强烈的。我又询问 T 这几年自己用了什么办法才得以克服自己的症状的。T 无奈地说了句:“熬过来的,一天天熬过来的。”看来 T 没有找到很好的应对策略来应付自己对社交的恐惧。

在收集信息的过程中,适时地对 T 进行了共感,并对压抑的情绪进行了处理。不过因为这次很多消极的信息让 T 看起来还是精神不振,于是在本次咨询结束前,对 T 进行了简单的情绪疏导。并将注意力转移到当下，询问T，“你觉得自己的表达能力很差，我觉得你今天的表达能力很棒呀！”T认为是自己今天带着问题来倾诉的，所以表达得比较好。趁此机会，我说：“实际上你是可以表达的很好的，对吗？你看，今天就是一个很好的证明。”看着T不再沉浸在回忆所带来的消极体验中，我和她结束了这次的咨询，并约定了下次咨询的时间。

诊断：社交焦虑

分析：T因为本身性格的原因加之外在环境中的刺激，导致其社交焦虑。T性格上比较内向，小学至初二阶段都在爸爸的学校里读书，是在一个受到保护的环境中长大的；当时班上的学生和她一样都是外地人，所以，并没有觉得自己受到排斥，相反，因为自己是校长的女儿，还有一些心理上的优越感。一旦进到一个全新的环境，和以前的环境相差很大，对环境的无法控制感让T总是很害怕，不知道如何和其他同学交流。为了获取同学的好感，对任何同学的话都惟命是从，而这恰恰成了同学笑话她的把柄。所以，调皮的同学便以看她的笑话为乐。在新的环境中受到的挫折给她带来了很大的打击，她变得不敢开口讲话，并且形成了很多消极的自我信念，比如“我总是不如别人”、“我的表达能力很差”；并表现出消极的解释偏向，如“同学对我很冷淡，肯定是我的交流有问题”、“我问一个同学是不是看不起我，他说不是看不起，我就认为他这句话是说‘比看不起还看不起’”。在咨询中，咨询师的真诚共感，适宜地疏导压抑的情绪，和T建立了很好的治疗同盟关系。在此基础上，再通过有针对性的认知调整，应该对T的问题比较有帮助。

第二次咨询：2009年9月19日　华东师范大学心理健康辅导中心　一个小时

第二次咨询的主要目的是继续建立咨访关系，并了解T在大学中的一些人际关系现状以确定社交焦虑的严重程度，并通过施测交往焦虑问卷、惧怕否定评价量表和贝克抑郁问卷作为治疗之前的焦虑状态的评估，以便和治疗中期以及后期的治疗效果进行对比。当然，本次咨询最重要的是和T一起确立我们咨询的最终目标和阶段目标。

第二次咨询一开始，我向T解释了为什么需要做这三份问卷。一方面是评估其当前的社交焦虑程度，另一方面是为了避免咨询继续深入下去,建立起来的咨访关系可能会干扰她对这三份自陈问卷的评定,所以我们选择在咨询开始前先完成三份问卷。

而后,让T说说她在大学中的"典型的一天",以及和宿舍同学的关系如何。T说现在她基本上已经不和同学说话,下课后一个人去图书馆,等到图书馆闭馆才回宿舍,为的就是避免和宿舍同学说话,或是避免自己接错话的尴尬。上课时,如果是小班上课,她的感受还好一些,因为至少可以和宿舍同学坐在一起,就算不讲话,其他同学也不会觉得自己有多奇怪。一旦是选修课,她"只能一个人傻傻地坐着"。刚进大学的时候,T还常常尝试着和同学说话,每一次都希望自己能像其他同学一样,把身边发生的趣事拿出来说。但是每一次她说完之后,别人都是尴尬的冷场。于是她开始变得绝望,最终放弃了尝试,不再主动说话,而选择一个人待着。最让T感到难受的是和宿舍里的同学都很难对话,她常常痛恨自己的话太幼稚太直接太不合时宜。有时候,为了不让宿舍同学觉得自己奇怪,就拼命找话题,但是她想不出什么话题,只能在内心煎熬着。特别是现在进入大三了,宿舍里其他的同学都参加了社团,还有一个是学生会主席,她们总是很忙碌。T想着将来她们找工作时,有着丰富的学生工作经验和社团工作经验,而自己什么都没有。每次想到这些的时候,就觉得无限辛酸。所以,她迫切希望改变自己。

于是,我问T希望通过咨询,自己可以获得哪些改变。通过和T的讨论,我们确定了咨询的目标。

咨询目标:能够和别人说话不紧张,不那么自卑,可以正常地和别人交流。

确定咨询目标后,我也告诉T,要达到这个目标,我们需要分几个阶段才能完成。然后我简要地介绍了我的咨询思路,即分步骤进行认知偏向的调整。同时告诉T,要实现这个目标,需要我们共同的努力。在达成治疗同盟之后,我们结束了第二次的咨询。

咨询后对问卷的数据进行统计,得出如下的结果:IAS=56, FNE=52, BDI=19。在研究一中对大学生社交焦虑的调查中得出,IAS的平均分和标准差为43.02±8.64, FNE的平均分和标准差为37.23±8.26, BDI的平均分为8.74±7.18,可见,T的社交焦虑程度较重,同时,也伴有中重度的抑郁。

第二阶段：第三次咨询至第六次咨询

2009 年 9 月 26 日至 2009 年 10 月 24 日　华东师范大学心理健康辅导中心

第二阶段的主要任务是以自传式记忆偏向为靶心，让 T“回忆过去经历的一些重要的事件，这些事件对自己造成哪些创伤性的体验，这些事件中包括了哪些人，当时自己在干什么，事件中自己的体验是什么，自己是如何评价自己的，认为别人是如何评价自己的”。目的是和 T 一起重建创伤性记忆的意义，并修正她在过去记忆中的自我意象和自我评价。这四次咨询分别以不同的记忆为讨论的中心，我们选取第三次咨询的过程进行详细叙述，其他的三次咨询过程和第三次类似，只是讨论的记忆内容不同。每一次的时间大约一个半小时。

第三次咨询

先引导 T 回忆一件给自己带来创伤体验的社交事件。下面对咨询过程进行详细的叙述。“C”指的是咨询师，也是本书作者，“T”指的是当事人。

C：现在你能回忆一件印象深刻的事件，这个事件发生时除了你，还有其他人在场，而且这个事件给你带来了很大的创伤。请详细地描述事件发生的过程、他人的言行和你的感受。

T：我觉得我刚刚转到上海一所学校读书是人生的一个转折，当时班上基本上都是上海人，成绩好的同学对我相对友善，但不会来和我搭话；而那些成绩差的，表面热情，背后却常常把我的失态当作笑柄。我一直在被他人戏弄的日子中度过的。我皮肤比较黑，表达能力也很差，胆子又小，他们戏弄我，我从来不敢反抗，只能傻傻地站着，而这个时候他们似乎更加开心了。

C：你觉得同学们看不起你，对吗？

T：嗯，他们看到我傻傻的，不知道怎么应对，就开心得不得了。

C：你的初中生活一定给你留下了很大的阴影。你刚刚的叙述中很多都是抽象概括的信息，具体的情节较少。你能说出印象深刻的一件事情，对发生的时间、人物、对话以及感受详细地说出来，好吗？

T：初中时候印象最深的是当时同学们总是找我跑腿，为了博取同学的好感，我从不敢拒绝别人的要求。有一次，我听到两个女生在背后说："这个人好傻啊，没办法，外地人，又土又没有自尊。"听到这句话，犹如一盆冷水浇下来，觉得自己简直就是同学们茶余饭后的一个谈资。

C：你当时一定傻了，不知道同学们怎么可以这样来侮辱你。

T：（哭），我一直这样的，我初中的日子就这样过来的，我每天都很惶恐，不知道该说什么。

C：（递纸巾），因为你担心说了大家又会笑话你。

这里运用了一些同感的技术，T 情绪平复一些之后，我让她将注意力集中在这件事情上，进行了下一段的对话。

C：在这段记忆中，你在自己的心目中是一个什么样的形象？

T：很土、皮肤很黑，总是一个人傻傻地站着。

C：你对自己会如何评价呢？

T：表达能力很差、应对能力差、笨、胆小懦弱。

C：这件事情上，你对你的同学有什么样的评价？

T：上海的学生就是看不起外地人，而且我确实是傻傻的，常常听不懂他们在说什么。

看来 T 通过这件事情甚至还有其他的事情，很坚定地相信自己很傻，表达能力很差；也很坚定地相信班上那些同学都看不起她。为了帮助她重新建构这段记忆的意义，以及在这件事情的自我意象和自我评价，我们开展了下面的对话：

C：在这段记忆中，你感觉同学们都看不起你，而且总是戏弄你。在自己的心目中，你也觉得自己是傻傻的，不知道如何应对周边发生的事情。这件事情是发生在你和你的初中部分同学之间的事情，并非现在发生，也并非发生在你和所有人身上，所以，我们可以尝试从另一个角度来看这段记忆。比如，为什么那两个女生要侮辱你？

T：她们觉得我很傻，总是受其他人的摆弄呀！

C：嗯，你今年 21 岁，事情发生的时候你读初二，我想请现在的你想想在当时的事件中你傻吗？

T：（愣了一下），我其实是想博取他们的好感的，也许一味地顺从并不能获得别人的好感吧。

C：我想你是要告诉我其实你是好心的，你并不知道这样她们会说你傻。

那么，她们为什么会说你傻呢？为什么没有听到其他同学说呢？是不是这两个同学有什么共同点呢？

T：其他同学大概在心里偷偷地说吧。这两个同学成绩不怎么好，平时总是八卦其他同学的。

C：现在这两个同学怎么样了呢？后来有听过她们的消息吗？

T：不知道，我后来不敢讲话，就闷头学习。她们好像没有考上高中。（这里T貌似挺直了一下腰背），（轻快地说）我考上了市重点。

C：你真的很优秀，那时候你所处的环境，尤其是你的心理感受并不好，你都取得优秀的成绩。

T：我想通过学习好来证明自己。

C：事实上你确实证明了自己！你现在再看这件事情，你对这两个同学怎么看？甚至是其他的同学。

T：我想她们也挺坏的，在背后说别人坏话，还看不起人。

C：你能想象她们在你眼前，直接对她们说吗？

T：（疑惑地看着我）

C：想象她们就坐在这个位置，你看到初二时候的自己被她们侮辱了，现在你已经长大了，你可以帮助初二的自己对那两个女生说几句话吗？

T：（想了一会）我想对初二的自己说几句。

你真挺可怜的，很难融入大家的团体中，想融入还被别人背后说坏话，当时孤单一个人，以后别想着去讨好他们了。

C：现在的你很好，比初二时的自己能量大，可以帮助以前的自己了。

T：（笑了笑）

C：现在我们重新回忆刚刚的事件，你回到初二时候的自己，不过现在的自己也和你一起进入那个场景中，如果你需要帮助，或者你需要说什么话，都可以做，做你想做的。

T：（闭上眼睛，想象了片刻）我想让现在的自己陪着我经过那两个女生的旁边。

C:可以,带着现在的自己经过那两个女生的旁边,然后她们说了那句侮辱你的话。

T:(激动)我想对她们说,你们这帮小人!小人!背后说人坏话!

C:你看,你回应她们了,不是因为你傻,而是因为她们待人不和善,对吗?

T:嗯!是的。我从来不敢从其他人身上找原因,今天这样说还是第一次,不过感觉还挺好的。我觉得虽然我的表达能力不太好,但是她们这么说,实际上会打击我的。

C:嗯,那是因为你让她们住在你的心里了。

经过对这段记忆的处理,那个当年对同学的侮辱只能傻傻站着的T敢于勇敢回应了,并且能够分清楚什么是真实发生的事情,什么事情是自己想象出来的,这对于她正确认知自己、评价自己很有帮助。

第四至六次咨询,分别讨论了受到老师批评的记忆、大学出丑的记忆以及家庭变故的记忆,依照上面的程序和T一起从多个角度来看待这些记忆,并赋予这些记忆新的意义,以改变其消极的自我意象和自我评价。

第二阶段结束后,在下一阶段开始前我们再次施测社交焦虑问卷(IAS)、惧怕否定评价量表(FNE)和贝克抑郁问卷(BDI),结果为:IAS=48, FNE=41, BDI=8,其中IAS和FNE的分数都在大学生平均数据的一个标准差之内,BDI处于大学生的平均水平。

第三阶段:第七次咨询至第九次咨询

2009年10月31日至2009年11月14日 华东师范大学心理健康辅导中心

第三阶段,我们将注意力集中至对他人行为、语言等信息的解释环节上。先让来访者以“我”开头报告一个尽可能客观的社交情境,并说明自己在该情境中的想法和害怕的内容;然后通过多种方法和技术消除当事人的解释偏向;最后让来访者在实际生活中运用改变解释偏向的技术,以巩固咨询的效果。在第七次至第九次咨询中,我们一直将焦点放在当事人对他人信息的解释偏向上,下面详细叙述第七次咨询的过程。

T描述了一段和同学在宿舍中的对话：

那个同学抱怨说："我想买衣服，但是我没有钱。"

我就问："你要买衣服啊？"

她说："是啊，但是我没有钱。"

我说："问你爸爸妈妈要啊。"

……

她就不讲话了，我当时感觉就不好，我问的话都是她之前讲过的，后来我又回忆了一遍，觉得很不爽，觉得自己说得不好，她可能会认为我在瞎说，没话找话说。

下面我们就以T报告的社交情景进行解释偏向的调整。

C：你认为这个不讲话代表什么意思呢？

T：就是她不想理我啊，觉得我很傻，没话找话说。

C：你觉得别人对话的过程中，是否也有沉默呢？

T：聊天时会有沉默，但我不能接受，我认为就是别人不想理我。

C：有没有其他的可能性呢？

T：没有吧，我也会觉得自己是没话找话说。

C：那我们换个其他人的角度来看，比如说你寝室中其他的同学觉得这个同学为什么会沉默？我们列出尽可能多的原因，好吗？

T：(1) 她习惯性地懒得理我，我们平时就很少说话。

(2) 她父母每个月固定给她多少钱，不够她花的。

(3) 她觉得我没有表达出她想听的内容，不想理我。

(4) 她人比较独立，不想问家里要钱，在这点上和我的观点不同，保持沉默。

(5) 她讨厌我。

(6) 她在忙其他的事情。

(7) 她心情不好。

(8) 觉得我没话找话说，很无聊。

C：看来真的还有不少可能性噢，我们来看看每一种可能发生的概率有多大呢？假如我们现在用一个圆来表示单位"1"，将这些可能性填进去，你只需要告诉我每一个解释发生的可能性为百分之多少，就可以了。

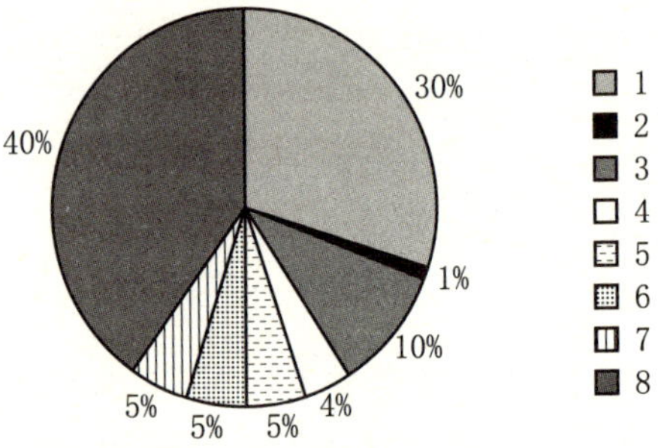

图 7.2　T 对八个解释发生可能性的评定
(八个解释的排序分别对应前面报告的顺序)

C:我们发现,你觉得“她不想理你”“觉得我没话找话说,很无聊”这两种解释的概率分别是 30%和 40%,我们先来讨论前者。假如说她真的不想理你,你觉得这个后果有多坏?假如用 −100—100 来评定,−100 表示非常坏,100 表示非常好。你会打多少分?

T:−80 分。

C:就是比较坏了。那么你有多害怕别人不理你,用 0—100 来表示的话?

T:80 分。我一直有这种习惯,总是这样去想。也许不是这样的,但是我总是这样想。

C:假如别人就是不想理你,你会怎么样?

T:我就变得不想说话,难过,然后要自己振作精神继续说话。

C:你的生活会发生什么变化?

T:我会重复去想,是不是我做错了什么,我就拼命找原因,对那个人好,让那个人理我。

C:对你以后的生活、学习有什么影响呢?

T:对生活、学习没有什么影响。

C:对你的人际关系有什么影响?

T:对我和其他人的关系没有什么影响。

C:看来即使别人真的不想理你,实际上对你的生活、学习和人际关系是没有影响的。

T：嗯，就是我会很难过。

C：如果我以为别人不想理我的时候，我也会很难过的。那我们来看看，除了这件事情之外，还有其他的事情会让你觉得别人不想理你吗？有没有什么时候是大家理你的？

T：呃……宿舍里其他几个同学的关系不怎么好，很多时候她们都喜欢对着我说话。

C：这件事情让你感觉还不错，是吗？

T：嗯。她们回宿舍后就会告诉我今天她们经历了什么事情。

C：看来她们都挺喜欢你的。

T：她们应该都不怎么讨厌我。

C：也许换成肯定句说"她们还比较喜欢我"，这样你的感觉会更好。你试试看？

T：（沉思了一会）确实好一些，不过我不确定她们是不是喜欢我。

C：看来你对这句话还有怀疑，我们会等到合适的时候再来讨论这个问题。现在我们继续来看，你刚刚除了"别人不想理我"这个解释之外，还有其他的解释，"她情绪不好"、"我们价值观不一致"、"她忙其他的事情"，你对这些解释的概率评定很低。现在假如你从自己的角度走出来，你看着这一幕发生了，你从一个旁观者的角度再次进行评定，我们先从"她情绪不好"这点开始，好吗？

通过对每一个解释从多个角度来讨论其发生的概率，最后再让 T 对这件事情进行叙述，并对对方的沉默作出解释。通过这个环节，T 可以从多个方面来解释别人的行为，不再坚定地认为是某一方面的消极原因所致。

第八次和第九次咨询，分别讨论了两个情境："老师上课提问我，我没有回答出来，其他同学互相交头接耳"，"宿舍的一个同学 A 和我走在一起，路上看到她认识的人，她就和那个同学一直讲话，没有和我说话"，依照调整解释偏向的咨询环节，和 T 进行一一讨论，最终她对原先坚持的"她们在笑话我"、"我很无趣，不讨人喜欢"等解释的概率评定都在下降，开始觉得其他解释也具有不同程度的可能性。

第四阶段:第十次咨询至第十一次咨询

2009年11月21日至2009年11月28日 华东师范大学心理健康辅导中心

通过前两个阶段的咨询,对T的记忆偏向和解释偏向进行调整,T主观报告的焦虑水平已经显著地下降。不过要完全消除对社交的恐惧,不是只在咨询室中可以完成的,必须结合实践过程不断去尝试,不断从多个角度来看待问题,从多个方面来评价自己,以调整自己的社交方式和行为,巩固咨询的效果。

这两次咨询是让T观察其他人的社交场景,并对自己参与的社交活动进行一些记录,然后对自己印象深刻或是引发自己思考的事件在咨询室中进行讨论和情景模拟。两周的实践也证明T的社交焦虑状况有了很大的改善,她在每天的记录中这样写道:

> 今天参加系里的聚会,我被点到玩游戏,说出几个指定同学的名字。我还和一位我没能叫出名字的男生合影,同学们大声起哄。拍完照,室友说我笑得很开心。没错,我开心的是,别人并非在嘲笑我,相反,他们的起哄恰恰证明了我真正是我们系的一分子。我还尝试了参加十几人的桌游,社交的过程是痛苦和快乐的杂交体。不过事实上,我的身心都得到了完全的放松。

咨询进入了结束阶段,肯定T在人际交往方面取得的进步,并鼓励她对未来的人际交往进行了一些设想和期望。最后对T再次施测IAS、FNE和BDI,结果分别为:IAS=41, FNE=29, BDI=8。

回访:

三个多月后,新学期也开始了一两周,我打电话询问T的近况。T说自己虽然每次和他人讲话,内心中还有一些不安,不过已经能够克服,并积极地参加社交。当然,有时候也会因为自己的回应不好而想上半天,不过现在不再责怪自己了,还会从其他的角度来看待问题。

最后给T发了邮件,请她填写IAS、FNE和BDI,结果分别为:IAS=42, FNE=26, BDI=8,从中可以看出咨询的效果仍然发挥着作用。

案例分析:

T的社交焦虑一方面和自身的人格因素有关,另一方面和生活环境的变化有关。开始她一直在爸爸的学校读书,受到的保护过多,人际方面的锻炼太少；后转到一所新的初中，在这个新环境中没有被同伴群体所接纳，还不断受到同学的戏弄和嘲笑，这对她来说是一个很大的创伤。在不断的打击中，她形成了消极的自我意象："土、皮肤很黑、总是一个人傻傻地站着"；形成了消极的自我评价："表达能力差、应对能力差、笨。"她在社交中的核心信念是"别人看不起我"、"我不能很好地和别人交流"，所以在此信念下，消极地解释他人的言语信息和非言语信息，从而使得社交焦虑的症状更加严重。

在这次咨询中，我们抓住了早年的同伴交往带给她的创伤记忆，以此为切入点进行认知重构，并让其重新形成自我意象和合理的自我评价。然后再以解释偏向为中心，扩大T解释问题的视角，从多个角度来思考问题，从而打破消极的、自责的解释偏向。最后再结合实际社交情境的练习，将咨询室中取得的效果在实践中加以巩固，提升了T的社交自我效能感。这有利于她在今后的生活中不断取得进步，最终和人际交往握手言欢。图7.3显示了T在咨询各阶段的社交焦虑、抑郁的变化趋势图，可以看出此次咨询后，T的社交焦虑、惧怕他人否定评价和抑郁都有了不同程度的下降。

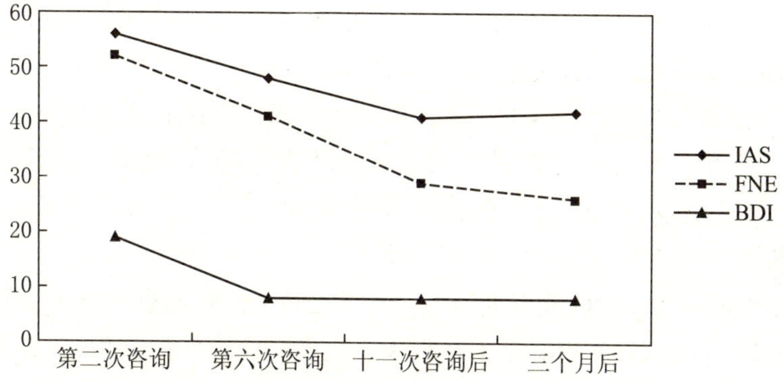

图7.3　T的社交焦虑程度和抑郁水平的变化趋势图

注：IAS：社交焦虑量表，FNE：惧怕否定评价量表，BDI：贝克抑郁问卷。

二、案例2：留级后，如何再继续？

来访者：M，男，大二，文科专业。

主诉问题：害羞、不敢和别人讲话，和女生讲话就更加害怕了。

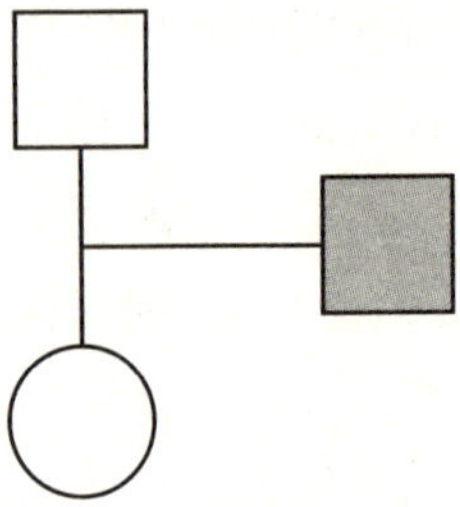

图 7.4　家庭结构图

家庭背景：M 和父母住在一起，大学住宿后每周末回家。父亲是商人，妈妈是医生，家境优越。

咨询过程：

第一次咨询：2009 年 10 月 17 日，华东师范大学心理健康辅导中心

我来到咨询室时 M 已经提前到了，发型时尚但不张扬，穿着很清爽的白色上装，看起来有着一股忧郁的气质。M 不怎么开口说话，都是我问一句，他答一句，语调平缓。

M 大学考得很不理想，或者说很不能让他的父母满意。虽然觉得自己的成绩确实不好，但学校的管理方式还是让他受到很大的压抑。因为 M 从小就很害羞，大学以前住在家里感觉还好，到大学后开始住宿，觉得很难习惯，不知道如何和另外的几个同学相处，还好另外几个同学都比较大大咧咧，慢慢也开始熟悉起来。但这所学校平日里课很多，晚上还要上晚自习，让 M 很受不了。因为他不怎么喜欢和同学交往，但是学校要求一天到晚都得待在教室中，面对着其他的同学，看着其他人可以说说笑笑，自己只能一个人闷着。因此心情越来越差，成绩也越来越差，后来在大二下学期因为不及格的科目太多了，被学校勒令留级。这让 M 的日子更加不好过了，他现在进新的班级，有紧张、出汗等生理表现；平时一般都逃避与新班级同学的交往，开学一个多月都没有去上课，一个人待在宿舍里。有时候是辅导员要求一定要去的场合，他就一个人坐在座位上，头低着，不和任何人说话。M 最希望"自己是隐藏起来的，不需要说话"。

初中的时候，M 收到几封女生写给自己的情书，他也不知道是谁写的，从那时候起，他就担心是不是别人在观察自己。发展到后来，连地铁里对面的异性看他一眼，都会脸红、紧张。这些 M 觉得还是老问题了，现在最迫切的是如何解决自己和新班级的同学交往问题，就算不和女生交往，至少能和男生们有些对话，要不然自己在这个班级中怎么生活呢？总是孤孤单单的，有什么消息都没有人记得通知他。因为，M 现在还和原来班级的同学住在一个宿舍，这些同学马上就要实习了，他必须要搬到新班级同学的宿舍中，这时候又没有办法让自己变得"像空气一样"，所以一定要尽快找到解决的办法。

在收集了M目前的一些基本信息之后，对他的情况以及所处的环境进行了一些共感，最后为了进一步了解他的情况，对他施测了IAS、FNE和BDI，结果显示：IAS＝56，FNE＝47，BDI＝14。

诊断：社交焦虑

分析：M有着清晰的认知能力和自我求助的动机，加之环境要求他迫切改变，所以这是一个很好的改变时机。他对与新班级同学的交往，有着很多消极的预期："他们一定会想这个人怎么会留级的呀？可能会对我另眼相看吧。"所以他不敢有所突破，他本身在社交中就不是一个主动的人，现在仅有的一些能量都耗在这些可能会有的打击中，所以一直逃避和新班级同学的交往。从这个角度来看，M还是比较适合运用认知疗法进行咨询，我们将重点放在解释偏向的调整上。

不过，从M的言语和非言语信息来看，我们的咨访关系建立得一般，我并没有完全取得他的信任，或者说他对我有着不当的预期，似乎只是想让我告诉他怎么办，然后照办就可以解决问题一样。所以打算在下一次咨询中，进一步建立咨访关系，并强调他在咨询中的主体地位，以及对咨询目标进行明确和细化。

第二次咨询：2009年10月24日 华东师范大学心理健康辅导中心

第二次咨询一开始，我就和M讨论他对心理咨询怎么理解的，发现他确实就想让我告诉他怎么办就可以了。我强调咨询师只是陪伴他一起成长的人，最终需要作出努力的还是他自己，他才是咨询中的主体。通过这部分的工作，让M不再对自己的问题置身事外，而是真正地投入进来，解决问题。

然后和M讨论了咨询的目标，一开始他给出的目标太笼统，我们通过一步步地将抽象的目标确定为可操作性的小目标，这个过程给M带来了很大的信心。通过讨论，我们确立的目标如下：

咨询目标：最终能够和新班级的同学正常相处，和他们说话不紧张，不排斥进班级，也不用担心女生怎么看自己。

然后我们重点讨论了"对于留级的看法"，自己是如何看待的，觉得其他同学是如何看待的。因为这个问题是M目前最在乎的，也是阻碍他不愿意进新的班级上课的重要原因。下面是我们对这个问题进行的一段

对话:

C:听到自己留级的消息时,你是如何反应的?

M:我当时都没有什么感觉,就愣住了,然后想回去怎么和我家里人说。

C:这件事情和父母开口还挺难的,因为他们对你的期望其实挺高的。

M:是啊,他们常常将我和同事的或是亲戚的孩子比,本来我就达不到他们的标准,现在这样子……

C:后来怎么和父母说的呢?他们怎么看这件事情?

M:他们后来也没怎么怪我,我开始没和他们说,但是我暑假期间因为这件事情很难受,他们看出不对劲了,我后来就坦白了。大概他们怕我有什么问题,现在自杀的孩子又多,他们没有说什么。

C:父母没有责怪你,你怎么想呢?

M:对我失望了吧,我还听到他们两个在吵架,互相责怪,说没有管好我。

C:其实留级这件事情给你造成的压力很大,不仅要面对父母,还要面对很多同学,不仅是以前班级的,还有新的班级,更重要的是,你要面对的是你自己。现在假如你要进教室,你最大的障碍是什么?

M:担心同学们在背后指指点点,说我什么吧。

C:你觉得他们会说什么?

M:这个人蛮奇怪的,学习成绩这么差,或者去打听为什么我会留级吧。

C:有没有其他的可能性呢?

M:也有人可能漠不关心吧,或者笑话我,或者要离我远一点。

C:听起来这些都让人觉得需要很大的勇气才能进教室!假如说留级的是其他的人,你会怎么看?

M:同情他吧,挺可怜的。

C:还有吗?比如其他同学怎么看,或者老师怎么看?

M:其他同学可能会觉得他挺背的,老师大概会想他太不认真了。

C:你说了很多关于留级的想法,现在我们来看一下,这些想法发生的可能性有多大。

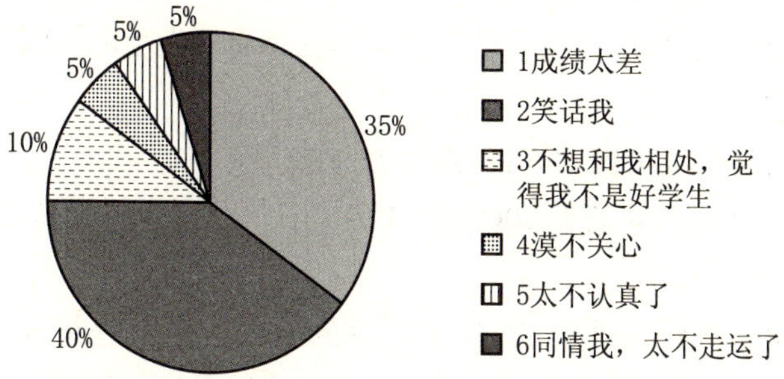

图 7.5　M 关于他人对他“留级”的各个解释的评定

通过对每一个想法的梳理，最后，M 对各个想法发生的可能性进行了评定，根据他的评定，我们画了一个饼图（见图 7.5）。然后从可能性最高的那个想法“笑话我”这点出发，进行认知的调整。

C：关于留级这件事情，你最大的担心是其他人笑话你，对吗？

M：嗯，很少有人留级的。我一贯成绩不太好，不过还没有留过级。

C：别人会怎么笑话你，比如用什么语言或是行为？

M：心里面偷偷地瞧不起吧。

C：还有其他方式吗？或者说目前为止，有没有同学做出的一些行为让你觉得他们在笑话你？

M：（想了一会）那倒没有。

C：那有没有同学对你表达友好的信息？

M：我很少和他们交往，不过班长和团支书去找过我，和辅导员一起，那个班长看起来还挺成熟的，说话还让我比较舒服。

C：他表达了什么意思让你觉得舒服？

M：他就说以前我不是这个班的，现在到了这个班级里，大家都是这个集体的一部分，邀请我去他们宿舍玩。

C：看起来好像笑话你的人倒没有找到，向你示好的人倒找了一个，是吗？

M：（笑了起来）也许只是我自己的担心吧。

C：嗯，只是自己的担心。我们再看看其他的想法，好吗？

然后通过对每一个想法的讨论,最后也让M对这些想法的可能性进行重新评定。这个环节试图让M知道对留级这件事情有很多种解释,别人的看法也有很多种,最重要的是知道什么是真实发生的,什么是自己担心的。

第三次咨询至第四次咨询:解释偏向的调整

2009年10月31日至2009年11月7日 华东师范大学心理健康辅导中心

第三次来咨询的时候,M迫于客观的原因已经搬进新班级的寝室,他在每天的记录中发现,自己宿舍和隔壁宿舍的人对他都挺热情的,帮他搬宿舍,了解他的兴趣爱好,这个发现让他对新班级少了很多担心,每天也开始去上课了。

第三次和第四次咨询,我们稍微调整了咨询的方向,不过大方向依旧是解释偏向的调整。实际上第二次从确定咨询目标后我们就以解释偏向为中心,进行了讨论。这两次则分别针对另两个M非常在乎的问题进行讨论:"我无法主动和别人讲话,我觉得主动和人招呼,就是有什么目的性"、"辅导员没有和我谈过话,她大概也觉得这个人就这样了,没指望了"。通过使用解释偏向调整的技术,转换看问题的角度、评定每个解释发生的可能性,找支持和反对该可能性的论据等环节,最终的目标就是让M不再将问题的原因归结在自己身上,不再仅仅从消极的方面去解释他人的言语和行为信息。

这次咨询结束后,到下次咨询之前,我请M再次填写了IAS、FNE和BDI,结果显示:IAS=44, FNE=39, BDI=12。

第五次咨询至第六次咨询:记忆偏向的调整

2009年11月14日至2009年11月21日 华东师范大学心理健康辅导中心

前面的几次咨询,M已经能够和班级中的几位男生进行交流,并且和班长、同桌有了比较好的沟通,在平时的游戏、体育运动中也可以很好地融入进去。M觉得自己在这方面的问题已经解决好了。接下来就是一个深深困扰他好几年的问题——"如何和异性交往",他无法和女生讲话,如果是女生主动和他打招呼,他的脸立刻红得"像个柿子",甚至在地铁等公共场合有女生朝他看上一眼,他马上就如坐针毡,难受得不得了。

下面是我们针对这个问题进行的一段对话：

C：你什么时候觉得自己和女生交往会给自己很大的负担？

M：初中吧。

C：你能说说你印象深刻的和女生打交道的事件吗？

M：我长得不难看，初中的时候收到好几封情书，笔迹也不同。我也不知道是谁写的，后来有一次我走在走廊上，听到有几个女生在我背后说："你看，这就是二班的那个帅哥呢……"，剩下的我也没有听清楚，不过我知道会有人关注我，从那之后我就总担心自己表现得不好。

C：在这段记忆中，你觉得自己是什么形象的一个人？你可以尝试闭上眼睛，想象自己的形象，然后描述出来。

M：看起来很闷，害羞，低着头，常常穿黑色、白色或灰色的衣服，表情板着，不是，是没有表情。

C：你记得从什么时候开始对自己有这样的印象的？

M：我也不知道。

C：谁会认为你确实是你上面说的这个形象的？

M：家里人都这么说的。

C：能说说家里的情况吗？

M：在家里，父母不怎么理解我，在他们的管教下，我和别人不一样。别人的父母允许他们干什么或不允许他们干什么，而我的父母管得很紧，晚上九点半之前一定要回家，还有我的穿着、发型，他们总是说不好。所以我也不怎么回来，省得听他们啰嗦。

C：父母经常对你说的话是什么呢？

M：妈妈总是想让我变成她看到的人，她常说："给我长点脸"，但她看到的人很有局限性；我父亲是有一定层次的人，对我的要求也很高，经常给我洗脑，我感觉不自由，时刻得提防着，他常常会说我发型不好，成绩不好之类的。

C：父母亲对你的现状很不满，总想改造你，对吗？

M：对呀，我自己觉得很怪，怎么那样管我？我只想和我同学差不多就行。后来暑假的时候，我私自去烫了下头发，后来就被强行剪掉。在家里爸爸更加强势，妈妈就是马后炮，他们两个人一个白脸，一个红脸。

C:在家里,感觉父母亲总是对你有过高的要求。

M:他们总是希望我成绩优秀、三好学生,进名牌大学,可惜我和这些差距太大了。

C:他们的要求让你觉得自己很有压力啊!

M:有时候透不过气来。我记得初中的时候,我的邻居,和我一个天,一个地,人家现在考的是交大。小的时候,他就很喜欢看书,后来生病自己在家自学,还考上了交大。那时候我爸爸骂我都是开着门骂的,对面的人家都听到的,真是丢脸丢大了,现在想想都很丢人。我记得我初中成绩很差,小学的时候还稍微好点,初中我就不怎么讲话了,也讨厌老师找我。

C:这应该是很没面子的记忆了。

M:我一直就是比较差的,我爸爸很强势,所以我也不反抗。初中的时候,我还挺喜欢自己比较闷,现在发现这样不行了。

C:你从父母那里得到了很多负面的信息。你觉得同学们也会这样评价你吗?特别是女生呢?

M:他们大概觉得我很闷吧,女生可能开始对我还挺有好感的,不过我知道,一旦她们了解我,知道我很闷,没什么胆量,或者我其他什么不好的地方,比如穿衣服不合适啊什么的,可能也就对我没什么好感了。

C:这些想法谁告诉你的呢?或者有什么事件可以证明吗?

M:我也不清楚,她们在我背后议论,肯定会说不好听的话。

C:比如说会有什么不好听的话呢?

M:成绩不好啊,头发很土,很闷。

C:"很闷"你提到了很多次,看来这是你对自己最肯定的评价。那我想知道她们会不会可能说什么好听的话?

M:就是形象好一点。

C:还有呢?

M:比较酷吧。

C:这些好像是正面的评价吧?

M:(没有讲话)

C：你刚刚说的不好听的评价，怎么听起来那么耳熟呢？好像你父母都讲过的吧？

M：（愣了一下）

借着这个契机，我开始和M探讨其父母对他的评价如何影响了他对自己的评价，他对自己的评价如何影响了他推测别人的评价。而后对他被父亲打这段记忆进行了认知重构，并以新的视角重新建构了那段记忆的意义；并让他用今天的自己带领着初中的自己，一起回到被打的那个场景，他想让今天的自己告诉爸爸，他不是小孩子了，是要被尊重的，就算成绩不好，也可以慢慢成长的。

这样一个过程，我都觉得常常会失去方向，所以这次咨询非常艰辛。在给M做了一些呼吸放松就结束了。

第六次来咨询时，反馈倒比我预料中的好。这次我们继续将视角放在和异性交往上，M又报告了一件事情："实际上虽然我很害怕和女生交往，但是大学里我还是交了一个女朋友，但是我不太善于讲话，所以后来她和我分手了，我成绩下降和这个也有关系。"于是，我们针对他这段短暂的恋爱史进行了交流。原来，M开始就害怕女生对自己会有不好的评价，这次失恋他觉得就是自己担心的事变成了现实，这对他打击很大。通过对整个过程的叙述，我发现M有个信念："别人一旦了解我，就不会再喜欢我。"所以，这次咨询主要以M叙述为主，我适时地进行同感和疏导情绪。M情绪稳定一些之后，我们利用转换视角、寻找例外（和该信念不符的事情）来挑战该信念；同时对这段恋爱重新回忆，看是否有发生的但自己没有重视的信息，结果M觉得这次失恋不完全是自己的事情，其实和那个女生之间，都没有什么共同的兴趣爱好，所以也算自然结束。这样极大地解脱了M的心灵，他觉得从这个角度看可能更符合实际情况本身。

第七次咨询：2009年11月28日　华东师范大学心理健康辅导中心

M这次看起来放松很多，他自己提出现在的压力比之前少了很多，他现在可以叫出班级里好几个女生的名字，还和邻近的几个说过话，觉得自己一旦不去想别人怎么想自己，就可以放松很多。我们聊了一些班级同学的活动，以及他参与其中的感受，他觉得自己和这个班级还是有一些距离，不过有几个同学还比较热情，他也尽量让自己和这个班级有更多的活动,毕竟还要和他们相处很长时间。

我让 M 畅想一下,在接下来的时间中,在人际交往方面他准备有哪些突破。M 觉得他现在已经比之前有了进步,不过和别人对话的时候,在开始前还有点紧张,他畅想着要是自己这点也改进了,他就非常开心了。

在咨询结束前,我请 M 做了 IAS、FNE 和 BDI,结果显示:IAS=37,FNE=18,BDI=8。

回访:2009 年 3 月 6 日

开学两周后我给 M 打了电话,询问了最近的情况。他觉得现在一切还不错,可以和班级里几个同学成为朋友,也就觉得并没有游离在这个新班级之外了。为了评估他目前的社交焦虑水平,我给他发了邮件,请他做了 IAS、FNE 和 BDI,结果显示:IAS=36,FNE=20,BDI=6。从中可以看出,M 的社交焦虑和抑郁维持在一个相对稳定的状态。

案例分析:

M 在父母的严格管教下成长,父母的负面评价成了他评价自己的依据。初中之后,成绩下降,父亲不顾其尊严的打骂给他留下了难以磨灭的创伤,但强势的父亲很难听进去他的意见;妈妈也总是马后炮,会在事后"啰啰嗦嗦地对我说父亲打我是对的",这让 M 总是提心吊胆地生活。在青春期时,收到女生的情书,对自己长相的评价有所提升,但对自己的内在却产生了极大的不自信,担心别人了解自己后就会损害自己在别人心目中的形象。进入大学之后,高考成绩的不如意、人际关系的适应不良及留级的噩耗,都加重了 M 的心理负担。最为难熬的还是他留级了,但还住在老班级的宿舍中,为了不面对新班级的同学,他连续逃课,所以他是生活在新老班级之间的"边缘人"。很快他就开始为此付出代价,新班级中一些重要的信息没有人通知他,老班级的同学马上就要去实习了,他必须得尽快搬到新班级的宿舍去。这时,他开始思考如何克服内心的恐惧和新同学之间开展交往。

这个个案中,我们发现 M 对"留级"这件事情有着很大的担忧,担忧新班级的同学对他有不好的想法,所以总是逃课。咨询的切入点也是从这里开始的。通过对他解释偏向的调整,以及关注实际情境中的积极反馈信息,M 顺利从老班级过渡到新班级。接着,再将中心转到"如何和异性交往”这一问题上，在这个问题上，发现父母的负面评价影响了 M 的自我评价，而且他听到有女生在背后议论他，就更加担心别人一旦了解他的真面目，就不会再喜欢他了。咨询室中，我们采取了认知调整、转换视角、寻找反例等方法帮助 M 正确地评价自己；并对 M 记忆中不如别人的、常常挨打的自我意象进行了调整，帮助他重新建构那段记忆的意义，使得那段记忆不再成为他人生中的一个暗影。

这个个案得以成功，我个人觉得现实情境中逼得他不得不调宿舍这个事件其实助了一臂之力，给了 M 很多积极的信息；这强化了咨询室中认知调整的结果。总之，通过加强认知偏向在认知疗法中的分量，可以有助于解决社交焦虑者的人际交往问题。我们将 M 在几次咨询中的社交焦虑和抑郁的变化趋势图呈现在图 7.6 中。

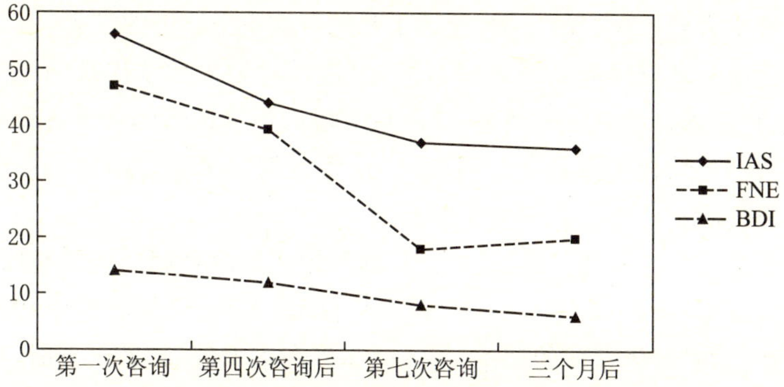

图 7.6　M 的社交焦虑程度和抑郁水平的变化趋势图

注：IAS：社交焦虑量表，FNE：惧怕否定评价量表，BDI：抑郁自评量表。

三、小结

上面是利用第四章至第六章的研究结果对社交焦虑者进行咨询的应用研究，从 T 和 M 的情况来分析，二者在社交焦虑的程度、诱发原因都存在着不同之处。相比而言，T 的社交焦虑、抑郁程度都比 M 要更为严重。从诱发原因来看，T 更多是由于无法融入到同辈群体中，还不断受到同学的戏弄和嘲笑，在不断的打击中形成了消极的自我意象和自我评价，从而对社交过程充满了消极的预期和消极的认知偏向；M 则是家庭中过多的消极评价导致的消极自我评价和自我意象，加之留级这一突发事件，他担心其他同学笑话自己,这种担心使其无法走进班级。不过我们发现二者也有很多共同点,他们都对社交过程有着消极的预期,并且有逃避的表现,在认知上对他人言语行为、自己的社交焦虑的生理症状、过去的社交记忆都有着消极的认知偏向。这样的表现确实与前面的研究结果一致。所以,在这两个个案的咨询过程中,我们除了运用一般的同感、宣泄情绪等技术外,还在认知疗法中突出强调对解释偏向和记忆偏向的调整。

两个个案有不同的诱因,因而在方法的运用上相对也有所调整。T的咨询中,以初中时期的同伴交往这段给她带来创伤的记忆为切入点进行认知重构,形成新的自我意象和合理的自我评价;然后再进行解释偏向的调整,扩大T解释问题的视角,重新思考消极解释发生的后果,从而打破消极的、自责的解释偏向。M的咨询中,则先以"对留级的看法"这一问题的讨论,消除M对留级的消极解释,幸运的是他从调宿舍这件事情中得到了积极的反馈,验证了我们咨询室中讨论的结果,于是M顺利完成从老班级向新班级的过渡;再通过对早年常常挨打的记忆入手,进行消极自我意象的调整,从而重新建构那段记忆的意义。最后一个阶段都是结合实际社交情境的练习,将咨询室中取得的效果在实践中加以巩固。

两个个案的咨询中我们也发现,刚开始运用解释偏向的调整时,当事人都觉得有点不太适应,他们很难从自己一直坚信的解释中转换过来。所以,对解释偏向的调整,一方面在咨询室中进行;另一方面,在咨询室之外,都布置当事人在学校中观察其他同学的交往,或是记录其他同学的言行以及自己的解释,这样有助于我们寻找讨论的情境,也有助于从不同的角度对事件进行解释,因为事件发生在自己身上和他人身上会引发社交焦虑者不同的解释。在记忆偏向的调整中,发现当事人一直用过去的记忆形成的自我意象和自我评价来应对现在的事情,所以在这个环节中,最重要的一点是引导当事人自己领悟这一点,这样咨询的效果会大大增强。

第八章　总讨论与结论

第一节　总讨论与结论

一、大学生社交焦虑的现状

通过使用交往焦虑量表对大学生的社交焦虑进行调查，结果发现本研究调查的大学生社交焦虑的程度高于山东、湖北、武汉等地大学生的社交焦虑；大学生的社交焦虑无性别和专业的差异；不过不同年级间有显著差异。这里我们主要讨论两点：一是大学生社交焦虑的地域差异，二是大学生社交焦虑的年级差异。

本次调查虽不是分层随机抽样，不过也兼顾到了师范院校与非师范院校、不同专业、不同年级之间的平衡，最后得出本研究被试的社交焦虑程度高于其他研究。这可能是上海的经济较为发达，人们的生活节奏较快、生活成本较高，伴随而来的便是生活压力、就业压力的增大，大学生的业余时间都用在争取各种机会，获得更多经验。因而同辈群体之间的互动减少，一些在人际方面不太擅长的同学很容易走入自我封闭的状态。另一方面，上海这个地区，大学生面临的机会相对比内地多，当然前来竞争的人才也更多，在与一些优秀的他人进行比较时容易造成自我评价过低，导致社交焦虑程度加重。

再来看大学生社交焦虑的发展趋势。大一到大二社交焦虑程度有显著的上升，大二到大三阶段又有显著的下降，到了大四社交焦虑又有上升的趋势，但和大三之间并没有统计学上的差异。这和大学生不同年级的任务有着很大的关系。从刚刚进校时对新环境的好奇与懵懂，对大学阶段充满了希望与憧憬，在人际关系上则是互相之间从彼此不熟悉到慢慢熟悉，和其他同学的交往也处于尝试的阶段，因而大部分同学的社交焦虑水平相对并不高。不过，由于没有高中组别，否则可以看出大一和高中各年级的社交焦虑水平的比较。进入大二后，经过一年的生活与学习，同学们都在彼此心中留下了一个形象，这个形象涉及一个人的学习、社交以及在老师或是班级同学心目中的地位，这些都对一个人的社交焦虑产生影响。而且，大二这个阶段各种小团体开始建立起来，这时候不太善于人际交往的同学往往会落单，也很难融入团体生活，也很难克服焦虑去参加学生社团组织，这些都会导致社交焦虑程度的加重。到了大三阶段，是另一个适应时期，同学之间已经找到适合自己的交往方式；在学习任务上也完成了学校要求的英语、计算机等资格考试，开始向自我设定的目标前进；在实践方面，也开始慢慢走出学校，开始和社会接触，比如参加兼职等。因而，大三这一时期，自我效能感相对较高、心态较为平和、活动也相对比较丰富，因而这个时期的社交焦虑水平在整个大学时期都处于最低状态。到了大四阶段，随着毕业的临近，大学生更多地开始思考毕业的方向，更多地接触社会，对未来充满了更多的不确定性，所以社交焦虑水平又有所上升，不过这个时期的上升，不再是像大二时期那样与前一阶段有着显著性的差异。大学四年的学习和各方面的锻炼，自我的不断成熟，这时候的大学生有了更多的社交经验和技能，对自我的评价也更加客观，所以，这一时期社交焦虑水平的上升和前一阶段并没有显著性的差异。

所以，得根据不同年级大学生的发展任务以及社交焦虑的年级发展趋势，对重点年级进行发展性人际关系的教育活动，比如对新生开展各种活动帮助同学间彼此了解，以及不同性格的同学如何相处等讲座，对大二的学生要以选修课的形式或是讲座的形式开展人际交往培训课程和人际沟通的技巧培训等，帮助大学生克服社交中的一些难题。

二、高社交焦虑大学生对不同性质事件的解释偏向

通过使用文本材料范式和反应时范式对高社交焦虑大学生的解释偏向进行研究，发现不同性质事件对解释偏向的影响不大。简单而言，无论呈现含糊信息还是积极信息或消极信息时，高社交焦虑大学生对社交性事件存在消极解释偏向，缺乏积极解释。利用反应时范式研究高社交焦虑组对积极信息的解释偏向稍有差异，他们既存在积极解释，也存在消极

解释。反应时范式得到的是在信息较少的情况下作出的即时解释，而文本材料有更多的思考空间，所以我们认为得到更多的是事后解释。结合这两种不同范式得出的研究结果，我们开始思考：即时解释和事后解释是什么关系呢？

本研究倾向于认为这是解释的两个阶段：(1)即时解释阶段。该阶段的即时解释受到事件性质的影响。在呈现含糊信息和消极信息时，高社交焦虑组表现出即时消极解释偏向，缺乏即时的积极解释偏向；呈现积极信息时，高社交焦虑组既表现出即时的消极解释偏向，也表现出即时的积极解释偏向。但是积极的解释偏向是否可以让他们体验到积极的情绪呢？答案是否定的。因为很快他们便进入到解释的第二阶段，即消极解释的固着阶段。这在利用模拟社交情境的研究中得到了证明：社交焦虑者会低估自己在社交中的表现。①②斯托帕和克拉克发现，社交焦虑组不仅低估了他们的积极行为，而且过高地估计自己的消极行为。他们对自己的评价标准更加苛刻，这可能和他们的完美主义有关系。③有研究发现，完美主义和社交焦虑之间有着显著相关。此外，有研究发现，积极的反馈或较高的预期并不能降低他们的焦虑水平，反而会让他们对下一次社交场合作出消极的预期。这可能使社交焦虑者更习惯于用消极的方式来处理信息，消极解释的自动启动抑制了认知资源分配到积极解释上。(2)消极解释的固着阶段。此时，事件的性质已经不再影响高社交焦虑者的解释偏向了，因为当信息呈现后，即使是积极的信息，他们作出积极解释后，马上就会想到存在消极解释，他们也会转而固着在消极解释上。出于对消极解释的恐惧，他们的关注点会落至消极解释上，觉得消极解释发生的概率很大。为了逃避消极解释带来的焦虑情绪的上升，他们就会转而“自我关注”，即将注意的焦点转向自身，这恰恰会提升他们的焦虑水平。因为在自我关注的过程中，高社交焦虑者会消极地解释自己的生理

① Alden, L.E. and S.T.Wallace, Social Phobia and Social Appraisal in Successful and Unsuccessful Social Interactions. *Behaviour Research and Therapy*. 1994, 33(5), pp.497-505.

② Mellings, T.M.B. & L.E.Alden, Cognitive Processes in Social Anxiety: The Effects of Self-Focus, Rumination and Anticipatory Processing. *Behaviour Research and Therapy*. 2000, 38, pp.243-257.

③ Stopa, L. & D.M.Clark, Cognitive Processes in Social Phobia. *Behaviour Research and Therapy*. 1993, 31, pp.255-267.

唤醒，因而使得焦虑水平更加高。这在一些研究中得到了佐证，比如社交焦虑者在所恐惧的社交情境中经常会体验到自己的消极意象。①而且，多项研究也发现，社交焦虑者常用观察者视角来评价自己，而不是对他人给出的现实信息作出解释，这也从一个方面证明社交焦虑者后期会将更多的资源倾注在“自我”内部，而非“对外部信息的反应”。②此外，根据情绪一致性理论，高社交焦虑者会提取出和当前恐惧、焦虑情绪相一致的记忆，比如之前失败的社交体验、羞愧、耻辱的体验等，导致他们愈发感到焦虑，进而开始回避社交。注意偏向的研究也可以为消极解释的固着提供一些佐证。

注意偏向的研究也可以为此提供一些佐证。高鹏程、黄敏儿研究发现，高特质焦虑者对威胁性信息并非特别敏感，而是一旦注意了，就会锁定在威胁性信息上，难以摆脱；而低特质焦虑者则对快乐信息更敏感，也更容易被其锁定。③可见，到了消极解释的固着阶段，高社交焦虑者对信息的解释更多受到自我评价、长时记忆中的消极社交体验的影响。这也说明焦虑的“四因素理论”确实可以用于解释社交焦虑的成因。当然，虽然有这些研究的佐证，本研究认为高社交焦虑者对含糊信息的解释经历积极解释的缺乏转而到消极解释的固着，还需要结合不同学科，运用多种方法深入细致地对社交焦虑的解释偏向进行研究。

三、高社交焦虑大学生解释自我信息和他人信息的差异

高低社交焦虑者在解释自我信息和解释他人信息时具有不同的解释偏向，具体表现在：呈现含糊或积极的社交事件时，高社交焦虑组对他人信息评定更加积极，对自我信息评定更消极，低社交焦虑组对他人的含糊信息解释更加消极，积极信息解释更加中性；呈现消极事件时，高社交焦虑组对社交事件和非社交事件的消极解释评定上，都是对自我信息的评定比他人信息的评定更消极，低社交焦虑组在消极事件的解释上不存在自我信息和他人信息的解释差异。这说明高社交焦虑者更相信发生在他人身上的事件会朝好的方向发展，而同样的事件发生在自己身上，却有着

①② Hackmann, A., D.M.Clark, & F.McManus, Recurrent Images and Early Memories in Social Phobia. *Behaviour Research and Therapy*. 2000, 38, pp.601-610.

③ 参见高鹏程、黄敏儿：《高焦虑特质的注意偏向特点》，《心理学报》2008 年第 3 期。

更多的消极预期，他们对自己的信任程度更低。这也说明他们在无意中将自己放在比他人低的位置，也就是消极的自我评价。而低社交焦虑者则不同，他们倾向于将发生在他人身上的积极事件进行中性化的解释，这可能也是希望获得某种优越感，以保持自身的心理平衡。

我们将高社交焦虑组在自我信息和他人信息的解释上表现出来的差异称为"损己利人"现象。这就涉及高社交焦虑者的解释偏向的比较的方向问题，在解释他人信息时，他们由于常常"向上比较"，使得自己处于较低的位置，将他人放在较高的位置，因而对他人信息进行解释时，常常会作出积极的解释，或是对消极解释发生的可能性评定比较低。而对自我信息进行解释时，他们对自己的消极评价较多，因而在解释时，常常作出更多的消极解释。此外，也可以用"认知失调理论"加以解释。高社交焦虑者由于早期失败的社交体验，以及自己的消极心理意象，他们常常在社交之前便会作出消极的预期，预期自己会失败或是担心自己会失败，所以消极解释更加符合他们作出的失败预期。此时，消极的解释和个体的认知处于协调一致的状态，因而更容易为个体的认知系统所接受，因而对消极解释的可能性的评定也更大。相反的是，积极解释和高社交焦虑者的失败的预期并不一致，因而和他们的认知处于不协调的状态，因而不易为个体的认知系统所接受，所以降低对积极解释的可能性的评定，可以缓解认知上的失调感。而解释他人信息时，他们常常会作出积极的预期，因而积极解释更能为他们的认知系统所接受，因而对其评定更高；消极解释与其认知系统不一致，因而必须对其发生的可能性的评定要降低，否则无法达成认知的平衡。

与高社交焦虑组相比，如果呈现的含糊的社交事件，低社交焦虑组对该事件发生在他人身上，会倾向于作出更多的消极解释；若呈现的是积极的社交或非社交事件，低社交焦虑组对该事件发生在他人身上倾向于作出更多的中性解释。这里就可以看出低社交焦虑组倾向于作出"利己"的解释，这种解释方式有助于他们在与他人的比较中占得心理上的优势，也有助于他们提高社交的自我效能感，也更能保护他们的自尊，维护其心理健康。当然，低社交焦虑者这种"利己"的解释应该也有一定的限度，否则容易忽视信息的客观性，这就是我们在前文提到的，解释并不完全是主观的。若一味地进行"利己"解释，也就是这种积极错觉超过了一定的限度，可能会造成自恋,并导致压抑的应对方式。

四、自传式回忆中的解释偏向

通过让高低社交焦虑组报告三段让他们觉得羞愧、尴尬或羞辱的社交场景的记忆,对他们自传式回忆的内容进行分析,结果发现高社交焦虑者在加工给自己带来了消极的情绪体验社交事件时,倾向于作出更多消极的解释,较少作出积极解释和责他解释。这可能是受到记忆中的消极评价、消极意象以及创伤性事件的影响。沙利文早在1953年就提出焦虑者焦虑的起源在于童年期受到重要他人的反对,这样的创伤性经历会影响他们自我概念的形成。因为自我概念的形成很大程度上取决于我们对他人评价的认知。而社交焦虑者受到重要他人的反对之后,他们站在他人的角度来对自己的行为作出评价,内心中会带来不被他人认可的恐惧。这些消极的记忆常常在类似的社交场合自动被提取出来,导致了社交焦虑的消极预期以及解释信息时的视角。因而,在对发生在自己身上的社交事件进行解释时,常常会自动提取出早先存在于头脑中的消极信息和消极评价,因而无法分清楚哪些事情是真实发生的,哪些事情是产生于自己的解释。这就涉及记忆的监控(memory monitoring)问题,研究发现,有时候错误记忆是因为将外部信息和内在的解释相混淆所导致的。所以,我们认为,高社交焦虑者的自传式回忆中会报告更多的消极解释,是因为他们依靠早先的消极自我评价加以推断,并且,他们会倾向于认为这些信息确实就是真实发生的事情。所以,会带来更多消极的情绪体验。

另外一点,高社交焦虑者作出“责他解释”显著少于低社交焦虑组。在分析低社交焦虑组的责他解释中,可以感觉到这些解释中带有对别人的愤怒之情,这说明低社交焦虑者可以表达自己的情绪,也能够将自己的愤怒发泄出来。高社交焦虑组常常是压抑自己愤怒的情绪,且很难去表达自己的感受,他们即使有自己的感受,想到别人会如何评价自己时这种情绪感受已经被压抑了。这个发现提醒我们,在对社交焦虑者的咨询和治疗时,需要加强培养他们表达自己感受的能力。

五、解释偏向研究在临床中的应用

通过对社交焦虑者的解释偏向研究,发现高社交焦虑大学生与低社交焦虑大学生相比,缺乏积极的解释偏向,固着在消极解释偏向上,解释的灵活性不够；自传式回忆中也发现他们的责他解释更少，而这恰是低社交焦虑者作出较多的责他解释；自我消极评价的词语更多，焦虑/害怕的词语更多。针对此结果，我们认为要对社交焦虑者进行治疗，必须把握这三点：(1)重构消极情绪记忆中的自我意象和自我评价；(2)帮助他们表达自己的感受；(3)调整解释偏向，帮助他们看到其他解释的可能性，即增加解释的灵活性。当然，在进行咨询的过程中，也要注意高社交焦虑者的解释特点，积极的反馈并不能增加他们的积极自我体验，相反，是“否定消极表现”这种句式更能为他们所接受，比如“你一点也不紧张”、“你说得一点也不枯燥”……这样的语句可以降低他们的焦虑感。

在具体的个案咨询中，没有固定的程序，只是根据咨询的步骤和个案的具体情况灵活选择方法。比如个案1的咨询中，以初中时期的创伤记忆作为切入点进行认知重构，形成新的自我意象和合理的自我评价；然后再进行解释偏向的调整，打破消极的、自责的解释偏向。个案2面对的现实问题比较棘手，所以我们先针对“对留级的看法”这一问题加以讨论，进行解释偏向的调整；再通过对早年常常挨打的记忆入手，进行消极自我意象的调整，从而重新建构那段记忆的意义。最后再进入实际社交情境的练习，巩固咨询效果。不过遗憾的是，这两个个案的咨询我们都是用交往焦虑量表、惧怕他人评价量表以及抑郁量表进行咨询效果的评定，缺乏对他们解释偏向的评定，也缺乏他们主观报告的咨询效果的评估，这是在以后的咨询中需要加以注意的问题。

六、总结论

通过对本研究的讨论与分析，总结论如下：

(1) 采用问卷调查法，得出大学生社交焦虑状况基本呈正态分布，不过上海大学生的社交焦虑程度明显高于山东、武汉大学生的社交焦虑水平；大学生的社交焦虑不存在性别、专业差异；存在年级差异，大二时社交焦虑水平最高，大三时最低，大四时又呈向上发展的趋势。

(2) 利用文本材料范式的解释偏向研究发现：与低社交焦虑者相比，高社交焦虑者对含糊、积极和消极的社交事件既存在消极解释偏向，也缺乏积极解释偏向；高社交焦虑组的解释偏向仅在解释自我信息时才表现出来，解释他人信息时会更加积极。

(3) 利用反应时范式的解释偏向研究发现：高社交焦虑组对含糊、积极和消极事件都产生即时的消极解释偏向，对积极事件还会产生即时的积极解释偏向；低社交焦虑组对积极和消极事件都产生即时的积极解释偏向，对含糊事件未表现出任何解释偏向。

(4) 与低社交焦虑组相比，自传式记忆中高社交焦虑组报告的消极解释更多，积极解释和责他解释更少；高社交焦虑组更关注“他人视角的自我相关信息”，报告的感觉信息更多，表达焦虑/害怕情绪的词更多，也更倾向于回避社交场合。

(5) 在运用传统的认知行为疗法对社交焦虑者进行咨询和治疗时，突出解释偏向这一认知环节，调整消极的解释偏向，加强积极解释的训练，有助于提升治疗的效果。

第二节 研究的创新与不足

一、研究的创新之处

(一) 主题的新颖性

本研究对社交焦虑的理论模型，尤其是认知模型进行了系统的介绍和回顾，特别介绍了社交焦虑的解释偏向研究，以及高社交焦虑大学生的解释偏向的特征。这一主题在国内的研究较少，而在临床干预中又是了解社交焦虑者内在世界的有效途径，对这一领域的研究有助于为我国的大学生人际关系教育和培训提供科学的理论依据和新的研究视角。

(二) 实验材料具有现实意义

本书所有的实验材料均从大学生的访谈中得来，然后进行评定、修改、试测和再修改，最后采用的材料反映了大学生在教室、寝室以及兼职等社交场合的社交焦虑感受，能够反映大学生的生活。此外，在材料的呈现上也作了一些改进。其他利用文本材料范式来研究离线解释偏向的研究，都是呈现实验材料后一次性呈现出实验提供的多个解释，此时测得的结果可能受到了选择偏向的影响。因而，本研究中改进了实验材料呈现的方式，使用电脑的动画操作每次只呈现一个解释，控制了选择偏向这一额外变量，使得研究结果更加准确。

（三）实验方法的多样性

本研究除了使用经典的文本材料范式对社交焦虑的解释偏向进行研究外，还利用反应时范式对即时解释偏向进行研究，有助于我们对不同范式下得出的结果进行比较，也有助于了解高社交焦虑大学生的解释偏向发生的不同阶段。通过结合即时解释和离线解释偏向的结果的讨论，我们得出高社交焦虑大学生对信息的解释经历了不同的阶段，这有助于我们深入地了解高社交焦虑大学生解释偏向的过程，对日常的心理咨询也具有一定的指导意义。

（四）研究思路的开阔性

研究思路的开阔性主要表现在两点：1.解释偏向最初是研究个体如何对含糊的、歧义的信息作出解释，而社交场合中除了含糊信息外，还具有明确的积极或是消极事件，所以本研究在文本材料范式和反应时范式中不仅对含糊信息的解释偏向进行研究，还对积极事件、消极事件进行了研究；此外，还对自我信息和他人信息进行了研究，以期了解高社交焦虑大学生的解释偏向究竟是只针对与自己相关的信息还是针对所有的信息。2.不仅仅利用文本材料范式和反应时范式来研究社交焦虑的解释偏向，同时从解释和记忆之间的关系来考察解释偏向，根据咨询本身的特性，我们选取了自传式回忆作为切入点，从其他认知偏向的角度来探讨解释偏向的特点，有助于从整体上把握社交焦虑的认知偏向。

（五）研究结果对提升认知行为疗法的疗效具有重要意义

通过多种方式、多个角度的研究，最终我们得出高社交焦虑大学生在面对含糊信息和消极信息时，作出即时的消极解释；面对积极信息时，既产生即时消极解释也产生即时积极解释，所以说高社交焦虑者并不总是产生消极解释。但是联系到文本材料范式得出的解释偏向的结果，就发现高社交焦虑者最终总是集中在消极解释上，导致积极解释并不能带来积极的情绪体验。在此结果上，本研究提出“解释的阶段论”，即第一阶段是即时的积极解释或消极解释，第二阶段消极解释的固着。以及在自传式回忆中发现高社交焦虑者缺乏“责他解释”，通过对自传式回忆内容的分析，发现责他解释中包含了更多的愤怒情绪。这提醒我们在利用传统的认知行为疗法对社交焦虑者进行咨询和治疗时，如果能够突出解释偏向这一认知环节，以及加强对情绪表达的训练，可以提升认知行为疗法的疗效,这在个案研究中得到了证实。当然,这方面还需要进一步的干预研究,以及不同疗法之间的疗效比较才能进一步加以证明。

二、研究的不足与展望

(一) 研究的不足

本研究利用不同范式对高社交焦虑大学生的解释偏向进行了研究,同时从记忆环节考察了解释偏向,取得了一定的成果,但由于研究时间和客观条件的限制,本研究还存在一定的不足之处,需要进一步研究加以完善。不足主要体现在下面四个方面:

1. 实验材料不够具有生态效度

从实验材料来看,虽然用于实验的所有材料均体现了大学生生活的多个场景,但这些场景都是用语句的形式加以描述,毕竟还是和现实生活有所差距,所以在材料的选择上应该选用更加具有生态效度的,比如身体语言或是现实情境的模拟等来研究社交焦虑的解释偏向。

2. 被试的选取比较单一

本书采用的是对比研究,即采用高社交焦虑大学生作为被试,虽然通过对比研究的元分析发现,采用高社交焦虑人群作为被试和临床的社交焦虑患者作为被试并没有显著的差异,但是假如能够在本研究中加入临床患者进行对照,那么对于了解不同社交焦虑程度和解释偏向之间的关系会更加清晰。在最初的研究计划中是有社交焦虑患者这一对照组,但是因为这一组收集的人数太少,以至于后期只好放弃这一组别。在以后的研究中,需要以临床的社交焦虑患者进行重复研究,考察不同焦虑程度的社交焦虑者的解释偏向。

3. 理论还不够完善

通过采用文本材料范式和反应时范式对解释偏向的研究,以及结合自传式记忆的角度来考察高社交焦虑大学生的解释偏向,本研究中得出解释偏向存在两个阶段:即时的消极解释或积极解释阶段、消极解释的固着。但解释偏向是否具有不同的阶段,是否具有本书得出的两个阶段,还需要进一步研究加以证明,尤其是需要融合不同的学科,如神经学以及细胞因子学等学科全方位了解社交焦虑的解释偏向。

4. 临床运用还需要进一步的证明

从临床干预的技术而言,本研究通过第四章至第六章得出的结果提出了一些解释偏向和记忆偏向的干预策略，并用两个个案的咨询过程加以说明。不过具体的运用还需要多个临床实践加以证明，也需要和不同的治疗方法、不同的被试群体加以比较，最终予以证明。

（二）研究展望

解释偏向研究对于了解社交焦虑者如何建构他们的内在世界具有重要意义。建构主义者认为，世界是客观存在的，但对于世界的理解和赋予意义却是每个人自己决定的。我们是以自己的经验为基础来建构现实，或者说是在解释现实，由于个人的经验以及对经验的信念不同，于是对外部世界的理解便也迥然不同。建构主义的观点，甚至后现代的其他理论都影响了心理学的研究方法。所以认知心理学加强了对解释环节的研究，不仅有助于了解某一类病症的根源，也有助于提出具体的干预方案。因而，未来对解释偏向的研究还需要从多个角度、多个学科进一步进行研究。

1. 加强社交焦虑的流行病学调查

今后的研究中，需要加强对社交焦虑的流行病学的调查，因为其症状的特点导致求助率特别低，所以需要进行大规模的流行病学调查，以了解该病症目前的发展状况，各个年龄阶段的发病率以及终生患病率如何，容易和哪些心理疾病发生共病等。

2. 加强多个学科、多种方法的融合

社交焦虑的解释偏向研究需要结合多个学科，运用多种方法加以研究。首先，可以加强质性研究，特别是将建构主义的理论和解释偏向研究相结合，以期更深入地了解社交焦虑者如何对外部信息进行解释。其次，也应该加强解释与其他认知环节之间的关系研究，多个认知环节的联合作用才能从整体上了解社交焦虑者对信息的加工过程。第三，还需要引入细胞分子学、神经学等学科，采用多样化的技术进行研究，从各个角度进行解释偏向的研究。

3. 加强社交焦虑的干预研究

社交焦虑的心理疗法中，认知行为疗法的疗效还有提升和改进的空间，在传承认知行为疗法的传统技术的基础上，还应该突出解释偏向在其中的作用，加强在干预中突出对解释偏向的调整，并通过和其他疗法的比较，来验证其疗效；同时也需要发现更多的不足加以调整，以期能够发展出一套有效的治疗方法。

附　　录

附录1　交往焦虑量表(IAS)

您好，本次实验的目的是调查大学生的人际交往情况，请您根据自己的情况填写下面的问卷。本次调查只用作研究，绝不透露给他人，请您放心作答。

非常感谢您参与本次的调查！

性别：□男　□女　　年龄：________岁　　　年级：________

专业：□文科　□理科　□工科　　　学号：________

请认真阅读下面的每个条目，并决定其陈述对你适用的程度或其真实的程度。根据1～5的等级对下面的陈述作出评定。

题号	题　目	1 一点不符	2 有点相符	3 中等相符	4 非常相符	5 极其相符
1	即使在非正式的聚会上，我也常感到紧张					
2	与一群不认识的人在一起时，我通常感到不自在					
3	与一位异性交谈时我通常感到轻松					
4	在必须同老师或上司谈话时，我感到轻松					
5	聚会常会使我感到焦虑及不自在					

(续表)

题号	题　目	1 一点不符	2 有点相符	3 中等相符	4 非常相符	5 极其相符
6	与大多数人相比,我在社会交往中可能较少羞怯					
7	在与我不太熟悉的同性谈话时,我常常感到紧张					
8	在求职面试时我会紧张的					
9	我希望自己在社交场合中信心更足一些					
10	在社交场合中,我很少感到焦虑					
11	一般而言,我是一个害羞的人					
12	在与一位迷人的异性交谈时我经常感到紧张					
13	给不太熟的人打电话时我通常觉得紧张					
14	我与权威人士谈话时感到紧张					
15	即使处于一群和我相当不同的人群之中,通常我仍感到放松					

附录2　贝克抑郁问卷(BDI)

A:
0. 我不感到忧愁
1. 我感到忧愁
2. 我整天都感到忧愁,且不能改变这种情绪
3. 我非常忧伤或不愉快,以致我不能忍受

B:
0. 对于将来我不感到悲观
1. 我对将来感到悲观
2. 我感到没有什么可指望的
3. 我感到将来无望,事事都不能变好

C:
0. 我不像一个失败者
1. 我觉得我比一般人失败的次数多些
2. 当我回首过去我看到的是许多失败
3. 我感到我是一个彻底失败了的人

D:
0. 我对事物像往常一样满意
1. 我对事物不像往常一样满意
2. 我不再对任何事物感到真正的满意
3. 我对每件事都不满意或讨厌

E：
0. 我没有特别感到内疚
1. 在相当一部分时间内我感到内疚
2. 在部分时间内我感到内疚
3. 我时刻感到内疚

F：
0. 我没有感到正在受惩罚
1. 我感到我可能受惩罚
2. 我预感会受惩罚
3. 我感到我正在受惩罚

G：
0. 我感到我并不使人失望
1. 我对自己失望
2. 我讨厌自己
3. 我痛恨自己

H：
0. 我感觉我并不比别人差
1. 我对自己的缺点和错误常自我反省
2. 我经常责备自己的过失
3. 每次发生糟糕的事我都责备自己

I：
0. 我没有任何自杀的想法
1. 我有自杀的念头但不会真的去自杀
2. 我很想自杀
3. 如果我有机会我就会自杀

J：
0. 我并不比以往爱哭
1. 我现在比以前爱哭
2. 现在我经常哭
3. 我以往能哭，但现在即使我想哭也哭不出来

K：
0. 我并不比以往更容易激惹
1. 我比以往容易激惹或容易生气
2. 我现在经常容易发火
3. 以往能激惹我的那些事情现在则完全不能激惹我了

L：
0. 我对他人的兴趣没有减少
1. 我对他人的兴趣比以往减少了
2. 我对他人丧失了大部分兴趣
3. 我对他人现在毫无兴趣

M：
0. 我与以往一样能作决定
1. 我现在作决定没有以前果断
2. 我现在作决定比以前困难得多
3. 我现在完全不能作决定

N：
0. 我觉得自己看上去和以前差不多
1. 我担心我看上去老了或没有以前好看了
2. 我觉得我的外貌变得不好看了，而且是永久性的改变
3. 我认为我看上去很丑了

O：
0. 我能像以往一样工作
1. 我要经一番特别努力才能开始做事
2. 我做任何事都必须作很大的努力，强迫自己去做
3. 我完全不能工作

P：
0. 我睡眠像以往一样好
1. 我睡眠没有以往那样好
2. 我比往常早醒1～2小时，再入睡有困难
3. 我比往常早醒几个小时，且不能再入睡

Q：
0. 我现在并不比以往感到容易疲劳
1. 我现在比以往容易疲劳
2. 我做任何事都容易疲劳
3. 我太疲劳了以致我不能做任何事情

R：
0. 我的食欲与以前一样好
1. 我现在食欲没有往常那样好
2. 我的食欲现在差多了
3. 我完全没有食欲了

S:
0. 我最近没有明显的体重减轻
1. 我体重下降超过 5 斤
2. 我体重下降超过 10 斤
3. 我体重下降超过 15 斤,我在控制饮食来减轻体重(是)(否)

T:
0. 与以往比我并不过分担心身体健康
1. 我担心我身体的毛病如疼痛、反胃及便秘
2. 我很着急身体的毛病而妨碍我思考其他问题
3. 我非常着急身体疾病,一直不能思考任何其他事情

U:
0. 我的性欲最近没有什么变化
1. 我的性欲比以往差些
2. 现在我的性欲比以往减退了些许多
3. 我完全丧失了性欲

附录 3　惧怕否定评价量表(FNE)

题号	题　目	1 一点不符	2 有点相符	3 中等相符	4 非常相符	5 极其相符
1	我担心人家会怎样看我,尽管我知道这没什么要紧					
2	即使知道人们正在形成一个对我不利的印象,我也不在乎					
3	我经常害怕别人会注意到我的短处					
4	我几乎不操心我给别人留下了什么样的印象					
5	我害怕别人会不赞同我					
6	我害怕别人会发现我的错处					
7	我并不为别人对我的看法而烦心					
8	当我同别人谈话时,我担心他们会怎么看我					
9	我通常总是在担心我究竟给别人留下了什么印象					
10	如果我知道有人正在评价我时,我一点也不在乎					
11	有时我想自己太在乎别人对我的看法了					
12	我常常担心我会说错话或做错事					

附录 4　含糊信息的解释偏向材料

指导语：

下面呈现的句子描述了一些场景，阅读完句子后请想象你自己就在句子描述的场景中，写下最先进入头脑的想法，无需作过多的考虑。答案没有对错之分，请放心作答。写下你的想法后，会在下一页看到问卷提供的解释，请根据该解释的可能性用 0～4 进行评分。

0-------------1-------------2-------------3-------------4

一点不可能　有点可能　中等可能　非常可能　极其可能

材料呈现举例：

当我在台上认真作报告时，看见坐在后排的一个人笑了起来	他/她在嘲笑我
我报告得很幽默	他/她想到一些高兴的事情

含糊材料样题：

1. 我约几个朋友过几天一起吃饭，但是他们婉言谢绝了。［社交事件］

A 他们不想让我花钱

B 他们不想和我一起吃饭

C 他们已经有其他的安排了

2. 我在半夜被一些声音所惊醒，但是醒来发现一切都是安静的。[非社交事件]

____

A 我在做梦　　B 可能有小偷　　C 可能是风的声音

附录 5　积极信息和消极信息的解释偏向材料

积极材料样题：

1. 我给大家做了一个报告，报告结束后听众纷纷鼓掌。[社交事件]

____

A 听完报告后鼓掌是一种礼貌，和我的报告好坏没有关系

B 他们在喝倒彩，觉得我讲得太糟糕了

C 他们觉得我的报告非常精彩

2. 我在超市购物后的抽奖活动中，中了二等奖。[非社交事件]

____

A 今天太幸运了

B 为什么没有中一等奖

C 虽没有中一等奖，有总比没有好

消极材料样题：

1. 我和一些朋友聊天，但是很快我发现，他们对我说的内容并不感兴趣。[社交事件]

____

A 他们有点累了

B 没关系，我不可能让每个人都对我感兴趣，赶紧换个话题吧

C 他们觉得我很无趣

2. 你不小心丢了钱包，钱包中有不少现金，还有卡和证件若干。[非社交事件]

____

A 小偷实在太可恶了

B 旧的不去，新的不来

C 我真是倒霉透顶了

附录6 含糊信息的即时解释偏向材料

指导语:

非常感谢您参加这个实验。实验中,程序将依次向您呈现一个中文陈述句、一个中文词语和关于中文陈述句的完形填空。中文陈述句呈现后,请您想象自己就在句子描述的场景中,而无需有任何的操作;紧接着会呈现一个“+”,提醒你集中注意力,接着会呈现一个单词,时间为2秒钟,需要您尽可能快地对该词的褒贬进行判定,如果该词是褒义,则按下数字“1”键;如果是贬义,则按下数字“2”键;接下来呈现的完形填空则要求您借助对前面陈述句的记忆,来选择恰当的词语填入句子的括号中,如果认为左边的选项正确,则按下数字“1”键;如果认为右边的选项正确,则按下数字“2”键。实验中共有20个这样的陈述句。另外,为了检验您在实验过程中的注意水平,我们还设置了一些空的陈述句,这时可能仅要求您按键判断屏幕上的词是褒义还是贬义。如果准备好了,就按空格键进入练习!

实验材料呈现举例:

我邀请几位朋友到家里玩,很快他们就走了,比我预期中的早很多

+

无聊

实验材料：

事　　件	词　语
老师在黑板上板书时，回头看了我一眼	紧张/放松
我做兼职在发传单时，别人没有接我的传单	自强/贫困
我去参加一个面试，面试官问了我一个问题，我回答完后，两名面试官相视笑了一下	傻气/机智
我偶然间听到同学聊天中提到我的名字	忠诚/善变
我给同学发短信，他/她总是用"哦"这样的简单用语来回应	健谈/马虎
老师分配任务时，分给我的总是可有可无的	灵活/笨拙
晚上室友自习回来后，没有怎么和我讲话	烦躁/正直
考试时，监考老师一直在我旁边转来转去	压抑/坦然
老师点名让我到讲台上谈谈对某个问题的看法，当我开口讲时，看见坐在后排的一个同学笑了起来	嘲讽/赞赏
当你走过去和几个同学说话时，其中的两个同学就走开了	厌恶/充实
上课时老师让我们分小组讨论，当我说出自己的想法后，小组的其他成员都不讲话了	狭隘/渊博
我走在校园的路上，突然看见一些熟人正朝我这边看，边看还边说着什么	大方/腼腆
我约几个朋友过几天一起吃饭，但是他们婉言谢绝了	讨厌/高兴
我刚刚接到辅导员的电话，让我去办公室找他/她一下	表扬/批评
我发给老师的邮件，没有得到老师的回应	勇敢/懦弱
我邀请几位朋友到家里玩，很快他们就走了，比我预期中的早很多	无聊/有趣
我进教室时，经过一群同学，他们突然笑了起来	善良/凶狠
课堂上，老师让我起来回答问题，我刚说了一句，就有同学小声议论起来	肤浅/深刻
老师问了我一个问题，我才说了一句，老师转而就问其他的问题了	错误/正确
课堂上，老师叫到我名字的时候，有些同学爆发出笑声	可笑/幽默

完形填空：

事　　件	正确答案	错误答案
老师在黑板上板书时，回头(　　　　)我一眼	看了	瞪了
我做兼职在发传单时，别人(　　　　)我的传单	没有接	接了
我去参加一个面试，面试官问了我一个问题，我回答完后，(　　　　)名面试官相视笑了一下	两	三
我偶然间听到同学(　　　　)中提到我的名字	聊天	议论
我给同学(　　　　)，他/她总是用“哦”这样的简单用语来回应	发短信	说话时
老师分配任务时，分给我的总是(　　　　)的	可有可无	非常重要
晚上室友(　　　　)回来后，没有怎么和我讲话	自习	下课
考试时，监考老师(　　　　)在我旁边转来转去	一直	不时
老师点名让我到讲台上谈谈对某个问题的看法，当我开口讲时，看见坐在(　　　　)排的一个同学笑了起来	后	前
当你走过去和几个同学说话时，其中的(　　　　)个同学就走开了	两	一
上课时老师让我们分小组讨论，当我说出自己的想法后，小组的其他成员都(　　　　)了	不讲话	陷入沉思
我走在校园的路上，突然看见一些(　　　　)正朝我这边看，边看还边说着什么	熟人	同学
我约几个朋友过几天一起(　　　　)，但是他们婉言谢绝了	吃饭	唱歌
我刚刚接到辅导员的电话，让我去(　　　　)找他/她一下	办公室	教室
我发给老师的(　　　　)，没有得到老师的回应	邮件	短信
我邀请几位朋友到(　　　　)玩，很快他们就走了，比我预期中的早很多	家里	学校
我进(　　　　)时，经过一群同学，他们突然笑了起来	教室	食堂
课堂上，老师让我起来回答问题，我刚说了一句，就有同学(　　　　)议论起来	小声	大声
老师问了我一个问题，我才说了一句，老师转而就问其他的(　　　　)了	问题	同学
课堂上，老师叫到我名字的时候，有些同学(　　　　)笑声	爆发出	发出

附录 7　积极信息和消极信息的即时解释偏向材料

实验材料：

类别	事　　件	形容词
积极	我上台报告结束后，大家纷纷鼓掌	精彩/讽刺
	我身体突然不舒服，老师将我送到医院，还一直陪着我	爱心/无奈
	我和一个很久没有联系的朋友再次取得了联系	真诚/虚伪
	我家教的小孩子成绩进步很快	成就/空虚
	在校园里，一位刚刚认识的同学和我打招呼，还能叫出我的名字	热情/冷淡
	宿舍里的一位同学过生日，邀请我一起去吃饭	团结/孤立
	地铁上，和陌生人聊天总能得到积极的回应	自信/自卑
	我写了一篇文章，得到了老师的赞许	成功/失败
	竞选学生会的岗位，我被录取了	能干/无用
	快考试了，老师让我为大家整理复习资料，同学们很感谢我	优秀/愚笨
	上课时，老师总是喜欢问我一些有难度的问题	聪明/呆板
	常常有一些同学向我寻求帮助，和我说他们的心里话	信任/欺骗
	我上课发言时，同学都在认真听，并用眼神和我交流	尊重/否认
	小组讨论中，我说了自己的想法后，其他成员纷纷说我说的有道理	认可/乏味
	我参加同学的生日聚会，认识了他/她的一些同学，他们对我很热情	喜欢/厌烦
	我穿着新买的衣服出门，刚出宿舍门口就碰见一位同学，他/她夸我今天很好看	魅力/丑陋
	同学买了件礼物送给我	惊喜/失望
	我参加了系里组织的演讲活动，辅导员在班级中表扬我的表现很好	兴奋/沮丧
	一位朋友给我打电话，问候我最近好不好	关爱/冷漠
	在网上碰到高中时候的班主任，他/她让我回母校看看	重视/排斥

（续表）

类别	事 件	感 受
消极	辅导员经常会请一些同学帮忙做事，但是从来不叫我	无能/机灵
	期中考试时，只有英语老师给我的成绩是不及格	阴险/无私
	这次考试的成绩比其他同学差很多	愚蠢/进取
	在讲台上宣布一个通知，同学们一点也不理睬我	嫉妒/佩服
	请假时老师说我说话方式有问题	郁闷/快乐
	体育课时，我的动作频频出错，其他同学大声笑了起来	嘲笑/鼓励
	以前很好的朋友现在对我爱理不理了	友好/敌对
	我在路上碰见辅导员，和他/她打招呼，他/她没有理我	不安/平静
	好朋友批评了我对某个问题的看法	无知/渊博
	我很想其他同学交朋友，但他们很少愿意主动搭理我	单调/丰富
	每天到了睡觉时间，宿舍里的一位同学就开始给他/她的朋友打电话	体谅/烦躁
	聊天过程中，我讲的话被同学打断	侮辱/亲切
	公开投票选举办干部，叫到我名字时，一票都没有	羞辱/激励
	老师说我浪费太多的时间在网络上，不认真学习	关心/责备
	上课没认真听讲，老师叫我起来回答问题时，我答错了	勤奋/懒惰
	上课时，我很想发言，但是举手时老师总是不叫我	轻视/爱护
	快考试了，向同学借笔记复习，他/她拒绝了我的请求	自私/善良
	我无意中发现别人在翻看我的日记	愤怒/愉悦
	我参加学生会的竞选，落选了	痛苦/快乐
	我在宿舍里朗读英语，突然一个同学大声对我说："不要再读了！"	委屈/诚恳

完形填空：

类别	事　　件	正确答案	错误答案
积极	我上台报告结束后，大家纷纷（　　　）	鼓掌	哄笑
	我身体突然不舒服，（　　　）将我送到医院，还一直陪着我	老师	班长
	我和一个很久没有联系的（　　　）再次取得了联系	朋友	亲人
	我家教的小孩子成绩（　　　）很快	进步	退步
	在（　　　），一位刚刚认识的同学和我打招呼，还能叫出我的名字	校园里	大街上
	宿舍里的一位同学（　　　），邀请我一起去吃饭	过生日	获奖学金
	地铁上，和陌生人聊天总能得到（　　　）的回应	积极	冷淡
	我写了一篇文章，得到了老师的（　　　）	赞许	批评
	竞选学生会的岗位，我被（　　　）了	录取	拒绝
	快考试了，老师让我为大家整理复习资料，同学们很（　　　）我	感谢	嫉妒
	上课时，老师总是喜欢问我一些（　　　）的问题	有难度	很简单
	（　　　）有一些同学向我寻求帮助，和我说他们的心里话	常常	很少
	我上课发言时，同学都在认真听，并用（　　　）和我交流	眼神	语言
	小组讨论中，我说了自己的想法后，其他成员纷纷说我说的（　　　）	有道理	太乏味
	我参加同学的生日聚会，认识了他/她的一些同学，他们对我很（　　　）	热情	冷漠
	我穿着新买的衣服出门，刚出（　　　）门口就碰见一位同学，他/她夸我今天很好看	宿舍	学校
	同学买了件（　　　）送给我	礼物	衣服
	我参加了系里组织的（　　　）活动，辅导员在班级中表扬我的表现很好	演讲	书法
	（　　　）给我打电话，问候我最近好不好	妈妈	爸爸
	在网上碰到（　　　）时候的班主任，他/她让我回母校看看	高中	初中

（续表）

类别	事　　件	正确答案	错误答案
消极	(　　　　)经常会请一些同学帮忙做事,但是从来不叫我	辅导员	班长
	期中考试时,只有(　　　　)老师给我的成绩是不及格	英语	数学
	这次考试的成绩比其他同学(　　　　)很多	差	好
	在(　　　　)上宣布一个通知,同学们一点也不理睬我	讲台	座位
	(　　　　)时老师说我说话方式有问题	请假	说话
	(　　　　)课时,我的动作频频出错,其他同学大声笑了起来	体育	体操
	以前很好的(　　　　)现在对我爱理不理了	朋友	室友
	我在路上碰见(　　　　),和他/她打招呼,他/她没有理我	辅导员	好朋友
	(　　　　)批评了我对某个问题的看法	好朋友	老师
	我很想和其他同学(　　　　),但他们很少愿意主动搭理我	交朋友	谈心
	每天到了睡觉时间时,宿舍里的一位同学就开始给他/她的朋友(　　　　)	打电话	发短信
	聊天过程中,我讲的话被同学(　　　　)	打断	记住
	公开投票选举(　　　　),叫到我名字时,一票都没有	班干部	团干部
	老师说我浪费太多的时间在(　　　　)上,不认真学习	网络	小说
	上课没认真听讲,老师叫我起来回答问题时,我(　　　　)了	答错	蒙对
	(　　　　)时,我很想发言,但是举手时老师总是不叫我	上课	开会
	快考试了,向同学借笔记复习,他/她(　　　　)了我的请求	拒绝	答应
	我无意中发现别人在翻看我的(　　　　)	日记	笔记
	我参加(　　　　)的竞选,落选了	学生会	班干部
	我在(　　　　)里朗读英语,突然一个同学大声对我说:“不要再读了!”	宿舍	教室

附录 8　状态焦虑量表(S-AI)

题　　项	完全没有	有些	中等程度	非常明显
1. 我感到心情平静				
2. 我感到安全				
3. 我是紧张的				
4. 我感到紧张束缚				
5. 我感到安逸				
6. 我感到烦乱				
7. 我现在正烦恼，感到这种烦恼超过了可能的不幸				
8. 我感到满意				
9. 我感到害怕				
10. 我感到舒适				
11. 我有自信心				
12. 我觉得神经过敏				
13. 我极度紧张不安				
14. 我优柔寡断				
15. 我是轻松的				
16. 我感到心满意足				
17. 我是烦恼的				
18. 我感到慌乱				
19. 我感觉镇定				
20. 我感到愉快				

附录9 自传式回忆任务的材料

指导语：

回忆三件发生在自己身上的社交事件，所谓社交事件就是除了自己还有其他人在场的事件或是在公众场合下演讲、说话等情形，这三件社交事件让你觉得很羞愧、尴尬或是耻辱，发生的时间不限，请你书写在你面前的A4纸上，请在书写时尽可能地详细，包括事件发生的地点、人物以及你的感受等书写完后，请回答下一页的几个问题。

事件一：

(1) 假如给这段记忆起一个名字，你会用：________________________

(2) 在这件事情中，你对自己如何评价？对此事件中的其他人如何评价？

(3) 现在你能够重新想象或再次体验该事件的清晰程度：________

1------2------3------4------5------6------7------8------9

一点也不清晰　有点清晰　中等清晰　比较清晰　非常清晰

(4) 当这件事情发生时，体验到羞愧/尴尬/耻辱程度：________

1------2------3------4------5------6------7------8------9

一点也不强烈　有点强烈　中等强烈　比较强烈　非常强烈

(5) 你现在回忆这件事情时，体验到羞愧/尴尬/耻辱程度：________

1------2------3------4------5------6------7------8------9

一点也不强烈　有点强烈　中等强烈　比较强烈　非常强烈

(6) 你回避此类事件的可能性为：________

1------2------3------4------5------6------7------8------9

一点也不　有点　中等　比较　非常

事件二：同事件一。

事件三：同事件一。

参 考 文 献

一、著作类

[美]Judith S.Beck 博士著:《认知疗法:基础与应用》,翟书涛等译,中国轻工业出版社 2001 年版。

丁国盛、李涛:《SPSS 统计教程——从研究涉及到数据分析》,机械工业出版社 2005 年版。

高峰强:《理性的消解——后现代心理学》,山东教育出版社 2009 年版。

[美]哈里·沙利文著:《精神病学的人际理论》,李维译,北京大学出版社 2010 年版。

刘永芳:《归因理论及其应用》,山东人民出版社 1998 年版。

马一波、钟华:《叙事心理学》,上海教育出版社 2006 年版。

[美]乔纳森·布朗著:《自我》,陈浩莺等译,人民邮电出版社 2004 年版。

童辉杰主编:《常见心理障碍评估与治疗手册》,上海教育出版社 2007 年版。

汪向东、王希林、马弘:《心理卫生评定量表手册》,中国心理卫生杂志社 1999 年。

王庆节:《解释学、海德格尔与儒道今释》,中国人民大学出版社 2004 年版。

杨莉萍:《社会建构心理学》,上海教育出版社 2006 年版。

张春新主编:《张氏心理学辞典》,上海辞书出版社 1991 年版。

二、论文类

陈春锋:《当代大学生自我概念与社交焦虑的关系研究》,山东师范大学

2007年硕士学位论文。
冯正直:《中学生抑郁症状的社会信息加工方式研究》,西南师范大学2002年博士学位论文。
高蕾:《大学生外显自尊、内隐自尊与社交焦虑的关系研究》,苏州大学2008年硕士学位论文。
高鹏程、黄敏儿:《高焦虑特质的注意偏向特点》,《心理学报》2008年第3期。
管新丽、华洁、马银枝:《社交恐怖症患者的MMPI结果分析》,《中国健康心理学杂志》2005年第1期。
郭晓薇:《大学生社交焦虑成因的研究》,《心理学探新》2004年第1期。
何全敏、潘润德、孟宪璋:《童年虐待和创伤经历与社交焦虑的关系》,《中国临床心理学杂志》2008年第1期。
黎琳:《大学生的社会比较与情绪健康》,华东师范大学2006年博士学位论文。
李波、钱铭怡、钟杰:《大学生社交焦虑的羞耻感等因素影响模型》,《中国心理卫生杂志》2005年第5期。
李朝霞、杨孝:《大学生社交焦虑现状的调查和分析》,《武汉科技大学学报》(社科版)2008年第2期。
林雄标、胡民泽:《社交恐怖症的心理防御机制及其相关因素》,《中国心理卫生杂志》2002年第3期。
刘兴华、钱铭怡、周晓林:《高社交焦虑个体对威胁性词语的注意偏向及习惯化》,《中国心理卫生杂志》2007年第11期。
刘兴华、钱铭怡:《社交恐惧症的评估办法》,《中国心理卫生杂志》2003年第3期。
刘兴华、钱铭怡:《焦虑个体对威胁性信息的注意偏向》,《中国心理卫生杂志》2005年第5期。
龙坚力:《高中生情绪智力、应对方式、社会支持和社交焦虑的关系研究》,上海师范大学2008年硕士学位论文。
彭纯子、龚耀先:《社交恐怖症认知偏差的研究》,《国外医学精神病学分册》2004年第2期。
彭纯子:《大学生社交焦虑的团体干预的实验研究》,湖南师范大学2001

年硕士学位论文。

钱国英:《情绪记忆的特点研究》,华东师范大学2008年博士学位论文。

钱铭怡、王慈欣、刘兴华:《社交焦虑个体对于不同威胁信息的注意偏向》,《心理科学》2006年第6期。

邵秀巧:《特质焦虑者对威胁性信息的注意偏向研究》,天津师范大学2008年博士学位论文。

苏建宁、张新凯:《社交焦虑障碍患者的人格模式分析》,《中国临床康复》2005年第9期。

王丽颖、杨蕴萍、林涛:《社交焦虑障碍与人格障碍的共病及父母养育方式的影响》,《中国临床心理学杂志》2004年第4期。

吴薇莉、刘协和:《社交焦虑障碍患者的成人依恋类型与社交焦虑障碍人格特征的关系》,《中国临床康复》2006年第14期。

肖融、吴薇莉、张伟:《Liebowitz社交焦虑量表在成都市大中学生中的应用》,《华西医学》2007年第4期。

徐桦、张新凯:《国外社交焦虑障碍的临床常用量表介绍》,《上海精神医学》2006年第3期。

杨海晨、余常红、胡纪泽:《社交焦虑障碍生物学研究进展》,《中国心理卫生杂志》2004年第9期。

周文莉:《大学生社交效能感的评估与社交焦虑的关系研究》,苏州大学2005年硕士学位论文。

三、英文资料

Albright, L. and T.E.Malloy, Self-Observation of Social Behavior and Metaperception. *Journey of Personality and Social Psychology*, 1999, 77(4), pp.726-734.

Alden, L.E. and M.B.Mellings, Generalized Social Phobia and Social Judgments: The Salience of Self and Partner Information. *Anxiety Disorder*. 2004, 18, pp.143-157.

Alden, L.E., M.B.Mellings, and J.M.Laposa, Framing Social Information and Generalized Social Phobia. *Behavior Research and Therapy*, 2004, 42, pp.585-600.

Alden, L.E. and C.T.Taylor, Interpersonal Processes in Social Phobia. *Clinical Psychology Review*, 2004, 24, pp.857-882.

Alden, L.E., C.T.Taylor, M.B.Mellings, and M.B.Laposa, Social Anxiety and The Interpretation of Positive Social Events. *Journal of Anxiety Disorder*, 2008, 22, pp.577-590.

Alden, L.E. and S.T.Wallace, Social Phobia and Social Appraisal in Successful and Unsuccessful Social Interactions. *Behaviour Research and Therapy*, 1994, 33(5), pp.497-505.

American Psychiatric Association, *Diagnostic & Statistical for Mental Disorders(DSM)*. 4th Edition. Washington, D.C. American Psychiatric Press, Inc. 1994.

Amir, N., E.Bower, J.Briks, and M.Freshman, Implicit Memory for Negative and Positive Social Information in Individuals with and Without Social Anxiety. *Cognition and Emotion*, 2003, 17(4), pp.567-583.

Amir, N., E.B.Foa, & M.E.Coles, Negative Interpretation Bias in Social Phobia. *Behaviour Research and Therapy*, 1998, 36, pp.945-957.

Anderson, B., P.R.Goldin, K.Kurita, & J.J.Gross, *Self-Representation in Social Anxiety Disorder: Linguistic Analysis of Autobiographical Narratives*. 2008, 46, pp.1119-1125.

Stravynsk, Ariel, *Fearing Others: The Nature and Treatment of Social Phobia*. Cambridge University Press, 2007.

Ashbaugh, A.R. and A.S.Radomsky, Interpretations of and Memory for Bodily Sensations during Public Speaking. *Journal of Behavior Therapy and Experimental Psychiatry*, 2009, 40, pp.399-411.

Ayton, P., A.Pott, and N.Elwakili, *Affective Forecasting: Why Can't People Predict Their Emotions? Thinking and Reasoning*, 2007, 13(1), pp.62-80.

Brendle, J.R. and A.Wenzel, Differentiating between Memory and Interpretation Biases in Socially Anxious and Nonanxious Individuals.

Behavior Research and Therapy, 2004, 42, pp.155-171.

Burke, M. & A.Mathews, Autographical Memory and Clinical Anxiety. *Cognitive and Emotion*, 1992, 6, pp.23-35.

Calvo, M.G., M.W.Eysenck, & M.D.Castillo, Interpretive Bias in Test Anxiety: The Time Course of Predictive Interference. *Cognitive and Emotion*, 1997, 11, pp.43-63.

Calvo, M.G., M.W.Eysenck, & A.Estevez, Ego-Threat Interpretation Bias in Test Anxiety: On-line Interference. *Cognitive and Emotion*, 1994, 8, pp.127-146.

Carton, J.S., E.A.Kessler, & C.L.Pape, Nonverbal Decoding Skills and Relationship Well-Being in Adults. *Journal of Nonverbal Behavior*, 1999, 23, pp.91-101.

Christensen, P.N., M.B.Stein, A.Means-Christensen, Social Anxiety and Interpersonal Perception: A Social Relations Model Analysis. *Behavior Research and Therapy*, 2003, 41, pp.1355-1371.

Clark, D.M. & A.Wells, A cognitive model of social phobia. In R.G. Heimberg, M.R. Liebowitz, D.A. Hope, & F.R. Schneier(Eds.), *Social phobia: Diagnostic, assessment and treatment*. New York: Guilford Press. 1995, pp.69-93.

Clark, D.M. and F.McManus, Information Processing in Social Phobia. *Society of Biological Psychology*. 2002, 51, pp.92-100.

Clerkin, E.M. and B.A.Teachman, Training Implicit Social Anxiety Associations: An Experimental Intervention. *Journal of Anxiety Disorder*, 2010, 1, pp.89-101.

Coles, M.E., C.L.Turk, R.G.Heimberg, and D.M.Fresco, Effects of Varying Levels of Anxiety within Social Situations: Relationship to Memory Perspective and Attributions in Social Phobia. *Behavior Research and Therapy*, 2001, 39, pp.651-665.

Constans, J.I., D.L.Penn, G.H.Ihen, & D.A.Hope, Interpretative Biases for Ambiguous Stimuli in Social Anxiety. *Behavior Research and Therapy*, 1999, 37, pp.643-651.

D'Argembeau, A., M. Van der Linden, & I. Mayers, Phenomental Characteristic of Autobiographical Memories for Social and Nonsocial Events in Social Phobia. *Memory*, 2006, 14(5), pp.637-647.

Dannahy, L. and L.Stopa, Post-Event processing in social anxiety. *Behavior Research and Therapy*, 2007, 45, pp.1207-1219.

Erwin, B.A., R.G.Heimberg, F.R.Schneier, & M.R.Liebowitz, Anger Experience and Expression in Social Anxiety Disorder: Pretreatment Profile and Predictors of Attribution and Response to Cognitive-Behavioral Treatment. *Behavior Therapy*, 2003, 34, pp.331-350.

Eysenck, M.W, *Anxiety and Cognition: A Unified Theory*. Psychology Press, UK, 1997.

Eysenck, M.W. & M.G.Calvo, Anxiety and Performance: The Processing Efficiency Theory. *Cognition and Emotion*, 1992, 6, pp.409-434.

Eysenck, M.W., K.Mogg, J.May, A.Richards, & A.M.Mathews, Bias in Interpretation of Ambiguous Sentences Related to Threat in Anxiety. *Journey of Abnormal Psychology*, 1991, 100, pp.144-150.

Field, A.P., C.Psychol, and J.Morgan, Post-Event Processing and Retrieval of Autobiographical Memories in Socially Anxious Individuals. *Anxiety Disorder*, 2004, 18, pp.647-663.

Fischer, W.F., *Theories of Anxiety*. Center for Advanced Research in Phenomenology & University Press of America, Washington, D.C. 1988.

Foa, E.B., M.E.Franklin, K.J.Perry, & J.D.Herbert, Cognitive Biases in Generalized Social Phobia. *Journal of Abnormal Psychology*, 1996, 105, pp.433-439.

Foa, E.B., E.Gilbor-Schechtman, N.Amir, and M.Freshman, Memory Bias in Generalized Social Phobia: Remebering Negative Emotional Expressions. *Journal of Anxiety Disorder*, 2000, 14(5), pp.501-

519.

Gilbert, P., Evolution and Social Anxiety: The Role of Attraction, Social Competition, and Social Hierarchies. *Psychiatric Clinics of North America*, 2001, 24(4), pp.723-751.

Hackmann, A., D. M. Clark, & F. McManus, Recurrent Images and Early Memories in Social Phobia. *Behaviour Research and Therapy*, 2000, 38, pp.601-610.

Hackmann, A., C. Surawy, & D. M. Clark, Seeing Yourself Through Others' Eyes: A Study of Spontaneously Occurring Images in Social Phobia. *Behavioral & Cognitive Psychotherapy*, 2008, 26, pp.3-12.

Heintichs, N. and S.G. Hofmann, Information Processing in Social Phobia: A Critical Review. *Clinical Psychology Review*, 2000, 21(5), pp.751-770.

Hertel, P.T., F.Brozovich, J.Joormann, and I.H.Gotlib, Biases in Interpretation and Memory in Generalized Social Phobia. *Journey of Abnormal Psychology*, 2008, 117(2), pp.278-288.

Hertel, P. T., M. Mathews, S. Peterson, & K. Kintner, Transfer of Training Emotionally Biased Interpretations. *Applied Cognitive Psychology*, 2003, 17, pp.755-784.

Higa. C.K. and E.L. Daleiden, Social Anxiety and Cognitive Biases in Non-referred Children: The Interaction of Self-Focused Attention and Threat Interpretation Biases. *Journal of Anxiety Disorder*, 2008, 22, pp.441-452.

Hirsch C.R. & A.Mathews, Impaired Positive Inferential Bias in Social Phobia. *Journal of Abnormal Psychology*, 2000, 109(4), pp.705-712.

Hirsch, C.R. & D.M.Clark, Information-processing Bias in Social Phobia. *Clinical Psychology Review*, 2004, 24, pp.799-825.

Hirsch, C.R. & A.Mathews, Impaired Positive Inferential Bias in Social Phobia. *Journal of Abnormal Psychology*, 2000, 109(4), pp.705-

712.

Hirsch, C. R. & A. Mathews, Interpretive Inferences When Reading about Emotional Events. *Behavior Research and Therapy*, 1997, 35, pp.1123-1132.

Hirsch, C. R. A. Mathews, D. M. Clark, R. Williams, & J. Morrison, Negative Self-Imagery Blocks Inferences. *Behavioral Research and Therapy*, 2003, 41, pp.1383-1396.

Hirsch, C.R., D.M.Clark, & A.Mathews, Imagery and Interpretations in Social Phobia: Support for The Combined Cognitive Biases Hypothesis. *Behavior Therapy*, 2006, 37, pp.223-236.

Hirsch, C.R., A.Mathews, D.M.Clark, R.Williams, & J.A.Morrison, The Causal Role of Negative Imagery in Social Anxiety: A Test in Confident Public Speakers. *Journal of Behavior Therapy and Experimental Psychiatry*, 2006, 37, pp.159-170.

Hofmann, S.G., Perception of Control over Anxiety Mediates the Relation between Catastrophic Thinking and Social Anxiety in Social Phobia. *Behavior Research and Therapy*, 2005, 43, pp.885-895.

Hunter, L. R., J. D. Buckner, and N. B. Schmidt, Interpretation Facial Expressions: The Influence of Social Anxiety, Emotion Valence and Race. *Journal of Anxiety Disorder*, 2009, 23, pp.482-488.

Jennifer, L.T. and L.E.Alden, Predicting Anger in Social Anxiety: The Mediating Role of Rumination. *Behavior Research and Therapy*, 2009, 47, pp.1079-1084.

Johnson, M. K., S. Hashtroudi, & D. S. Lindsay, Source Monitoring. *Psychological Bulletin*, 1993, 114, pp.3-28.

Kimbrel, N.A., A Model of the Development and Maintenance of Generalized Social Phobia. *Clinical Psychology Review*, 2008, 28, pp.592-612.

Laposa, J.M., S.E.Cassin, and N.A.Rector, Interpretation of Positive Social Events in Social Phobia: An Examination of Cognitive Correlates and Dianostic Distinction. *Journal of Anxiety Disorder*,

2009, 10.

Lucock, M.P. & P.M.Salkovskis, Cognitive Factors in Social Anxiety and Its Treatment. *Behaviour Research and Therapy*, 1988, 26, pp.297-302.

Lundh, L. and L.Ost, Recognition Bias for Critical Faces in Social Phobics. *Behavior Research and Therapy*, 1996, 34(10), pp.787-794.

Mahtews, A. & B. Machintosh, Induced Emotional Interpretation Bias in Anxiety. *Journey of Abnormal Psychology*, 2000, 109, pp.602-615.

Mahtews, A., J. May, K. Mogg, and M. Eysenck, Attention Bias in Anxiety: Selective Search or Defective Filtering? *Journal of Abnormal Psychology*, 1990, 99(2), pp.166-173.

Mahtews, A., A. Richards, & M. Eysenck, Interpretation of Homophones Related to Threat in Anxiety States. *Journey of Abnormal Psychology*, 1989, 98, pp.31-34.

Mansell, A. & D.M.Clark, How Do I Appear to Others? Social Anxiety and Processing of the Observable Self. *Behavior Research and Therapy*, 1999, 37, pp.419-439.

McManus, F., D.M.Clark, & A.Hackmann, Specificity of Cognitive Biases in Social Phobia and Their Role in Recovery. *Behavioural and Cognitive Psychotherapy*, 2000, 28, pp.201-209.

McNally, R.J., M.W.Otto, and C.D.Hornig, The Voice of Emotional Memory: Content-Filtered Speech in Panic Disorder, Social Phobia, and Major Depressive Disorder. *Behavior Research and Therapy*, 2001, 39, pp.1329-1337.

Mennin D.S., R.G.Heimberg, and M.S.Jack, Comorbid Generalized Anxiety Disorder in Primary Social Phobia: Symptom Severity, Functional Impairment and Treatment Response. *Anxiety Disorder*, 2000, 14(4): pp.325-343.

Mick, P. and D.Tim, *Cognition and Emotion*, *From Order to Disorder*. Psychology Press, 2008.

Mogg, K., A.Mathews, and M.Eysenck, Attentional Bias to Threat in Clinical Anxiety States. *Cognition and Emotion*, 1992, 6, pp.149-159.

Morgan, J., Autobiographical Memory Biases in Social Anxiety. *Clinical Psychology Review*. 2010, pp.1114-1124.

Moscovitch, D.A. and S.G.Hofmann, When Ambiguity Hurts: Social Standard Moderate Self-Appraisals in Generalized Social Phobia. *Behavior Research and Therapy*, 2006, 45, pp.1039-1052.

Moser, J.S., G.Hajcak, J.D.Huppert, E.B.Foa, and R.F.Simons, Interpretation Bias in Social Anxiety as Detected by Event-Related Brain Potentials. *Emotion*, 2008, 8(5), pp.693-700.

Musa, C.Z. and J.P.Lepine, Cognitive Aspects of Social Phobia: A Review of Theories and Experimental Research. *European Psychiatry*, 2000, 15, pp.59-66.

Pozo, C., C.S.Carver, A.R.Wellens, & M.F.Scheier, Social Anxiety and Social Perception: Construing Other's Reaction to the Self. *Personality and Social Psychology Bulletin*, 1991, 17, pp.355-362.

Rachman, S., J.Grueter-Andrew, & R.Shafran, Post-Event Processing in Social Anxiety. *Behavior Research and Therapy*, 2000, 38, pp.611-617.

Rapee, R.M. & R.G.Heimberg, A Cognitive-Behavior Model of Anxiety in Social Phobia. *Behavior Research and Therapy*, 1997, 35, pp.741-756.

Rapee, R.M. & L.Lim, Discrepancy between self and Observer-Ratings of Performance in Social Phobics. *Journal of Abnormal Psychology*, 1992, 101, pp.728-731.

Ratcliffe, R., Methods for Dealing with Reaction Time Outliers. *Psychological Bulletin*, 1993, 114, pp.510-532.

Rodebaugh, T.L., R.M.Holaway, & R.G.Heimberg, The Treatment of Social Anxiety Disorder, *Clinical Psychology Review*, 2004, 24

(7), pp.883-908.

Roth, D., M.M. Antony, & R.P. Swinson, *Interpretation for Anxiety Symptoms in Social Phobia. Behavior Research and Therapy*, 2001, 39, pp.129-138.

Sachs, G., P. Anderer, N. Margreiter, H. Semlitsch, B. Saletu, and H. Katschnig, P300 Event-Related Potentials and Cognitive Function in Social Phobia. *Psychiatry Research: Neuroimaging*, 2004, 131, pp.249-261.

Schlenker, B.R. and M.R. Leary, *Social Anxiety and Self-Presentation: A Conceptualization and Model. Psychological Bulletin*, 1982, 92, pp.641-669.

Schofiele, C.A., M.E. Coles, and B.E. Gibb, Social Anxiety and Interpretation Biases for Facial Displays of Emotion: Emotion Detection and Ratings of Social Cost. *Behavior Research and Therapy*, 2007, 45, pp.2950-2963.

Schultz, L.T. and H.G. Heimberg, Attentional Focus in Social Anxiety Disorder: Potential for Interactive Processes. *Clinical Psychology Review*, 2008, 28, pp.1206-1221.

Spurr, J.M. and L. Stopa, Self-Focused Attention in Social Phobia and Social Anxiety. *Clinical Psychology Review*, 2002, 22, pp. 947-975.

Stopa, L. and D.M. Clark, Social Phobia and Interpretation of Social Events. *Behavior Research and Therapy*, 2000, 38, pp.273-283.

Strauss, C.C. & C.G. Last, Social and Simple Phobias in Children. *Journal of Anxiety Disorders*, 1993, 2, pp.141-152.

Stravynski, A., S. Bond, and D. Amado, Cognitive Causes of Social Phobia: A Critical Appraisal. *Clinical Psychology Review*, 2004, 24, pp.421-440.

Summerfeldt, L.J. and P.H. Kloosterman, Social Anxiety, Emotional Intelligence and Interpersonal Adjustment. *Psychology and Behaviour Assessment*. 2006, 28(1), pp.57-68.

Taylor, C.T. and L.E.Alden, Social Interpretation Bias and Generalized Social Phobia: The Influence of Development Experiences. *Behavior Research and Therapy*, 2005, 43, pp.759-777.

Taylor, S.E. & J.D.Brown, Illusion and Well Being: A Social Psychological Perspective on Mental Health. *Psychological Bulletin*, 1988, 103, pp.193-210.

Vassilopoulos, S., R.Banerjee, and C.Prantzalou, Experimental Modification of Interpretation Bias in Socially Anxious Children: Changes in Interpretation, Anticipated Interpersonal Anxiety, and Social Anxiety Symptoms. *Behavior Research and Therapy*, 2009, 47, pp.1085-1089.

Voncken, M.J. and S.M.Bogels, Changing Interpretation and Judgmental Bias in Social Phobia: A Pilot Study of a Short, Highly Structured Cognitive Treatment. *Journey of Cognitive Psychology: An International Quarterly*, 2006, 20(1), pp.59-73.

Voncken, M.J., S.M.Bogels, and Klaas de Vries, Interpretation and Judgmental Biases in Social Phobia. *Behavior Research and Therapy*, 2003, 41, pp.1481-1488.

Wallace, S.T. and L.E.Alden, Social Phobia and Positive Social Events: The Price of Success. *Journal of Abnormal Psychology*, 1997, 106(3), pp.416-424.

Wells, A. & C.Papageorgiou, The Observer Perspective: Biased Imagery in Social Phobia, and Blood/Injury Phobia. *Behavior Research and Therapy*, 1999, 37, pp.653-658.

Wells, A., D.M.Clark & S.Ahmad, How Do I Look with My Mind Eyes: Perspective Taking in Social Phobic Imagery. *Behavior Research and Therapy*, 1998, 36, pp.631-634.

Wild, J., A.Hackmann, and D.M.Clark, Rescripting Early Memories Linked to Negative Images in Social Phobia: A Pilot Study. *Behavior Therapy*, 2008, 39, pp.47-56.

Wild. J., A.Hackmann, and D.M.Clark, When the Present Visits the

Past: Updating Traumatic Memories in Social Phobia. *Journal of Behavior Therapy and Experimental Psychiatry*, 2007, 38, pp.386-401.

Wilson, E.J., C.MacLeod, and A.Mathews, The Causal Role of Interpretive Bias in Anxiety Reactivity. *Journal of Abnormal Psychology*, 2006, 115(1), pp.103-111.

Wilson, J.K. and R.M.Rapee, The Interpretation of Negative Social Events in Social Phobia: Changes During Treatment and Relationship to Outcome. *Behavior Research and Therapy*, 2005, 43, pp.373-389.

Wilson, J.K. and R.M.Rapee, The Interpretation of Negative Social Events in Social Phobia with Versus without Comorbid Mood Disorder. *Anxiety Disorder*, 2005, 19, pp.245-274.

Wittchen, H., M.B.Stein, & R.C.Kessler, Social Fears and Social Phobia in a Community Sample of Adolescents and Young Adults: Prevalence, Risk Factors and Co-Morbidity. *Psychological Medicine*, 1999, 29, pp.302-323.

Yoon, K.L. and R.E.Zinbarg, Threat Is in the Eye of the Beholder: Social Anxiety and the Interpretation of Ambiguous Facial Expressions. *Behavior Research and Therapy*, 2007, 45, pp.839-847.

后　记

2010 年 6 月，我从华东师范大学心理发展学院毕业，一直想把博士论文修改出版，此书正是博士论文修改所成。这五年来，我的人生在不断更新：专业从心理学向社会工作的转变，生活中成为两个孩子的母亲……而我的书稿，虽经修改、润饰，自己依然觉得还停留在 2010 年的水平。因此，在此书付梓之际，并未感到轻松与高兴，反而惶恐不安。若本书有幸成为您的案头读物，请一定多提批评指正意见。

最初对“解释”感兴趣，源于心理咨询的临床实践，发现很多个案都受困于人际关系，而案主对人际情境的解释又是非常的个人化，受个体自我认知、自我体验等因素的影响。正如建构主义而言，我们生活在一个自我建构的世界中，所以我常说，世间本无真相，真相存在于个体的解释之中。个体对于情境解释的个体性，在某一个群体上是否会呈现出某种共性呢？比如说社交焦虑群体？怀着对这一问题的好奇，我将“社交焦虑的解释偏向”作为我博士论文的选题，着重考察了社交焦虑群体对于含糊信息、积极信息和消极信息的离线解释偏向、在线解释偏向，并进一步考察了解释偏向的记忆基础——自传式记忆中的解释偏向。最后，回到临床应用的实践，探寻如何调整社交焦虑者的解释偏向来提升治疗的效果。

本书能够顺利出版，得益于很多人的帮助。感谢母校多位老师的指导，感谢李坤梅同学对注释部分的校正，感谢上海人民出版社编审徐晓明老师的鞭策！最后，感谢华东政法大学社会发展学院对本书出版的资助！

许书萍

2015 年 9 月 22 日

图书在版编目(CIP)数据

高社交焦虑大学生的解释偏向/许书萍著.—上海：上海人民出版社，2015

ISBN 978-7-208-13267-2

Ⅰ.①高… Ⅱ.①许… Ⅲ.①大学生-心理交往-研究 Ⅳ.①G645.5

中国版本图书馆CIP数据核字(2015)第202899号

责任编辑 徐晓明

封面装帧 包晨晖

高社交焦虑大学生的解释偏向

许书萍 著

世纪出版集团

上海人民出版社出版

(200001 上海福建中路193号 www.ewen.co)

世纪出版集团发行中心发行 上海商务联西印刷有限公司印刷

开本 635×965 1/16 印张 13 插页 4 字数 194,000

2015年10月第1版 2015年10月第1次印刷

ISBN 978-7-208-13267-2/C·495

定价 38.00 元